教育部人文社会科学重点研究基地重大项目
"徽州文化生态保护区与徽州非物质文化遗产的保护与利用研究"（14JD850003）研究成果

徽州文化生态保护实验区"非遗"活态保护现状研究

汤书昆　郑久良　著

中国科学技术大学出版社

内容简介

国家级文化生态保护区以保护非物质文化遗产为核心,对历史文化积淀丰富、存续状态良好、具有重要价值和鲜明特色的文化形态进行整体性保护。徽州文化生态保护实验区自2008年设立以来,突出保护机制、保护理念、保护内容和保护方法"四大创新",实施了系列卓有成效的"非遗"保护措施和行动方案。本书立足文化生态保护区的整体背景与社会意义,以徽州文化生态保护实验区为研究对象,客观总结其"非遗"地域文化特色和活态保护举措,分片区系统评估"非遗"活态保护现状,剖析若干典型案例,提出促进"非遗"活态保护的优化对策。

图书在版编目(CIP)数据

徽州文化生态保护实验区"非遗"活态保护现状研究/汤书昆,郑久良著.—合肥:中国科学技术大学出版社,2020.12
ISBN 978-7-312-04921-7

Ⅰ.徽… Ⅱ.①汤…②郑… Ⅲ.非物质文化遗产—保护—研究—黄山市 Ⅳ.G127.543

中国版本图书馆CIP数据核字(2020)第055572号

徽州文化生态保护实验区"非遗"活态保护现状研究
HUIZHOU WENHUA SHENGTAI BAOHU SHIYANQU "FEIYI" HUOTAI BAOHU XIANZHUANG YANJIU

出版	中国科学技术大学出版社 安徽省合肥市金寨路96号,230026 http://press.ustc.edu.cn https://zgkxjsdxcbs.tmall.com
印刷	合肥华苑印刷包装有限公司
发行	中国科学技术大学出版社
经销	全国新华书店
开本	710 mm×1000 mm　1/16
印张	25.25
字数	343千
版次	2020年12月第1版
印次	2020年12月第1次印刷
定价	78.00元

前 言

FOREWORD

中国是以文化历史悠久丰富而著称于世界的代表性文明区,坚守文化创造匠心、追求美好生活的享受,一直是民生的基础诉求。正因如此,一代代的民众在数千年的文明发育中创造了精彩纷呈的物质文化与非物质文化。

中国又是世界上形态最纯粹、维系时间最长、规模最大的农业社会型国家,按照2011年2月25日中华人民共和国全国人民代表大会通过的《中华人民共和国非物质文化遗产法》的分类,我们今天以非物质文化来冠名的传统文化样式包括民间文学,传统体育、游艺与杂技,传统音乐,传统美术,传统舞蹈,传统技艺,传统戏剧,传统医药,曲艺,民俗。在农业社会的乡土中国,以上十类传统就是普通民众村落(社区)生活和人生内容的基本组成。但到了20世纪中后期和21世纪初期,文明形态和生存方式发生了重大转变,工业化、城市化、信息化的浪潮在很短时间内接踵而来,导致延续数千年的传统意义上的乡土中国快速衰微,传统乡土文化一时间处于"皮之不存,毛将焉附"的困境与挑战中。于是,曾经生机勃勃的乡土民生文化变成了非物质文化遗产,处于迫切需要保护传承,甚至亟须提气续命的境地。

不过值得注意的是,丰富文化样式的主体实际上是与千千万万普通人的日常生活息息相关的业态，非物质文化遗产只是今天的叫法，实际上在更本源的意义上，理解为传统生活与审美消费的当代延续更贴切。为什么呢？因为各项传统技艺在其流行的年代，可以表现为生产性工艺、消费性演艺、生活性民艺等，所以是以消费集群化、文化生态化、技艺产业化的活态呈现出来的。今天，相当多的传统文化消费样式的实体传承呈独木支撑、零星分布的"孤岛"境况，已脱离上述的"三艺"与"三化"，也就意味着与现代社会的文化生态、产业生态和消费生态的脱离。

毫无疑问，每个时代都会有属于自己的生活方式与消费追求。因此，无论来自历史文化深处的中国非物质文化遗产在当代处于什么状态，例如创造性引领、广泛流行、业态濒危、核心技艺中断等，但凡能够走进新的生活方式和消费追求的都是一种"幸运"！因为它们在新的时代里得到了源头活水而生机勃勃，避免了陷入无人问津而"抢救性保护"或"自生自灭"的困境。

当代生活的核心是当代人正在创造并消费的生活方式。毫无疑问，当代生活方式的创造中必然涉及文化传统、民族记忆、传统技艺与审美范式等稳态传承基因这个部分，但同时文化遗产也会面临重大技术与审美变革、文化冲突与开放融合、产品与渠道颠覆等新生的发展挑战。当前，我们面对的挑战就是异乎寻常之大的"当代生活"，非物质文化遗产迫切需要站在历史的土地上提炼出自己的新生之道，走出自己的当代道路。

传统文化遗产的"技艺再造"和"审美再造"是农业社会的生产消费样式在当代生活牵引下获取源头活水、再续产品活力的核心命题之一。

毫无疑问，传统技艺延续生命需要传承来自过去的技术经验、人文智慧和审美范式。2017年1月，中央办公厅、国务院办公厅联合颁布的《关于实施中华优秀传统文化传承发展工程的意见》表明，首先要保障实现传承优秀文化的目标，这涉及一大批来自传统生活形态的从业者；其次发展目标，传统技艺的当代新生仅靠传承人群这第一类主体显然是不足以支撑的,必须引入第二类主体人群,来跨界推动"技艺再造"和"审美再造",创造出文化信息消费方面大众乐于购买的产品与体验的市场。

那么,这第二类人群包括哪些人呢?大略而言,包括有能力面向传统文化再造的业态规划师人群、产品与服务设计师人群、市场与消费分析师人群、文旅创意投资人群、文旅创意经营人群、审美教育培训师人群,以及非常重要的政府文化遗产管理人群。在工业与信息化社会里,上述人群已经被成批地培养出来,并非稀缺,关键是他们有无意愿参与传统文化遗产技艺和审美的再造,他们有无能力参与传统技艺和审美的再造。这是文化生态保护区能否从"非遗"项目保护融入新生活形态发育的本体性问题。

文化生态保护示范区是由中国文化遗产保护从20世纪90年代后期开启的促进单个项目、单一技艺与记忆传承的第一阶段,走向2007年左右开始实验的关注系统,关注动力,回归当代社区(村镇)、街区、景区等鲜活民生的第二阶段。这一新的阶段目前从整体、活态传承愿景而言其意义刻画是清晰的,但期待的美好结果到底能否如愿或如愿几成尚待后继者评价。

徽州文化生态保护实验区是原文化部批复设立的全国第二个实验区,但却是到2018年已经设立的21个文化生态保护实验区里唯一跨省级行政区划管辖的,因此比起其他实验区增添了更大的难度与复杂性。虽然古代徽州从1121年(北宋宣和三年)由原歙州更名至今已有近900年,其文化一体性很强,但自1949年婺源县从徽州第二次分离划归江西省也有70年了,在此期间的文化心理变迁不容小觑。

在完成教育部"徽州文化生态保护区与徽州非物质文化遗产的保护与利用研究"项目(批准号:14ID850003)的过程中,研究组发现虽然文化心理的归属感犹在,一直到近年依然时有恢复古徽州的文化倡议和遐思,但因行政管理和绩效考核分属安徽和江西不同的省级建制,地方管理权力和文化利益诉求常有分歧,所以建立真正能够落地的紧密协同机制与步调一致的行动方案仍有不少挑战。

以上列举的问题确实需要在徽州文化生态保护从实验区向示范区转换的过程中进行新的优化设计。

汤书昆

2020年6月10日于中国科学技术大学

目录

CONTENTS

前言 ··· (i)

第一章
文化生态保护区的背景与意义刻画 ························ (1)

一、文化生态保护区国家规划的源起 ························ (1)

二、文化生态保护区的理论依据 ···························· (5)

三、徽州文化生态保护实验区的形式与内涵 ·················· (8)

四、当代中国"非遗"保护新阶段的实践工作与现实问题 ······ (12)

第二章
徽州文化生态保护实验区"非遗"的地域文化特征与活态保护当前举措 ·· (19)

一、徽州文化生态保护实验区"非遗"的地域文化特征 ········ (20)

二、徽州非物质文化遗产活态保护的当前举措 ················ (24)

第三章

"非遗"活态保护的评估内容与评估方式设计 ……………………(37)

一、研究方法设计 ………………………………………………(38)

二、评估指标与路径设计 ………………………………………(40)

三、调查对象与调查区域规划 …………………………………(41)

第四章

徽州文化生态保护实验区东片区"非遗"活态保护评估的
实证分析 …………………………………………………………(48)

一、对"非遗"在徽州文化生态保护价值上的认知数据分析 ……(49)

二、对徽剧(黄山市)的认知数据分析 …………………………(53)

三、对徽州"三雕"(黄山市)的认知数据分析 …………………(57)

四、对徽州民歌(黄山市)的认知数据分析 ……………………(61)

五、对徽州民谣(黄山市)的认知数据分析 ……………………(65)

六、对徽州楹联匾额(黄山市)的认知数据分析 ………………(69)

七、对新安医学(黄山市)的认知数据分析 ……………………(72)

八、对徽菜(绩溪县、黄山市)的认知数据分析 ………………(77)

九、对歙县彩绘壁画(歙县)的认知数据分析 …………………(81)

十、对黄山(徽州)贡菊制作技艺(歙县)的认知数据分析 ……(85)

十一、对绿茶制作技艺(徽州区、黄山区)的认知数据分析 …(89)

十二、对竹编(黄山区)的认知数据分析 ………………………(93)

十三、对太平曹氏宣纸制作技艺(黄山区)的认知数据分析 …(97)

十四、对郭村周王会(黄山区)的认知数据分析 ………………(102)

十五、对"非遗"保护利用问题的认知数据分析 ………………(106)

十六、对"非遗"保护措施的建议 ……………………………………(110)

第五章
徽州文化生态保护实验区西片区"非遗"活态保护评估的实证分析 ……………………………………………………………(114)

一、对"非遗"在徽州文化生态保护价值上的认知数据分析 ………(115)
二、对徽剧(黄山市)的认知数据分析 ………………………………(119)
三、对徽州"三雕"(黄山市)的认知数据分析 ………………………(123)
四、对徽州民歌(黄山市)的认知数据分析 …………………………(127)
五、对徽派传统民居营造技艺(黄山市)的认知数据分析 …………(131)
六、对徽州民谣(黄山市)的认知数据分析 …………………………(134)
七、对徽州楹联匾额(黄山市)的认知数据分析 ……………………(138)
八、对新安医学(黄山市)的认知数据分析 …………………………(142)
九、对徽菜(绩溪县、黄山市)的认知数据分析 ……………………(146)
十、对徽州根雕(黄山市)的认知数据分析 …………………………(149)
十一、对徽州建筑技艺(黄山市)的认知数据分析 …………………(153)
十二、对徽州武术(黄山市)的认知数据分析 ………………………(156)
十三、对野鸡坞外科(黄山市)的认知数据分析 ……………………(159)
十四、对万安罗盘制作技艺(休宁县)的认知数据分析 ……………(163)
十五、对五城米酒酿制技艺(休宁县)的认知数据分析 ……………(166)
十六、对五城豆腐干制作技艺(休宁县)的认知数据分析 …………(170)
十七、对绿茶制作技艺(松萝茶)(休宁县)的认知数据分析 ………(173)
十八、对徽州目连戏(祁门县)的认知数据分析 ……………………(178)
十九、对祁门傩舞(祁门县)的认知数据分析 ………………………(181)

二十、对祁门红茶制作技艺(祁门县)的认知数据分析……(185)
二十一、对徽州祠祭(祁门县)的认知数据分析……(188)
二十二、对徽州手工瓷制作技艺(祁门县)的认知数据分析……(192)
二十三、对利源手工制麻技艺(黟县)的认知数据分析……(195)
二十四、对余香石笛制作技艺(黟县)的认知数据分析……(198)
二十五、对美溪唢呐(黟县)的认知数据分析……(201)
二十六、对徽州楹联匾额传统制作技艺(黟县)的认知数据分析……(203)
二十七、对徽州漆器制作技艺(屯溪区)的认知数据分析……(206)
二十八、对程大位珠算法(屯溪区)的认知数据分析……(209)
二十九、对黎阳仗鼓(屯溪区)的认知数据分析……(212)
三十、对徽州烧饼制作技艺(屯溪区)的认知数据分析……(215)
三十一、对"非遗"保护利用问题的认知数据分析……(218)
三十二、对"非遗"保护措施的建议……(220)

第六章

徽州文化生态保护实验区南片区"非遗"活态保护评估的实证分析……(223)

一、对"非遗"在徽州文化生态保护价值上的认知数据分析……(224)
二、对徽州民歌(黄山市)的认知数据分析……(228)
三、对婺源板龙灯(婺源县)的认知数据分析……(233)
四、对婺源抬阁(婺源县)的认知数据分析……(238)
五、对婺源傩舞(婺源县)的认知数据分析……(242)
六、对徽派传统民居营造技艺(黄山市)的认知数据分析……(247)
七、对徽州民谣(黄山市)的认知数据分析……(252)

八、对徽州根雕(黄山市)的认知数据分析 ……………………………(256)

九、对徽州楹联匾额(黄山市)的认知数据分析 …………………(260)

十、对婺源"三雕"(婺源县)的认知数据分析 ……………………(264)

十一、对婺源歙砚(婺源县)的认知数据分析 ……………………(268)

十二、对徽菜(绩溪县、黄山市)的认知数据分析 ………………(272)

十三、对徽州武术(黄山市)的认知数据分析 ……………………(277)

十四、对婺源豆腐架(婺源县)的认知数据分析 …………………(281)

十五、对"非遗"保护利用问题的认知数据分析 …………………(285)

十六、对"非遗"保护措施的建议 …………………………………(289)

第七章
徽州文化生态保护实验区"非遗"活态保护的典型案例 …………(293)

一、屯溪老街的"非遗"保护利用情况 ……………………………(293)

二、屯溪老街"非遗"活态保护状况的认知态度评价 ……………(301)

三、屯溪老街"非遗"活态保护的缺陷归纳 ………………………(315)

四、呈坎古村落的概况 ………………………………………………(317)

五、呈坎村独具地域特色的非物质文化遗产 ……………………(319)

六、呈坎村"非遗"活态保护的典型做法与成功经验 ……………(325)

七、呈坎村非物质文化遗产活态保护的不足之处 ………………(336)

八、呈坎村非物质文化遗产保护利用的若干建议 ………………(338)

第八章
徽州文化生态保护实验区"非遗"活态保护的问题、挑战和对策
……………………………………………………………………………(342)

一、实验区非物质文化遗产活态保护中存在的问题 ……………(342)

二、徽州文化生态保护区"非遗"保护方式创新的几点思考 …………(350)
三、徽州生态保护区非物质文化遗产活态保护的对策 ……………(354)

附录一
徽州文化生态保护实验区非物质文化遗产评估专家调查表
（东片区）………………………………………………………(359)

附录二
徽州文化生态保护实验区非物质文化遗产评估专家调查表
（西片区）………………………………………………………(365)

附录三
徽州文化生态保护实验区非物质文化遗产评估专家调查表
（南片区）………………………………………………………(370)

附录四
屯溪老街非物质文化遗产保护利用现状评估的调查问卷 ………(374)

附录五
呈坎村非物质文化遗产保护利用现状研究的访谈提纲 …………(382)

参考文献 ………………………………………………………………(385)

后记 ……………………………………………………………………(388)

第一章
文化生态保护区的背景与意义刻画

一、文化生态保护区国家规划的源起

国家级文化生态保护区是指以保护非物质文化遗产(以下简称"非遗")为核心,对历史文化积淀丰富、存续状态良好、具有重要价值和鲜明特色的文化形态进行整体性保护,并经原文化部批准设立的特定区域。设立文化生态保护区,有利于在"非遗"项目集中、地域特色鲜明、形式和内涵保持完整的区域探索整体性保护,这是中国在"非遗"保护领域非常具有探索意义的创新布局。

2007年,文化部正式设立了中国第一个国家级文化生态保护实验区——闽南文化生态保护实验区,国家级文化生态保护实验区建设工作在我国正式拉开大幕。2007~2017年,文化部先后批准设立了闽南、徽州、热贡、羌族、客家等21个国家级文化生态保护实验区,这21个实验区涉及福建、安徽、青海等17个省市区(表1.1)。参照国家级文化生态保护实验区的理念和做法,各省市区也设立了范围有大有小、特色鲜明共146个省级文化生态保护区。例如,山东省依托地域特色鲜明、文化内涵丰富、传承氛围浓厚的"非遗"资源,分别设立菏泽文化生态保护实验区、崂山道教文化生态保护实验区、临清运河文化生态保护实验区、荣成海洋文化生态保护实验区等。以荣成海洋文化生态保护实验区为例,该区域共有省级"非遗"项目10个、国家级"非遗"项目1个,分别为渔民开洋、谢洋节、秦始皇东巡传说、石岛渔家大鼓、蠓子虾酱制作技艺、荣成渔民号子、海草房民居建筑技艺、赤山明神传说、海参传统加工技艺、胶东饺子食俗、桄蓬制造技艺。

表1.1 国家级文化生态保护实验区一览表

名称	区划省份	设立时间
闽南文化生态保护实验区	福建省	2007年6月
徽州文化生态保护实验区	安徽省、江西省	2008年1月
热贡文化生态保护实验区	青海省	2008年8月
羌族文化生态保护实验区	四川省、陕西省	2008年11月
客家文化(梅州)生态保护实验区	广东省	2010年5月
武陵山(湘西)土家族苗族文化生态保护实验区	湖南省	2010年5月
海洋渔文化(象山)生态保护实验区	浙江省	2010年6月
晋中文化生态保护实验区	山西省	2010年6月
潍水文化生态保护实验区	山东省	2010年11月
迪庆文化生态保护实验区	云南省	2010年11月
大理文化生态保护实验区	云南省	2011年1月
陕北文化生态保护实验区	陕西省	2012年5月
铜鼓文化(河池)生态保护实验区	广西壮族自治区	2012年11月
黔东南民族文化生态保护实验区	贵州省	2012年12月
客家文化(赣南)生态保护实验区	江西省	2013年1月
格萨尔文化(果洛)生态保护实验区	青海省	2014年8月
武陵山区(鄂西南)土家族苗族文化生态保护实验区	湖北省	2014年8月
武陵山区(渝东南)土家族苗族文化生态保护实验区	重庆市	2014年8月
说唱文化(宝丰)生态保护实验区	河南省	2017年1月
藏族文化(玉树)生态保护实验区	青海省	2017年1月
客家文化(闽西)生态保护实验区	福建省	2017年1月

从文化生态保护区这一新型整体性活态保护模式的建设引领来看,从2005年的预热阶段开始,国家先后颁布了一系列促进与扶持政策,起到了非常直接而有效的孵化作用:

2005年12月,印发的《国务院关于加强文化遗产保护的通知》中明确要求,对文化遗产丰富且传统文化生态保持较完整的区域,要有计划地进行动态的整体性保护。

2007年,根据《国家"十一五"时期文化发展规划纲要》要求,从加强传统文化整体性保护的角度出发,文化部正式批准设立了第一个国家级文化生态保护实验区——闽南文化生态保护实验区,涵盖福建省泉州、漳州和厦门三市共十二区四市(县级市)十三县的国家级文化生态保护实验区建设工作在我国正式启动。

2010年,文化部印发《关于加强国家级文化生态保护区建设的指导意见》,明确了国家级文化生态保护实验区建设的意义、建设方针和原则、设立条件、设立程序、基本措施等,对实验区建设工作提供了操作指导意见。

2011年,文化部办公厅印发《关于加强国家级文化生态保护区总体规划编制工作的通知》,要求每个国家级文化生态保护实验区都要编制一份总体规划,并以此引领开展生态保护区建设。

2011年,《中华人民共和国非物质文化遗产法》正式颁布施行,其中第26条对"非物质文化遗产区域性整体保护"提出了明确要求:"对非物质文化遗产代表性项目集中、特色鲜明、形式和内涵保持完整的特定区域,当地文化主管部门可以制定专项保护规划,报经本级人民政府批准后,实行区域性整体保护。确定对非物质文化遗产实行区域性整体保护,应当尊重当地居民的意愿,并保护属于非物质文化遗产组成部分的实物和场所,避免遭受破坏。实行区域性整体保护涉及非物质文化遗产集中地村镇或者街区空间规划的,应当由当地城乡规划主管部门依据相关法规制定专项保护规划。"

2012年,中共中央办公厅、国务院办公厅印发《国家"十二五"时期文化改革发展规划纲要》,要求加强非物质文化遗产的保护与传承,明确要求对濒危项目和年老体弱的代表性传承人实施抢救性保护,对具有一定市场前景的非物质文化遗产项目实施生产性保护,对非物质文化遗产集聚区实施整体性保护,统筹国家级文化生态保护区建设。

2012年,文化部印发《文化部"十二五"时期文化改革发展规划》,要求推进文化生态保护区建设,积极探索科学合理的建设模式和整体性保护方式。在有效保护的基础上,积极推动非物质文化遗产的合理利用,推进非物质文化遗产生产性保护,命名一批非物质文化遗产生产性保护示范基地,开展非物质文化遗产保护利用设施建设。

2017年,文化部印发《文化部"十三五"时期文化发展改革规划》,要求编制国家级非物质文化遗产代表性项目保护规划,加强国家级非物质文化遗产代表性项目保护,实施非物质文化遗产记录工程,探索非物质文化遗产整体性保护,推进国家级文化生态保护实验区建设。

2019年3月,文化和旅游部办公厅发布关于贯彻落实《国家级文化生态保护区管理办法》的通知,要求充分认识非物质文化遗产区域性整体保护的重要意义、夯实国家级文化生态保护区建设的主体责任、明确国家级文化生态保护区建设管理的重点举措。这标志着国家级文化生态保护实验区转向正式的国家级文化生态保护区建设,具有重要的实践指导意义。《国家级文化生态保护区管理办法》要求国家级文化生态保护区建设应坚持保护优先、整体保护、见人见物见生活的理念,对其申报与设立、建设与管理做了细致的规定性说明。

从实验区阶段到正式的全国尺度上的保护区启动,文化和旅游部持续加强了对国家级文化生态保护实验区工作的指导,要求生态保护区建设要"见人见物见生活",把"非遗"项目和其得以孕育、滋养的人文生态环境一起保护;在古村落和老街改造中保留原住居民,保护其生活方式,避免生态保护区内的传统村落、传统街区变成空心遗址,避免"非遗"失去传承基因、环境和土壤。总体而言,文化生态保护实验区的设立意义十分重大,其核心宗旨是将"非遗"保护从独立、单体的项目和传承人模式,走向立足在生态文明建设、新农村建设、文化自信与文化创新建设等新时代几大国策要求下的整体保护模式,是"非遗"生态体系空间发展的思路体现。

二、文化生态保护区的理论依据

文化生态保护区建设作为我国实现非物质文化遗产活态传承和整体保护的重要途径,是对历史文化积淀丰富、存续状态良好、具有重要价值和鲜明特色的文化形态进行的整体性保护,对于优化文化生态环境、尊重文化创造力和文化多样性、传承中华民族优秀文化、维护国家民族文化主权、构建和谐社会具有重大意义。建设国家级文化生态保护区,是有其理论依据的,本书研究认为主要包括文化生态理论和文化空间理论。

(一) 文化生态理论

"其一,文化与生物一样,都具有生态性;其二,文化生态与生物生态一样,都具有系统性;其三,文化生态系统与生物生态系统一样,都具有动态性、区域性。"(宋俊华,王开桃,2013)国家级文化生态保护实验区的设立,是西方文化生态理论与我国"非遗"保护实践的一种创造性结合,是"非遗"整体性保护理念的具体体现,也是"非遗"保护的中国经验的一个代表(宋俊华,李惠,2017)。

"文化生态学"是20世纪50年代美国人类学家朱利安·斯图尔特(Julian Steward)最早提出的概念,他创造性地将生态学概念应用于文化研究(唐纳德·哈迪斯蒂,2002)。1971年,法国博物馆学家乔治·亨利·里维埃(Geroges Henri Riviere)和雨果·戴瓦兰(Hugues de Varine)继而提出"生态博物馆"概念,进一步发展并深化了文化生态理论。生态博物馆的核心理念是,文化遗产应该被原状地保存和保护在其所属的社区及环境之中。1973年,法国建成了世界上第一座生态博物馆——克勒索蒙特索矿区生态博物馆(余压芳,刘建浩,2006),之后生态博物馆的实践便逐渐展开。20世纪70年代后期,欧洲约有20个生态博物馆出现。全世界通过建立生态博物馆来保护民族文化遗产的重视度越来越高,实践的力度也越来越大。

文化生态是指由构成文化系统的内、外在要素及其相互作用所形成的生态关系。文化生态系统是文化与自然环境、生产生活方式、经济形式、语言环境、社会组织、意识形态、价值观念等构成的相互作用的完整体系,具有动态性、开放性、整体性等特点(黄永林,2013)。非物质文化遗产是一种生活文化,大多来自少数民族、原始部族、乡土文化、民间文化等,是依托一定生态环境和特定人群与历史的"生态文化"。非物质文化遗产保护是一个民族原生态优质文化基因的保护,这种文化基因在代代传承的过程中,发展映射出不同民族的演变历程,动态地演绎出一个民族的审美意蕴、价值取向、生活方式、思维模式和精神信仰。可以说,"文化生态系统"的自然环境、经济环境和社会组织环境的三位一体复合结构与非物质文化遗产对自然环境、经济环境和社会组织环境的依赖性,促进了文化生态保护区建设对非物质文化遗产保护不断实现。

随着我国文化生态保护区建设不断推进,文化生态理论和文化生态保护理念逐渐为中国学术界和文化遗产保护领域所认同并得以积极实践。

(二) 文化空间理论

"文化空间"作为一个意涵特别丰富的概念,学界对它有多种定义。比如,作为人类学概念,"文化空间"最早被称为"文化场所",后来特指"非遗"的一种基本类型,表述为"文化空间"。1998年联合国教科文组织(UNESCO)发布的"人类口头和非物质遗产代表作宣布计划"条例将其定义为:"一个集中了民间和传统文化活动的地点,一般以某一周期或某一事件为特点的一段时间。"2003年联合国教科文组织发布的《保护非物质文化遗产公约》明确表明,"文化空间"是"非遗"的一种类型。再如文化地理学视角下的"文化空间",关注文化的空间地域性,从"文化区"角度了解文化的空间分布及其演化、地域社会群体间的关系及影响因素。社会学视角下的"文化空间",指一种物质空间或社会空间,由占据该空间群体的特定行为和生活模式来规约。

从狭义和广义角度上,伍乐平、张晓萍等在结合国内外多学科的研究成果的基础上,对文化空间做了以下阐释:第一,文化空间包括物质空间、精神空间和社会空间;第二,文化空间具有时间属性和活态传承性;第三,文化空间不应该局限于"非遗"或都市研究领域;第四,文化空间不能被简单理解为"文化的空间"(伍乐平,张晓萍,2016)。多维学科视角对"文化空间"概念的界定和表述有诸多的不同,学者关于"文化空间"的概念和内涵并没有形成十分明确、统一的认识。但可以肯定的是,文化空间是人及其文化赖以生存和发展的场所,是文化的空间性和空间的文化性的统一。文化空间是人化自然的结果,强调人、文化和环境的关系,反映"非遗"传统文化赖以生存的活动场所和环境氛围,是物质环境、人文环境与社会环境的有机统一。非物质文化遗产的"文化空间"强调物质环境与人文环境的有机统一,重心在于"非遗"的活态传承、优秀文化的历史积淀、生活形态的延续和"非遗"生产实践的传承,在空间形态上至少包括物质空间、经济空间、人文空间和社会空间。

文化生态保护区以非物质文化遗产保护为核心,对孕育发展"非遗"的自然环境和人文环境进行整体保护,对"非遗"赖以生存和发展的社会空间进行整体保护,保持原有的生活方式和生产秩序,要求"见人见物见生活",这正是文化空间理论应用的鲜活体现。

三、徽州文化生态保护实验区的形式与内涵

(一) 保护范围与文化内涵

2008年1月设立的徽州文化生态保护实验区是全国第二个获得批准建设的文化生态保护实验区,也是前后一段时间里第一个跨省区的文化生态保护实验区。古徽州经典的文化行政区划结构"一府六县"成为建设的文化界域基础,即徽州府下辖的歙县、休宁县、祁门县、黟县、婺源县、绩溪县六个县,这一历史区划是从宋代以来徽州文化孕育和发展的稳定空间。该实验区就是在徽州文化产生、发展、传承的代表区域对其所承载的文化表现形式,开展以非物

质文化遗产保护为主的整体性保护的徽州文化圈涉及的地缘范围。

但进入20世纪80年代末期，原徽州建制解体，新设立黄山市，绩溪县划归宣城市，原太平县更名为黄山区由黄山市管辖；而在此之前数十年，婺源县已划归江西省上饶市管辖。从文化地理上所指的徽州文化保护区的"一府六县"，到启动时实际上已经分属两省三市，因此，该项目的实施明确由安徽省文化厅、黄山市文化委、绩溪县文化广播电视局和江西省婺源县县政府共同承担。由此，也就带来了后续比较复杂的保护区协调机制和联动体系建设问题。

按照申报书和建设规划的表述，实验区建设突出保护机制、保护理念、保护内容和保护方法的"四大创新"。2010年，由安徽省文化厅申报的"徽州文化生态保护实验区建设工程"项目入选2010年全国十大"国家文化创新工程"。

徽州文化生态保护实验区包括古徽州"一府六县"与相关的周边地带，是徽州文化孕育和发展的主要空间。随着中国社会历史发展的演进，时至今日，徽州的实体行政区已经不存在，作为独立行政区划的概念已被徽州文化地理概念取代。徽州文化生态保护实验区就是在徽州文化产生、发展、传承的区域对其所承载的文化表现形式，开展以非物质文化遗产保护为主的全面的整体性保护工作的徽州文化圈涉及的地缘范围。

徽州文化生态保护实验区范围包括安徽省黄山市、安徽省绩溪县和江西省婺源县。徽州文化生态保护实验区的保护对象为其划定范围内的自然环境、历史遗迹，特别是构成文化生态保护实验区的核心内容——以活态存在并传承的非物质文化遗产。保护对象包括：① 保护实验区范围内的各级非物质文化遗产项目；② 保护实验区范围内的各级文物保护单位；③ 保护实验区范围内的各级自然保护区（单位）。

（二）保护区建设的理念与原则

在"政府主导、社会参与、长远规划、分布实施、点面结合、讲求实效"的保护原则下，徽州文化生态保护实验区强调注重原生态、原真性保护理念，坚持遗产保护的真实性和完整性，坚持以人为本，保障和实现保护实验区民众基本文化权利，遵循统筹规划、协调发展的工作原则。

（三）保障机制建设内容

强化组织保障。组建徽州文化生态保护实验区工作领导小组，成立保护实验区专门工作机构，组建徽州文化生态保护实验区领导小组办公室这一常设机构。

加强政策保障。制定《徽州文化生态保护实验区管理条例》《徽州文化生态保护实验区非物质文化遗产代表性传承人资助及管理办法》《徽州文化生态保护实验区试点保护工作条例》等。

落实资金保障。安徽省、江西省政府设立徽州文化生态保护实验区专项资金并列入财政预算，市、区、县人民政府设立相应专项资金，同时积极发挥民间社团组织和全社会的作用，筹集社会资金。

（四）保护的具体措施设计和推动

开展全面普查工作。开展徽州文化生态保护区物质文化遗产和非物质文化遗产的种类、数量、现状及传承人的全面普查,建立档案和数据库。

编制规划文本。编制《徽州文化生态保护实验区保护总体规划》,对保护区建设和"非遗"保护进行顶层设计和部署,将"徽州文化生态保护实验区保护总体规划"分为近期(2011~2015年)、中期(2016~2020年)和远期(2021~2025年)三个阶段,对每一阶段保护区建设的任务、"非遗"保护与传承目标做了明确规定。

强化激励与扶持。通过政府主导的资金扶持推动"非遗"四级名录项目和传承人队伍的双增长,"非遗"名录数量占安徽省最前列,"徽州木结构营造技艺"和"程大位珠算"入选联合国"非遗"保护名录,民众参与"非遗"保护传承热情高涨。

落实多种保护方式。开展抢救性保护、传承性保护、生产性保护和整体性保护并举的多种方式。针对濒临灭绝的非物质文化遗产项目,或与现代经济衔接困难、难以依靠自身的能力进行再利用保护的项目进行抢救性保护;针对操作性较强、群众基础较好的非物质文化遗产项目进行保护方式传承性保护,依托传习所、培训中心、学校、兴趣班等作为非物质文化遗产传承基地,开展知识普及与传播等活动;针对可以在合理开发和利用中转化为生产力的非物质文化遗产项目进行生产性保护,通过生产、流通、销售等方式,使非物质文化遗产在生产过程中得到积极保护,并通过合理利用非物质文化遗产代表性项目挖掘具有地方、民族特色和市场潜力的文化产品和文化服务。对非物质文化遗产代表性项目集中、特色鲜明、形式和内涵保持完整的特定区域,当地文化主管部门可以制定专项保护规划,报经本级人民政府批准后,实行区域性整体保护。

加强宣传展示。充分利用大型文化活动、国内外文化交流、传统节日等平台,通过专题展示、实物展览、活态展演等方式,积极推介保护区建设成果和

"非遗"项目,提升文化影响力;充分利用国家、省、市、县各级媒体,密集报道保护区建设和"非遗"保护工作。

四、当代中国"非遗"保护新阶段的实践工作与现实问题

(一)中国"非遗"保护的实践工作

非物质文化遗产是不同民族人民代代传承、与群众生活息息相关的各种传统文化表现形式和文化空间,前者包括表演艺术、民俗活动、传统知识和技能以及相关的实物、手工制品等,后者是指呈现或展示传统文化活动及其表现形式的场所。"非遗"代表着人类文化遗产在特定时段的精神高度,有着古老、鲜活的文化历史传统,体现了国家及民族文化软实力。作为文化的组成部分,"非遗"是人类个体、群体、集体所创造并为后代不断传承的活态精神财富,其活态传承的技艺、经验和精神是以人为本、以人为核心的。

自20世纪70年代以来,UNESCO先后颁布《世界遗产公约》(1972)、《保护民间创作建议案》(1989)和《人类口头与非物质文化遗产代表作名录》(1997),"人类口头与非物质文化遗产代表性名录"正式出现在联合国文件中。UNESCO《保护非物质文化遗产公约》(2003)对"非遗"的定义如下:"非遗"是指各种社会实践、观念表述、表现形式、知识、技能以及相关的工具、实物、手工艺品和文化空间,并被各社区、群体或个人视为文化遗产的组成部分。在时代

环境、与自然界的相互关系和历史条件的变化下,"非遗"不断得到传承和创新。《保护非物质文化遗产公约》所定义的"非遗"类型包括:① 口头传统和表现形式,包括作为"非遗"媒介的语言;② 表演艺术;③ 社会实践、仪式、节庆活动;④ 有关自然界和宇宙的知识和实践;⑤ 传统的手工艺技能(陈来生,2006)。

中国于2004年正式加入《保护非物质文化遗产公约》后,使得"非遗"一词的译名得以确认,并逐渐被社会重视和认可。2011年,中国颁布《中华人民共和国非物质文化遗产法》,把"非遗"界定为:各族人民世代相传并视为其文化遗产组成部分的各种传统文化表现形式,以及与传统文化表现形式相关的实物和场所,包括:① 传统口头文学及其载体语言;② 传统美术、书法、音乐、戏剧、舞蹈、杂技和曲艺;③ 传统技艺、医药和历法;④ 传统礼仪、节庆等民俗;⑤ 传统体育和游艺;⑥ 其他"非遗"。从现有统计口径看,我国将"非遗"项目分为十类,分别是民间文学、传统音乐、传统舞蹈、传统戏剧、曲艺、传统体育/游艺与杂技、传统美术、传统技艺、传统医药、民俗。

中国大规模的"非遗"保护工作是在2004年以后才开始的。此后,在中央政府直接主导推动下,我国世界名录和"非遗"的传承、保护和管理工作在短短十余年间快速完善起来,在政策法规、数据建档、保护方式、传承培训和产业振兴等方面都取得了显著的成就,在国际上成绩斐然。

在政策法规供给与建设方面:先后颁布《国务院办公厅关于加强我国"非遗"保护工作的意见》《国家级"非遗"代表作申报评定暂行办法》《国务院关于加强文化遗产保护的通知》《国家"非遗"保护专项资金管理暂行规定》《国家级"非遗"保护与管理暂行办法》《关于加强老字号"非遗"保护工作的通知》《国家级"非遗"项目代表性传承人认定与管理暂行办法》《中华人民共和国"非遗"法》等系列"非遗"保护条例和法律,内容涵盖"非遗"的评定、传承人的认定与管理、专项资金的管理、相关机构的建立与完善等方面，建立了比较完善的"非遗"保护政策体系。

在传承保护体系建设方面：坚持"保护为主、抢救第一、合理利用、传承发展"的指导方针，约十五年时间，我国建立了国家、省、市和县四级"非遗"代表作保护名录体系，在全国范围内评选了四级代表性"非遗"传承人，并启动相应的保障资金和扶持措施。国务院分别于2006年（518项）、2008年（510项）、2011年（191项）和2014年（153项）先后批准命名了四批国家级"非遗"名录，地方性的省市县级"非遗"名录申报和认定有序开展，"非遗"的类别、名录、数据、档案和体系日臻完善。

在传承保护方式完善方面：从"抢救性保护""生产性保护""整体性保护"到"数字化传承"，"非遗"的保护和传承方式不断创新，"非遗"的整体性保护效果逐步显现。例如，"抢救性保护"方面，为确保抢救性记录工程的质量和效果，2016年文化部组织编写《国家级"非遗"代表性传承人抢救性记录工程操作指南》，并于8月29日至9月2日在国家图书馆举办国家级"非遗"代表性传承人抢救性记录工作培训班，对各地"非遗"保护机构的一线工作者和抢救性记录的执行团队成员进行了培训。2018年6月，国家图书馆举办了"国家级非物质文化遗产代表性传承人抢救性记录工作成果展映月"系统活动，从主题交流、优秀成果推介、纪录片展映等多方面充分展示了"非遗"抢救性保护的成果。在"生产性保护"效果上，2012年文化部联合北京市政府举办了"中国非物质文化遗产生产性保护成果大展"，展览涵盖中国制陶、刺绣、玉雕、纺织、剪纸等领域最能体现中华文化特色的"非遗"技艺项目，现场有160余位国家级"非遗"项目代表性传承人展示精彩技艺。

在"非遗"传承人培训方面：2015年文化部和教育部联合启动"中国'非遗'传承人群研修研习培训计划"，通过组织研修研习培训旨在提升"非遗"传承人群的艺术素养、审美能力和创新能力,促进传统工艺走向现代生活,使"非遗"教育培训由"内在传承"向"外在体系"融合拓展。从总体效果看,经过四年多研培计划实施,传承人群文化自信和传承积极性明显提高,各地"非遗"从业人员数量明显增加,学员的技艺水平、产品设计和市场意识逐渐增强,高校"非遗"教研能力及相关专业得以发展,社会各界参与"非遗"保护的热情高涨。以2017年为例,文化部、教育部部署全国78所高校实施"研培计划",共举办研培班196期,培训学员8576人次,涵盖笔墨纸砚、金属锻造、纺染织绣、陶瓷烧制、传统建筑营造、漆器髹饰、雕版印刷、藏族唐卡等331个国家级"非遗"代表性项目。据统计,2015年至2017年底,全国参与高校共计举办研培班390余期,培训学员1.8万人次,加上各地组织开展的延伸培训,共计覆盖传承人群5.6万人次。

在传统文化产业振兴方面:《文化部"十三五"时期文化改革发展规划》《中国传统工艺振兴计划》等规制、计划为"非遗"的产业转型和业态创新规划了发展目标和实现路径。2018年5月,文化和旅游部、工业和信息化部联合发布第一批共计383项国家传统工艺振兴目录,重点支持一批具备传承基础和生产规模、有发展前景、有助于带动就业的传统工艺项目,推动形成可推广的经验案例。鼓励高校、研究机构、企业等设立传统工艺的研究基地、重点实验室,在传承优秀文化传统基础上,探索手工技艺与现代科技、工艺装备的有机融合,如清华大学申报的"传统工艺与材料研究"实验室获批第二批文化部重点实验室。该实验室由美术学院联合材料学院申报,以传统染织工艺实验室、精细陶瓷工艺实验室、漆工艺实验室等15个专项实验室为支撑,拥有传统工艺、材料科学研究与应用方面的国内外顶尖研究团队,是国内首个从材料入手,融合艺术与科学的传统工艺科研平台。再如,上海市结合本市实际,促进上海传统工艺的传承和振兴,制定了《上海市传统工艺振兴计划》,从建立上海市传统工艺振兴目录、完善传统工艺人才培养体系、加强传统工艺理论与应用研究、提升传统工艺品质与品牌、提高传统工艺创新能力、拓展传统工艺展销平台、支持行业组织建设、优化传统工艺生态环境、扩大传统工艺社会普及和加强国内外交流合作等多方面着力。

在"非遗"保护实践中,国家级文化生态保护区是针对"非遗"的保护与发展缓慢提出的新构想,能够让"非遗"在核心空间中进行区域性的整体保护传承,表明国家对"非遗"保护思路的转变,即从之前的"非遗"项目保护和"非遗"传承人保护向非物质文化遗产生态体系空间发展的思路转型,注重孕育与"非遗"相关的自然与人文生态的整体保护和文化生态保护。

2019年,文化和旅游部颁布《国家级文化生态保护区管理办法》,并下发《关于开展国家级文化生态保护区申报工作的通知》,对加强"非遗"区域性整体保护,维护和培育文化形态,促进文化生态保护区提质增效具有重要意义。在国家级文化生态保护区申报和建设的同时,各省迅速响应,果断行动,参照文化生态保护区管理办法和经验做法,积极建立省级文化生态保护区,如湖北省、内蒙古自治区、山东省、广东省、山西省等;有的市、县设立了市县级文化生态保护区,如山东省潍坊市临朐县设立周姑戏文化生态保护区、桑皮纸制作技艺等县级文化生态保护区。这些举措无疑扩大了"非遗"区域性整体保护的力度和范围,推动了新的"非遗"文化生态保护体系建立。目前,已形成以国家级文化生态保护区为主体,以省、市、县级文化生态保护区为补充的新的四级文化生态保护区体系。

2019年8月,科技部、中宣部等六部门印发《关于促进文化和科技深度融合的指导意见通知》,提出:面临科技创新和第六次科技革命大潮,文化建设需要高度重视文化共性关键技术研发和文化大数据体系建设,强调以数字化、网络化、智能化为技术基点突破"非遗"传承发展的系统集成应用技术,将"非遗"记录成果中蕴含的优秀传统文化的精神标识提炼出来,建设政企互通、事企互联、数据共享和安全可信的文化大数据体系,"非遗"保护利用领域的文化科技融合走向纵深。

在新时代背景下,我国"非遗"保护实践工作不断走向纵深,采取了一系列卓有成效的保护措施和保护方式,保护理念和体制机制不断创新。国家倡导的"工匠精神""文化自信"等为"非遗"保护营造了良好的氛围,"非遗"保护政策和保护机制不断完善,"活态保护""整体保护""创造性转化和创新性发展""见人见物见生活"等保护理念逐步深入人心,文化生态保护区体系建设已见成效。在习近平新时代中国特色社会主义思想指引下,"非遗"活态保护成就必将更上一层,这对于展示"非遗"传统文化魅力、增强文化自信、提升国家软实力、创造人民群众的美好生活具有重要促进意义,为促进中华民族的伟大复兴奠定了坚实的文化基础。

(二)"非遗"传承保护面临的现实问题

站在21世纪第二个十年的结束点上看,尽管"非遗"保护工作已经取得了很突出的成效,但传承保护中仍然存在不少突出的问题,主要表现为:

(1)城镇化的高速发展使得"非遗"赖以生存和发展的文化土壤——农耕文明和乡土消费生活逐渐削弱或消逝,"活态化"的"非遗"传统文化和表现形式失去了原先伴生、发育和繁荣的土壤;

(2)由于传承人的逝去,一些依靠口传心授的"非遗"核心技艺正在不断消失,诸多传统技艺濒临消亡;

(3)由于重视程度不足和保护意识不强,大量极具历史和文化价值的资料和实物遭到毁弃或流失；

（4）市场环境下，过度开发"非遗"的现象经常发生，利益集群和商业资本主导下的"文化工业"使"非遗"原真性遭到破坏，确保"非遗"保护"不走样""不离题"依旧任重道远；

（5）"非遗"保护实践中"重申报轻保护""重开发轻传承""重技术轻文化""重形式轻内容"等顽疾依然是主要问题；

（6）"非遗"生产的低水平、低效率、低附加值现象依旧存在，需要增强科技手段介入"非遗"生产性保护的力度；

（7）推动"非遗"的创造性转化和创新性发展力度不足，"非遗"产品的现代化生活融入和当代消费空间有待拓展。

针对新形势下"非遗"面临的若干严峻的现实性问题，探索"非遗"传承与保护的创新方式和实现途径，推动"非遗"的创造性转化、产业性转型和生活化融入已经刻不容缓。

在文化生态保护实验区走过的十几年之际，探究文化生态保护区"非遗"活态保护利用现状，总结其成功经验与不足，提炼"非遗"传承保护的典型经验与推广模式十分必要，利于推动文化生态保护区"非遗"传承保护的可持续发展。因此，开展文化生态保护区"非遗"的活态保护的现状研究是当下比较迫切的任务。本研究以徽州文化生态保护区为典型区域案例，对其文化生态保护区范围内的"非遗"项目进行集中性的价值评估，结合典型的微观历史街区和古村落案例研究，旨在了解徽州文化生态保护实验区建设成效及"非遗"活态保护的状况。

第二章
徽州文化生态保护实验区"非遗"的地域文化特征与活态保护当前举措

从徽州的文化地理界域来看,宋以来经典的徽州自然与文化区包括一府六县,即徽州府(府城驻地歙县),辖歙县、休宁县、黟县、祁门县、婺源县、绩溪县,近千年稳定结构为六县。但2008年获批的国家级徽州文化生态保护实验区,则包括歙县、休宁县、黟县、祁门县、婺源县、绩溪县、屯溪区、徽州区、黄山区,共九个区县单元。其中,屯溪区系由原休宁县划出设立,徽州区系由原歙县划出设立,只有黄山区原为太平县,不属于经典徽州文化地理旧有的范围。

作为国家级文化生态保护实验区的徽州,其非物质文化遗产的特征无疑与该区域的文化特征紧密关联,并且是在独特地域空间和历史框架里演化发育成形的。具体而言,古徽州来自中原士族移民文化的宗法制度体系、儒商一体且红极明清两代的徽商文化体系、徽州山川形胜与风水理念支持的士民生活文化体系等经典文化设计,均在中国文化大系统中极具特色。毫无疑问,这些历史上非常显著的特征对该区域非物质文化遗产产生了锻造肌骨、锤炼内质的功用,并且最终赋予徽州非物质文化遗产以鲜明的地域文化塑造形态。

一、徽州文化生态保护实验区"非遗"的地域文化特征

（一）特征一：超常密集、品位出众

在经典徽州文化地理区域内，文化遗产的存在密度是令人惊讶的，按照目前规划的黄山市全境三区四县加宣城市绩溪县来看，总面积只有10933平方千米，人口只有约165万，即使加上已划归江西省的古徽州核心属县婺源县，也不过13881平方千米的面积和200万人口。如此小的面积和人口，在中国按体量衡量是相当不起眼的配角角色：要论人口，安徽省临泉县一个县就有约240万人口；要论面积，安徽省金寨县一个县就有近3834平方千米，徽州在土地与人口方面根本不值一提。

但是，在人口数量和面积上乏善可陈的古徽州却在文化创造上极其辉煌，在今黄山市三区四县及绩溪县的这片土地上，现有世界文化遗产2处，中国历史文化名城2座，中国历史文化名村镇22个，全国重点文物保护单位35个，联合国人类"非遗"代表作名录2项，国家级非物质文化遗产23项（不包括绩溪县与黄山市重复交叉的项目），安徽省级非物质文化遗产89项，以及1个国家级历史文化保护区。如此密集创造与传承的文化遗产，不仅在安徽省绝无仅有，在全中国地市级区域的横向比较中也是稀见的文化现象。仅从数量而言，大略也只有云南、山西、福建、江西、浙江、江苏的很少地市可以与之相比较。而

且,徽州文化生态保护实验区内还有数量丰厚的市级和县级非物质文化遗产项目。可以预见的是,未来还会有若干数量的新增国家级与省级"非遗"项目从徽州文化生态保护实验区内产生。

千年古徽州文化创造在非物质文化遗产方面的另一重特征是项目的品质之高令人惊诧。与通常"非遗"项目流通应用范围小、影响地域有限不同,古徽州由于文化的精粹性堪为典范样本,因而传承到今天的相当一批"非遗"项目代表着国家顶级的技艺水平和全国性的传承影响面。例如,今天列入国家"非遗"名录的徽墨制作技艺、歙砚制作技艺、万安罗盘制作技艺、徽州"三雕"制作技艺、程大位珠算法、徽剧、徽州目连戏、祁门红茶制作技艺、徽派传统民居营造技艺等。大批文化创造型样式,都代表着中华深厚的历史文化在某一特定领域的高度,甚至是唯一代表形态,这样的"非遗"创造生态在中国是独具风格和品质内涵的,是徽州文化生态保护实验区在发掘自身"非遗"产品特点及价值评估时不容忽略的关键要素。

(二) 特征二:士绅意趣、主流格局

同很多中国非物质文化遗产源自乡土民众有所不同的是,徽州文化中的诸多"非遗"技艺虽然也原生性地来自民间,但却具有非常显著的士人与文人的审美意趣,而乡民文化的"土"气很淡,这是一个非常特别的区域文化遗产倾向。

例如,目前徽州文化生态保护实验区列入国家和省级"非遗"名录的项目共有112项,其中如文房四宝的徽墨、歙砚制作技艺,徽州三雕中的木、砖、石雕制作技艺,罗盘、漆器、竹雕制作技艺,徽派版画、徽州篆刻、珠算技艺,徽剧、徽

菜、祁门红茶与徽州绿茶制作技艺，徽派盆景制作技艺，新安医学、西园喉科、徽派建筑、齐云山道教音乐、徽州楹联匾额技艺等，均体现出相当鲜明的士大夫、绅商与文人的生活与精神追求，审美的典雅精致目标和精神生活的升华性追求相当突出。上述所列的大多数"非遗"技艺都在中国文化史上具备样式形态的标志意义和水准，是中国古代文人、士大夫生活中的经典组成部分。

  类似古徽州"非遗"这样整体偏向士绅精致生活的状态在中国各区域并不多见。究其原因，最根本的基因源自新安宗族系由中原世家大族因避战乱整体迁入并聚居生活，与一宗一姓的内聚性组织形态及文化保存完好直接相关。因此，在迁入新地进行文化技艺创造时，以维持中原士族文化的高标准来展开，并且也秉持着精致生活的一贯目标，不易产生有利于宗族文化价值系统以外的技艺创造。明清以后，徽商大兴，但作为儒商、绅商和官商，徽商并未把生活价值和审美价值偏好拉向庸俗化，而是进一步丰富了精致生活和典雅审美的"非遗"技艺创造趋向。

  正因为古徽州"非遗"技艺的士绅意趣十分强烈，因而也就自然促成了另外一层特色，即有相当数量的实验区"非遗"项目都体现了中华文明主流文化的样本属性，以及时尚生活形态的样本属性。如一大批在技艺表达上高审美追求的项目，一大批直接支撑士绅与文人精神生活的项目，都代表了古代文化人的时尚生活元素，如文房四宝、戏曲及"三雕"、精益求精的名茶技艺、名列中国八大菜系的徽菜技艺等等。同中国大多数区域的非物质文化遗产相比，徽州的"非遗"产品虽起源于山环水绕的偏僻之地，但很少反映民族边缘性、审美边缘性、社群边缘性，传承光大中国汉民族文化主脉的成就也是十分突出的。

(三) 特征三:发育完整、协同自治

经典徽州文化的发育具备很鲜明的系统性强、自治性强的特点,而且这种特征是在系统整体达到很高水平时产生的。由于古代徽州的居民是由北方的中原世家大族移民入徽构成的,徽州文化孕育之始即已携中原文明的高度,并不是在徽州这一上古山越部族的乡土之地上土生土长渐渐发展的。因此,各南迁宗族入徽先聚篁墩的交流过程已在理想高度上发生了融合协同,然后才各自迁入一府六县发育文化,但各自发育的文化遗产均有非常强的宗法徽州"新安大族"的烙印。

徽州的非物质文化遗产在数百年前即已整体达到极其精彩的高度,如近代翰林许承尧《歙事闲谭》卷十二《王弇州诸人游歙》条所记,清代初年徽州人张潮作《洪愫庵玉图歙问序》载:"王弇州(明代嘉靖、万历年间的文坛领袖王世贞)先生来游黄山时,三吴两浙诸宾客,从游者百余人,大都各擅一技,世鲜有能敌之者,欲以傲于吾歙。邑中汪南溟(明代歙县籍军事战略家、文学大家汪道昆)先生,闻其至,以黄山主人自任,僦名园数处,稗吴来者,各各散处其中,每一客必一二主人为馆伴。主悉邑人,不外求而足。大约各称其技,以书家敌书家,以画家敌画家,以至琴、弈、篆刻、堪舆、星相、投壶、蹴鞠、剑槊、歌吹之属无不备。与之谈,则酬醉纷纷,如黄河之水,注而不竭。与之角技,宾时或屈于主。弇州大称赏而去。"(许承尧,2001)

可以说,徽州文化中的"非遗"技艺实际上传承了中古中华文化中的高水平技艺传统,并因迁入地理独立的古徽州生存环境而系统发展,构成若干个自成体系的技艺文化圈层。例如,文房四宝圈层包括产自徽州本地域的徽墨、歙

砚,以及已衰微的澄心堂纸(或徽纸)和汪伯立笔;居住环境圈层包括徽派民居技艺、风水、祭祀(祠祭等)与万安罗盘,以及作为徽派建筑构件的木雕、砖雕、石雕,作为徽派建筑陈设的匾额楹联、盆景;饮食圈层包括徽菜、红茶、绿茶制作技艺,火腿(兰花)、五城豆腐干、五城米酒制作技艺;其他还有紧密关联的曲艺书画娱乐圈层、健康保健养生圈层等,这几乎构成了完整的宗族生活状态的需求面。

类似的独立发育并高水平自治的"非遗"体系国内并不多,典型的如闽南、苏杭、丽江等,而大多数区域的"非遗"是单体发育的,系统独立性及自给性不典型,往往存在大面积受其他区域"非遗"文化影响覆盖的情况。像徽州这样完整独立地呈现文房四宝技艺圈层、居住环境技艺圈层等丰富圈层的发育形态在全国是很少见到的样本。

二、徽州非物质文化遗产活态保护的当前举措

自2008年徽州文化生态保护实验区设立以来,在文化部、安徽省政府的直接指导下,作为保护区主体的黄山市坚持"保护为主、抢救第一、合理利用、传承发展"的工作方针,取得了若干阶段性的建设进展。

(一)强化政府主导模式,构建协同工作机制

黄山市政府成立了以市长为组长、由相关部门组成的高规格徽州文化生

态保护实验区领导小组,定期听取工作汇报,对重大事项进行专题研究。各辖区、辖县也分别成立了非物质文化遗产保护工作领导组。2017年4月26日,黄山市编制办公室批复成立了黄山市非物质文化遗产保护中心,核定编制5人,自上而下形成"横到边,竖到底"的工作网络,为黄山市非物质文化遗产保护工作提供了有直接抓手的组织保障。该中心直接支持了黄山市非物质文化遗产普查工作的圆满完成,推动了国家、省、市、县四级"非遗"项目名录体系和代表性传承人体系的进一步完善和健全,促进了黄山市"非遗"保护工作者与研究者对工作路径和建设模式的积极探索。

(二)突出建章立制先导理念,探索保护体系成形方式

实验区建设工作展开的10年间,黄山市持续推进了制度保护体系的建设,为加强非物质文化遗产保护工作提供了更为丰富明晰的法规依据和制度保证,促使黄山市"非遗"保护工作由经验化保护阶段逐步走上法制化、规范化、程序化建设的轨道。

2012年,《黄山市非物质文化遗产保护传承利用工程实施方案》《徽州文化生态保护实验区总体规划实施方案》正式实施。2015年,出台了《黄山市市级非物质文化遗产项目代表性传承人认定与管理暂行办法》。面访调研的2017年,制定了《黄山市关于加强非物质文化遗产传承保护工作的实施意见》。市辖保护区内的多个区县也根据自身特点和内涵建设需求,制定了相应的各类保护办法,如歙县的《歙县非物质文化遗产管理办法》等,形成了较为完整的制度保护指导体系。2017年,徽州"非遗"亮相第六届中国成都非物质文化遗产节,歙砚制作技艺、徽墨制作技艺、徽州漆器髹饰技艺、万安罗盘制作技艺、徽

州"三雕"(砖雕)制作技艺、徽州竹雕制作技艺、徽笔制作技艺7个项目的40余件作品亮相"中国传统工艺设计暨研培计划成果展",丰富多彩的"非遗"作品用独有的方式传承手工技艺,走进现代生活。2019年,举办全市非物质文化遗产保护传承和管理培训班,黄山市文化和旅游局联合苏州工艺美术职业技术学院于3~4月举办两期全市非物质文化遗产保护传承与管理培训班,旨在提高黄山市非物质文化遗产传承人以及保护传承与管理工作人员的相关理论知识,了解非物质文化遗产的文化内涵,促进文化和旅游部中国"非遗"传承人群研培计划的有效实施,强化传承保护意识,进一步促进"非遗"融入现代生活。2019年,积极开展第二批安徽省非物质文化遗产代表性传承人记录工程,面向年满70周岁(省级传承人60周岁)代表性传承人,采用数字多媒体等现代信息技术手段,全面、真实、系统地记录代表性传承人掌握的非物质文化遗产丰富知识和精湛技艺。举办2019年黄山市"文化和自然遗产日"活动,展示非物质文化遗产保护的积极行动和工作成果,普及"非遗"知识和"见人见物见生活"的保护理念,激励公众自觉参与文化遗产保护实践,开展"非遗"展示展演活动。

为扶持"非遗"传习基地建设,2011年,黄山市政府出台《黄山市服务业综合改革试点专项资金使用暂行办法》,2014年5月,修订后颁布施行《黄山市服务业综合改革试点专项资金使用办法》,对新获得国家级、省级"非遗"传承基地的传承点,一次性分别奖励30万元、10万元,2017年,出台《关于加强非物质文化遗产传承保护工作的实施意见》。黄山市政府设立总规模7500万元的黄山徽文化基金,在黄山经济开发区建设徽文化产业园,引导以发展"徽州四雕"、文房四宝等为代表的"非遗"类徽文化产业企业入驻园区、集群发展,制定优惠政策邀请传统技艺类项目相关企业和传承人进驻。近两年,黄山市加快国家、省、市级非物质文化遗产传习基地建设,竹艺轩成功申报国家级"非遗"

生产性示范基地,建成以歙县老胡开文墨厂为代表的省级"非遗"传习基地(所)27家,市级"非遗"传习基地61家;建立了一批博物馆(博览园)集群,建成"非遗"展示馆20余家,逐渐形成以民间"非遗"博物馆为主、专题博物馆和"非遗"展示中心多形式发展的保护格局。

(三) 实施重点工程带动,落实保护生态空间宗旨

秉承保护过程中工程化、项目化落地促进的原则,通过实施徽州文化生态保护实验区、徽州古建筑保护利用计划的一批重大建设工程,引导构建政府主导、社会参与、市场运作的非物质文化遗产保护多元开放参与机制。

1. 大力实施非物质文化遗产活态保护传承工程

按照2009年正式推行的《徽州文化生态保护实验区总体规划》提出的建设原则,围绕实施屯溪黎阳老街、黄山区甘棠-仙源、徽州区潜口、休宁县万安、歙县徽州府衙、黟县西递-宏村、祁门县历溪综合性传习中心等七个文化遗产密集区,探索和实践工程化建设的模式。

实验区建设的相关部门通过广泛调研、研讨甄选,重点推动了扶持传统技艺开展生产性保护利用的工程化优选建设路径。10年来,歙砚制作技艺、徽墨制作技艺、徽州"四雕"制作技艺等徽州最经典的传统手工技艺项目得到长足发展。

经典建设工程示例一:歙县先后兴建了文房四宝中心、徽州艺术品市场、中国歙砚城等一批文化旅游商品市场,地域特色的文化与旅游融合有了系统化的建设模式实验。

经典建设工程示例二：2016年，在原徽文化产业园基础上，黄山市将黄山"非遗"创意产业园作为重点项目进行了新的高标准规划，该产业园区总占地面积85万平方米，分为"非遗"大师文化体验区、非遗集中展示交易综合服务区、茶叶生产加工体验区、非遗梦工厂创意创作区，以"产业、生态、文化、休闲"的文化旅游新产品生产体验区为目标，国家非物质文化遗产创意产业园、国家AAAA级旅游体验景区、市民体验乡土文化的休闲区为导向，期望最终打造成具有国家与国际示范意义的"地域文化展示，'非遗'传承小镇"。2017年上半年，进行黄山"非遗"创意产业园规划设计招标工作；2017年下半年，完成黄山市"非遗"创意园核心区内环道路一期工程施工中标候选人公示，进入一期工程施工阶段；2018年6月至2019年12月，规划实施占地面积449333平方米，总建筑面积56400平方米的安徽黄山市"非遗"创意园核心区一期工程建设。

经典建设工程示例三：故宫博物院驻黄山徽派传统工艺工作站建设。故宫博物院与黄山市提炼双方优势，通过共同建立平台来汇聚优势资源力量，实现当代传统工艺的代表性集群与深厚的中华传统文化、丰富的当代生活实践三者的有机融合，促进振兴徽派传统工艺，为倡导和积累可持续发展的"非遗"理念提供示范案例。工作站已有计划地在更广阔、更优质的空间内推介徽州非遗、研发文创产品。黄山市开展的十二生肖木雕、故宫贡茶外包装设计工作，推进了传承人与故宫研发团队共同研发徽州元素产品。2017年4月10～15日，工作站启动了"徽匠进故宫"中国"非遗"传承人研培计划。举办了"徽匠神韵"故宫特展，展出了黄山市20位国家级"非遗"传承人的歙砚、徽墨、徽笔、徽州漆器、万安罗盘、徽州竹雕、徽州"三雕"等85件作品。同时，同年9月组织"故宫徽州藏品回乡展"黄山专展。2018年8月，故宫博物院驻安徽黄山市徽派传统工艺工作站传承人对话活动在徽州区西溪南镇琶村村史馆举办，本次对话活动以"设计创新及品牌营销"为主题，围绕代表徽州传统工艺最高水准的歙砚、徽墨、徽笔、徽州"三雕"、徽州竹雕、徽州漆器、徽州竹编、徽州手工瓷、徽州家具制作技艺等"非遗"项目，通过开展文化创意产业、传承人作坊调研，一对一访谈，对话座谈等活动，探索传统工艺振兴途径，开拓合作发展空间。2019年7月，故宫博物院驻安徽黄山市徽派传统工艺工作站传承人对话活动在徽州区西溪南镇举办，以"徽派传统民居营造技艺——传统营造下的传承与实践"为主题，通过实地考察交流和面对面研讨等形式，寻找和梳理徽派传统民居的形制与特征，促进徽派传统民居保护与创新，探索传统民居营造技艺在当代实践中的应用。

在启动经典建设工程的同时，黄山市特别关注了保护有群众基础的徽州传统节庆的建设目标。如祁门县被文化部认定为春节文化特色地区，该县闪里镇桃源村徽州祠祭活动被选为春节特色文化活动；歙县三阳叠罗汉在省内外多次演出中获多项殊荣，三阳乡被评为全国民间文化艺术之乡。

各区县还利用文化旅游活动平台，组织"非遗"项目进景区，促进当地民俗资源的抢救和保护。歙县：雄村的《跳钟馗》、徽州府衙常态演出的历史情景剧《三戒碑》等，都已成为各自景区的品牌旅游项目。黟县：通过"碧山计划"文化乡村建设项目，保护传统技艺、传统戏曲等"非遗"项目，增强当地村民的"非遗"保护意识。祁门：目连戏是祁门县特有的剧种，郑之珍的《新编目连救母劝善戏文》，可谓一个剧本成就了一个剧种。当地文化部门通过田野调查、组织传承、申报项目等举措，将目连戏这一濒临失传的文化资源挖掘出来，并成功入选国家级"非遗"名录。目连戏在得到有效保护的同时，由被动传承转为主动传承，通过参加各类展演活动，逐步扩大剧种影响力。全县已有3个剧团可以正常演出，2015年7月1～4日，应香港康乐及文化事务署的邀请，祁门县历溪和栗木两个目连戏团一行50余人参加了香港第六届中国戏曲节。目连戏也成为此次戏曲节上安徽省唯一受邀表演的剧目。

2. 念念不忘"生态区","非遗"的综合生态保护初见成效

生态环境是保护的基础,生态环境包括自然生态与文化生态。人是保护的核心与灵魂,人是文化生态的第一要素,没有人就没有生产生活的习俗、形式、文化。因此,实验区在强调文化传承与发展的同时,按照《徽州文化生态保护实验区总体规划》,对徽州境内非物质文化遗产项目及其依托的物质文化遗产和赖以存续的自然环境进行整体性规划,以保护区内国家级和省级非物质文化遗产项目及其传承人为保护重点,完善徽州非物质文化遗产保护名录,建设徽州非物质文化遗产传习基地,保护徽州非物质文化遗产项目代表性传承人,贯穿落实四大保护方式,建立九个文化遗产密集区,实施十六项重点项目,制定中远期规划,倡导非物质文化遗产、物质文化遗产、自然遗产融为一体的保护理念,实现徽州文化生态保护区内人与人、人与社会、人与自然和谐相处的示范引领,强调保护利用中空间与生态的全面协调。

代表性综合生态保护示范——"百村千幢"工程的建设成效:为保护徽州文化生态保护实验区境内非物质文化遗产项目及其依托的物质文化遗产和赖以存续的自然环境,2009年,黄山市启动了"百村千幢"古民居保护利用工程。黄山市从2009年开始实施徽州古村落、古民居"百村千幢"保护利用工程,同时配套出台七个规范性文件助力这项浩大工程,2009~2013年共投入60余亿元,对101个古村落和1325幢古民居进行了抢救性保护。2014年后,"百村千幢"提质扩面,保护范围扩大到对古祠堂、古牌坊、古书院、古戏台、古水口、古桥、古塔、古井、古亭、古道等的保护,全面实施徽州古建筑保护工程,对空间形态类古城、古镇、古村、古街等4类116处,建筑单体类古民居、古祠堂、古牌坊、古书院、古戏台、古码头、古塔、古桥、古亭、古井、古道、古碑等12类3348个古建筑进行有效保护。2016年实施168个重点项目,投资6.2亿元。"百村千幢"工程

在全省创新开展古民居产权规范流转试点,《人民日报》于2016年10月27日以《老宅　流转　新生》为题介绍黄山市探索古民居开放型活态保护的创新实践。

"百村千幢"工程实现了物质文化生态的综合立体保护,这样就使得非物质文化得到了在原生态的物质环境下实现活态保护的空间生态,最大限度地守住了作为"非遗"活态生存、生产环境基础的徽派建筑的筋、骨、肉,更有效地传承了徽州文化的精、气、神。

在建设保护资金的政策引导上,黄山市坚持文化遗产保护经费以政府投入为主,按"分级管理,分级负担"的原则,把保护经费纳入各级政府财政年度预算,并随财政收入的增长而逐步增加。制定了"市内所有利用文物设施和文物保护单位开展旅游项目的,每年按不低于20%的门票收入用于本地区的文物保护,专款专用"等规定。

3. 徽州文化生态保护实验区建设成效的标志性评价

徽州文化生态保护实验区的黄山市建设模块,及相关建设主体依据黄山市境内的"非遗"项目特点,提出并实施了构建两条文化生态发展轴、九个文化遗产密集区、十六个重点项目的整体保护格局的建设方案。2009年,"徽州文化生态保护的创新与实践"项目荣获第三届文化部创新奖的特等奖;2010年,"徽州文化生态保护实验区建设工程"项目入选全国十大"国家文化创新工程";2016年,"徽州文化生态保护实验区"建设项目顺利通过了文化部组织的多主体、多实验区的交叉评估与验收。

(四)系统设计专项工作,全力夯实保护基础

1. 见人见物见生活的活态性探索

(1)建立传承档案

已启动黄山市非物质文化遗产普查工作,及时用文字、图片、录音、录像等方式对保护区内国家、省、市级项目和传承人基本信息、技艺特点、传承活动进行真实记录。参与国家级"非遗"项目代表性传承人抢救性工程,实施徽州民俗田野调查与资料整理工程,编辑出版《黄山市非物质文化遗产田野调查汇编》《徽州记忆》《徽州技艺》等丛书,完成《安徽非物质文化遗产乡土读本·皖南卷》黄山市行政区划内的资料收集、整理与编撰工作,并出版发行。

(2)加大培训力度

率先在全省举办《中华人民共和国非物质文化遗产法》培训班,加大对传承人法律知识培训;定期组织歙砚制作技艺、徽州"四雕"制作技艺等传承人参加文化部组织的中国非物质文化遗产传承人群研培计划。

(3)建设数据库

黄山市在全省率先启动非物质文化遗产数据库建设。2016年,该项目由世行贷款资金投资48万元,主要通过文字、录音、录像、数字多媒体综合的方式,对非物质文化遗产进行原真、系统和全面的记录,建立统一、规范、共享黄山"非遗"保护大数据管理机制,实现对非物质文化遗产数据的大规模存储管理及对非物质文化遗产项目、传承人、生态保护区的监测评价。目前已完成数据库软件系统的录入工作,并投入运行服务初期的使用。

2. 从项目走向基地/平台带动的示范

(1) 制定出台系列资源直接扶持的政策

出台《黄山市服务业综合改革试点专项资金使用暂行办法》，对新获得国家级、省级"非遗"传承基地，一次性分别奖励30万元、10万元。组织国家、省、市级"非遗"传习基地建设与评选活动，竹艺轩成功申报国家级"非遗"生产性示范基地。在黄山经济开发区建设徽文化产业园，引导以发展徽州"四雕"、文房四宝等为代表的传统技艺类徽文化企业入驻园区、集群发展，制定优惠政策邀请传统技艺类项目相关企业和传承人进驻。2009~2017年，黄山市共有中央下拨项目保护经费、传承人经费及徽州文化生态保护实验区经费约8000万元。黄山市财政将"非遗"专项经费和专项布展纳入预算，2017年安排专项资金75万元，2018年在原有投入基础上，新增60万元专项经费用于"非遗"人才的培养扶持。

(2) 扶持建立一批博物馆(博览园)集群

逐渐形成以民间"非遗"博物馆为主，专题博物馆和"非遗"展示中心多形式发展的场馆群集型保护格局。各传习基地在有效传承的同时，通过实物、图片、资料等集中展示非物质文化遗产独具的特色与魅力，让传统的历史文化在博物馆中得以长远传承与保护。截至2017年9月，黄山市已建"非遗"展示馆20余家，如屯溪区徽墨文房博物馆、休宁县万安罗经文化博物馆、祁门县红茶博物馆、屯溪区程大位珠算博物馆、徽州区徽派家具博物馆，均为其代表性传承人或是传习基地自筹资金成立，形成以企业养馆的免费开放经营模式。

(3) 打破传统教育边界，创新"非遗"人才培养模式

以各级各类本地学校为依托，开展"非遗"进校园活动，完善传习基地建设。如在黄山学院开设徽州漆器、木雕、竹雕、歙砚课程，聘请国家级、省级传

承人授课;鼓励中华职业学校、安徽省行知学校、休宁德胜-鲁班木工学校等职业院校立足本地特色开办徽菜、木雕、歙砚雕刻等专业,通过职业教育的方式培养专业传承人才。

其中,安徽省行知学校创办下设的徽雕艺术学校,开办民间传统工艺专业,成立"安徽'非遗'职业教育集团",走出了一条"大师入校、集团支撑"的校园传统工艺文化传承人才培养的创新之路,开设歙砚制作技艺、徽州砖雕、徽州木雕、徽墨制作技艺、徽派盆景制作技艺等非物质文化遗产专业。

休宁德胜-鲁班木工学校依托徽州传统手工木工技艺,先后培养出了260余名木工匠士,"休宁木工匠士"被评为全国优秀劳务品牌。2013年5月,安徽"非遗"职业集团的安徽省行知学校的徽州砖雕、安徽省休宁县职业高中的传统木工艺入选由教育部、文化部、国家民族事务委员会遴选确定的首批100个全国职业院校民族文化传承与创新示范专业点名单,推动了地方性职业教育人才培养与非物质文化遗产传承相结合。

安徽省行知学校校长于日锦表示:培养"非遗"人才,需要一个完整的教育体系。"非遗自身有其独特的教育规律,我们应该建立"非遗"教育体系,形成课程化教学模式,促进"非遗"传承人和学员在理论水平、技艺水平上实现提升。"该校自2007年起开设"非遗"专业,引进30多位"非遗"传承人授课带徒。同时通过校企合作的方式,让学员在学习掌握"非遗"技艺的同时,能获得一定收益,为日后就业打好基础。该校正在申报升格为行知"非遗"技艺学院,在"非遗"传承人教育方面搭建一个更高、更专门化的平台。

在实验区建设理念的引导下,徽剧、徽州民歌、程大位珠算法等耳熟能详的"非遗"项目渗透小学教育,定期开设课程,成立了歙县新安学校(徽州民歌)、黄山学校(徽剧)、黎阳镇龙山实验小学(黎阳仗鼓)等一批各具特色的传习基地。其中,屯溪大位小学在历年的省、市珠心算比赛中已有180余人次获奖。黄山区还编撰出版《黄山区"非遗"基础教程》，面向全区中小学发放，并在学校及社区成立轩辕车会表演队。

3. 进行策划传播展示，系统营运"非遗"资源

(1) 培育强影响力品牌活动

黄山市充分利用大型文化活动、国内外文化交流、传统节日等平台，积极推介徽州文化生态保护区中丰富多彩的"非遗"项目，提升地域文化影响力。成功打造了中国（黄山）非遗传统技艺大展、"和氏璧"杯非遗（歙砚）技能大赛等"非遗"活动品牌。先后在世博会、中国（成都）国际"非遗"节、深圳文博会等国际级、国家级、省级大型活动上，由文化主管部门组织并重点推出多项国家级、省级"非遗"项目展示展演。

(2) 策划全方位、多角度的优质"非遗"资源传播

2014～2016年，《人民日报》、新华社、中央电视台、中安在线等41家媒体75名记者进行采访，刊发原创类稿件230多篇（条）。央视《探索与发现》《走遍中国》等品牌栏目深入传习基地，对徽州砖雕、万安罗盘制作技艺、轩辕车会、徽剧等"非遗"项目进行专题报道。出版了一批"非遗"专著和科普读物，如《安徽非物质文化遗产乡土读本·皖南卷》《徽剧志》《祁门红茶》《祁门目连戏》《徽州砖雕》《徽州盆景》等，徽文化"非遗"品牌的美誉度和知名度进一步提升。

(3) 物遗空间打造与"非遗"活态传承融合

在文化遗产资源丰富和集中的区域，依托黄山市"百村千幢"古民居保护工程，激发非物质文化遗产活力，为传承人开展传习活动提供稳定场所，推动活态传承。如祁门县将栗木、马山、历溪、环砂纳入目连戏文化保护区，并纳入古村落保护利用规划。共投资近20万元对历溪村新芝堂、环砂村叙伦堂、马山村敦本堂、栗木村等相关目连戏传习所予以修缮保护。投资30万元在芦溪乡

芦溪村建设祁门傩舞传习所,使其成为傩舞日常活动场所,丰富了当地群众的日常生活,提高了社会公众自觉保护非物质文化遗产的意识。

4. 带动积极的文旅融合,促进当地社会和谐发展

在实验区文化生态协同建设促进下,徽州"非遗"的保护与利用工作不仅提升了当地的文化形象,而且促进了文产经济的发展和社会民生的进步。

(1) 促进了旅游业态的纵深发育

人们到黄山来旅游,已不仅是欣赏黄山的自然风光,更重视的是体验徽州文化内涵,而徽州非物质文化表演已经成为人们了解徽州文化与民俗的一个重要的窗口。

(2) 丰富和提升了黄山的旅游商品档次

通过一系列的工艺产品内涵挖掘和审美培育,丰富多彩的徽州传统"非遗"产品成为人们争相购买的地方特色纪念品。

(3) 促进了地方社会的和谐发展

徽州民歌、徽州楹联、徽州祭祀等传统民俗礼仪,特别是家风家训教育成为村史馆中最现实的教材,不仅履行了使年轻一代接受传统文化教育的使命,同时也让广大旅客感受到徽州文化的纯粹与精深。例如,2017年74岁的陈敦和老人倾心研究和弘扬徽州祠祭,其阐述宗旨:"祠堂是纪念先祖、传承遗志的场所,是凝聚亲情的纽带。祠堂内家风家训又可以教化乡邻。它实际上是一个'德''孝'教育基地。"

第三章
"非遗"活态保护的评估内容与评估方式设计

开展文化生态保护区"非遗"活态保护的评估研究,旨在了解徽州文化生态保护实验区建设成效及"非遗"活态保护的状况,一方面是提炼徽州文化生态保护实验区"非遗"活态保护的路径特征、成功经验和典型模式,另一方面是总结"非遗"活态保护的不足以及面临的突出问题,思考促进"非遗"活态保护的建议对策。根据徽州文化生态保护实验区的保护范围,本研究将评估调查区域分为东片区、西片区和南片区三个部分,评估内容主要包括:① 被调查者对非物质文化遗产在徽州文化生态保护价值方面的认知;② 被调查者对徽州文化生态保护实验区"非遗"保护价值的评价;③ 被调查者对徽州文化生态保护实验区"非遗"保护利用现状的认知;④ 被调查者对徽州文化生态保护实验区"非遗"活态保护的政策建议等。与此同时,本研究对徽州文化生态保护区的黄山市屯溪老街和徽州区呈坎村做了深入的微观案例剖析,对它们的"非遗"活态保护做了深度的解读。

一、研究方法设计

（一）问卷法

本书研究采用的方法之一是问卷调查法。选取与徽州文化生态保护实验区"非遗"活态保护有关的国家级、省级、市级和县级非物质文化遗产代表性传承人，省、市、区、县政府"非遗"，文旅，主管部门人员，"非遗"保护与研究专家等，根据实验区文化与自然地理特征，分为东片区（含歙县、徽州区、黄山区、绩溪县4个区县）、西片区（含休宁县、祁门县、黟县、屯溪区4个区县）和南片区（含婺源县1个县）三个调查区开展问卷调查。共采集有效调查样本总量179份，其中东片区75份、西片区72份、南片区32份。

（二）访谈法

配合问卷调查法，本研究同时采用了专家访谈法。通过面对面的田野访谈对徽州文化生态保护实验区非物质文化遗产四级传承人，"非遗"、文旅等政府部门人员，"非遗"研究专家，"非遗"产品推广的企业从业人员等进行了细致、深入的信息采集，获得他们对于徽州文化生态保护实验区"非遗"活态保护的认识、态度、判断和建议等。

（三）案例法

第三种是深度案例解析法。为挖掘和提炼徽州文化生态保护实验区"非遗"活态保护的路径特征、成功经验和典型模式,本研究采用深度案例分析法,分别选取屯溪区屯溪老街、徽州区呈坎村两个典型案例,从"非遗"资源现状、"非遗"活态保护方式、受众调查评估、典型做法与成功经验、"非遗"保护利用不足之处与改进建议等多个方面,对典型案例做了深度的剖析和要素提取,希望为"非遗"活态保护提供微观案例的典型实践参照。

（四）评估法

第四种方法为评估法。对"非遗"项目在徽州文化生态保护实验区语境中的价值开展了专家评估调查,旨在了解徽州文化生态保护实验区建设成效及"非遗"保护与合理利用的状况。就"非遗"的价值评估而言,本研究设定的评估框架从历史文化价值、精神文化价值、科学技术价值、艺术审美价值、经济开发价值、社会和谐价值6个方面设置了评估指标体系。在东、西、南不同片区进行评估调查时,研究增加了"非遗"保护利用现状、"非遗"保护利用前景、"非遗"保护利用问题以及"非遗"保护措施等评估指标的不同应用,在此基础上获取了实验区"非遗"活态保护现状的评估结果。

二、评估指标与路径设计

本次问卷调查是教育部国家人文社会科学重点研究基地招标项目"徽州文化生态保护区与徽州非物质文化遗产的保护与利用研究"(2014—2017)的基础工作。调查架构参照了2009年本研究团队完成的《徽州非物质文化遗产的价值评估研究》课题(《徽州文化生态示范区规划》的一章内容),重点采集了:① 被调查者对非物质文化遗产在徽州文化生态保护价值方面的认知;② 被调查者对徽州文化生态保护实验区"非遗"保护价值的评价;③ 被调查者对徽州文化生态保护实验区"非遗"保护利用现状的认知;④ 被调查者对徽州文化生态保护实验区"非遗"活态保护的政策建议等内容。在"非遗"价值评估指标上,主要从历史文化价值、精神文化价值、科学技术价值、艺术审美价值、经济开发价值、社会和谐价值6个方面采集被调查者的态度。

在路径设计上,本研究对评估对象做了调查分区,从行政区划、自然环境和文化地理的角度,将徽州文化生态保护实验区评估对象分为三个片区,分别是东片区(歙县、徽州区、黄山区、绩溪县)、西片区(休宁县、祁门县、黟县、屯溪区)和南片区(婺源县),依次开展"非遗"活态保护现状的评估调查。之所以做分区的调查设计,主要基于以下几点考虑:一是兼顾徽州文化生态保护实验区"非遗"项目的共性与地区性。不同地区对于共性的"非遗"项目比较熟悉,但对除自身之外的其他区域"非遗"项目可能熟悉程度不够,分区调研可以较好地兼顾共性与地区差异性。二是从行政区划角度考虑到婺源县的特殊性。婺源县已经被划出很多年,在行政区划上现属于江西省上饶市,该区域的调查对象对部分东西片区"非遗"项目已经欠熟悉,因此单独以南片区划分出来。

三、调查对象与调查区域规划

(一) 基于徽州自然与文化地理的调查对象分区

调查样本对象的确定主要是适应深度田野工作需要,选择与徽州文化生态保护实验区"非遗"活态保护有关,或对该事项有较高熟悉度的非物质文化遗产四级传承人,省、市、区、县政府"非遗",文旅,其他主管部门人员,"非遗"保护与研究专家,"非遗"产品文旅推广企业与商业的从业人员等。

有效调查样本总量为179份,其中东片区(含歙县、徽州区、黄山区、绩溪县4个区县)75份、西片区(含休宁县、祁门县、黟县、屯溪区4个区县)72份、南片区(含婺源县1个县)32份。

之所以分为东片区、西片区、南片区三个模块来实施专家对象面访型的问卷调查,主要基于以下两个方面的考虑和安排:

(1) 由于实验区内截止到问卷调查面访实施时,入选安徽、江西省级与国家级"非遗"保护名录的项目已达93项(不包括黄山市、绩溪县、婺源县独立申报的同类"非遗"资源项目),若按照每项逐一调查的原则,则涉及题目太多,对保障问卷调查的真实性,以及在有效时间内完成会造成不利影响,也会给调查员的工作带来困难。因此从减少题量、便于实施角度考虑,采取了按调查时的行政区划,将江西省的婺源县单列为南片区,将其余区县按地理位置分布较平均地分为东片区与西片区,这样相对题目数量更适合面访问卷调查规律。

(2)考虑到这样的分割会影响到实验区文化地理的整体性,也会对徽州文化心理皈依的内在一体性产生损害,因此作为弥补,又抽取了13项具备调查典型意义的"非遗"项目,作为东、西、南片区全部需要回答的问题。虽然有些项目、有些片区未列在申报与保护之列,但也希望由此有一组整体了解实验区所有被调查对象认知态度的基础数据。

在问卷调查数据统计过程中,我们先构建了各片区被调查者对"非遗"在徽州文化生态保护价值的认知赋值表、各片区被调查者全体对"非遗"在徽州文化生态保护价值的认知调查数据解读两个分析模块,然后分别从性别、年龄、学历、职业、职称等五个人口学信息分析模块做出交叉统计。

(二) 调查区域与"非遗"项目样本调查分布规划

1. 东片区"非遗"项目分布(歙县、徽州区、黄山区、绩溪县)

东片区调查区域包括歙县、徽州区、黄山区和绩溪县,被评估的"非遗"项目(国家级、省级)共计52项,如表3.1所示。

表3.1 东片区"非遗"项目一览表

"非遗"级别	名称	地区
国家级	徽剧	黄山市
国家级	徽州"三雕"	黄山市
国家级	徽州民歌	黄山市

续表

"非遗"级别	名称	地区
国家级	徽派传统民居营造技艺	黄山市
省级	徽州民谣	黄山市
省级	徽州楹联匾额	黄山市
省级	新安医学	黄山市
省级	徽菜	绩溪县、黄山市
省级	徽州根雕	黄山市
省级	徽州建筑技艺	黄山市
省级	徽州武术	黄山市
省级	野鸡坞外科	黄山市
国家级	徽墨制作技艺	绩溪县、歙县、屯溪区
国家级	歙砚制作技艺	歙县
国家级	徽派盆景技艺	歙县
国家级	中医诊法(张一帖内科疗法)	歙县
国家级	中医诊疗法(西园喉科医术)	歙县
省级	徽派版画	歙县
省级	徽州篆刻	歙县
省级	叶村叠罗汉	歙县
省级	顶谷大方制作技艺	歙县
省级	观音豆腐制作技艺	歙县
省级	三阳打秋千	歙县
省级	歙县彩绘壁画	歙县
省级	黄山(徽州)贡菊制作技艺	歙县
国家级	绿茶制作技艺	徽州区、黄山区
国家级	竹刻(徽州竹雕)	徽州区
省级	徽州板凳龙	休宁县、徽州区
省级	上九庙会	徽州区
省级	跳钟馗	徽州区
省级	徽州家具制作技艺	徽州区
省级	轩辕车会	黄山区

续表

"非遗"级别	名称	地区
省级	皖南火腿腌制技艺	休宁县、黄山区
省级	婆溪河灯	黄山区
省级	五福神会	黄山区
省级	竹编	黄山区
省级	太平曹氏纸制作技艺	黄山区
省级	黄山玉雕刻技艺	黄山区
省级	郭村周王会	黄山区
国家级	龙舞(手龙舞)	绩溪县
省级	绩溪民歌民谣	绩溪县
省级	徽剧(徽戏童子班)	绩溪县
省级	抬阁	绩溪县、屯溪区
省级	安苗节	绩溪县
省级	赛琼碗	绩溪县
省级	花车转阁	绩溪县
省级	火狮舞	绩溪县
省级	火马舞	绩溪县
省级	游龙舟、抬五帝、跳棋	绩溪县
省级	祭社	绩溪县
省级	徽州"三雕"	绩溪县
省级	髹器技艺	绩溪县

2. 西片区"非遗"项目分布(休宁县、祁门县、黟县、屯溪区)

西片区调查区域包括休宁县、祁门县、黟县、屯溪区,被评估的"非遗"项目(国家级、省级)共计42项,如表3.2所示。

表 3.2　西片区"非遗"项目一览表

"非遗"级别	名称	地区
国家级	徽剧	黄山市
国家级	徽州"三雕"	黄山市
国家级	徽州民歌	黄山市
国家级	徽派传统民居营造技艺	黄山市
省级	徽州民谣	黄山市
省级	徽州楹联匾额	黄山市
省级	新安医学	黄山市
省级	徽菜	绩溪县、黄山市
省级	徽州根雕	黄山市
省级	徽州建筑技艺	黄山市
省级	徽州武术	黄山市
省级	野鸡坞外科	黄山市
国家级	万安罗盘制作技艺	休宁县
国家级	齐云山道教音乐	休宁县
省级	五城米酒酿制技艺	休宁县
省级	五城豆腐干制作技艺	休宁县
省级	皖南火腿腌制技艺	休宁县、黄山区
省级	吴鲁衡日晷制作技艺	休宁县
省级	绿茶制作技艺（松萝茶）	休宁县
国家级	徽州目连戏	祁门县
国家级	祁门傩舞	祁门县
国家级	祁门红茶制作技艺	祁门县
国家级	徽州祠祭	祁门县
省级	采茶扑蝶舞	祁门县
省级	徽州手工瓷制作技艺	祁门县
省级	安茶制作技艺	祁门县
省级	祁门胡氏骨伤科	祁门县
省级	徽州祠祭	黟县
省级	利源手工制麻技艺	黟县

续表

"非遗"级别	名称	地区
省级	余香石笛制作技艺	黟县
省级	美溪唢呐	黟县
省级	徽州楹联匾额传统制作技艺	黟县
国家级	徽墨制作技艺	绩溪县、歙县、屯溪区
国家级	徽州漆器制作技艺	屯溪区
国家级	程大位珠算法	屯溪区
国家级	徽笔制作技艺	屯溪区
省级	黎阳仗鼓	屯溪区
省级	徽州竹编	屯溪区
省级	抬阁	绩溪县、屯溪区
省级	徽州顶市酥制作技艺	屯溪区
省级	徽州烧饼制作技艺	屯溪区
省级	徽州板凳龙	休宁县、徽州区

3. 南片区"非遗"项目分布（婺源县）

南片区调查区域为婺源县，被评估的"非遗"项目（国家级、省级）共计22项，如表3.3所示。

表3.3 南片区"非遗"项目一览表

"非遗"级别	名称	地区
国家级	徽剧	黄山市
国家级	徽州"三雕"	黄山市
国家级	徽州民歌	黄山市
国家级	徽派传统民居营造技艺	黄山市
省级	徽州民谣	黄山市
省级	徽州楹联匾额	黄山市
省级	新安医学	黄山市
省级	徽菜	绩溪县、黄山市

续表

"非遗"级别	名称	地区
省级	徽州根雕	黄山市
省级	徽州建筑技艺	黄山市
省级	徽州武术	黄山市
省级	野鸡坞外科	黄山市
国家级	婺源傩舞	婺源县
国家级	婺源徽剧	婺源县
国家级	婺源歙砚	婺源县
国家级	婺源"三雕"	婺源县
国家级	婺源绿茶制作技艺	婺源县
省级	婺源乡村文化	婺源县
省级	婺源豆腐架	婺源县
省级	婺源抬阁	婺源县
省级	婺源板龙灯	婺源县
省级	婺源纸伞	婺源县

第四章
徽州文化生态保护实验区东片区"非遗"活态保护评估的实证分析

徽州文化生态保护实验区东片区包括黄山市的歙县、徽州区、黄山区和宣城市的绩溪县。东片区被评估的"非遗"项目共计52项,地域涵盖歙县、徽州区、黄山区、绩溪县,被评估的"非遗"项目也包括黄山市级保护的12项"非遗"项目。本研究共采集了东片区75份专家调查问卷。因问卷填写的不完整性,东片区统计数据存在部分缺失,其中性别栏有3人未填写,年龄栏有1人未填写,学历栏有1人未填写,单位栏有3人未填写,职称栏有10人未填写。从被调查者人口学信息看,在年龄上,以30~49岁为主(39人,占52%);在单位性质上,以其他企事业单位为主(34人,占45.3%),其次为学校及研究机构(18人,占24%);在学历上,以大学本科为主(31人,占41.3%),其次为硕士及以上学历(21人,占28%);在职称上,以副高及以上职称为主(31人,占41.3%),其次为中级职称(16人,占21.3%)。就"非遗"在徽州文化生态保护价值的认知看,六项价值指标(历史文化价值、精神文化价值、科学技术价值、艺术审美价值、经济开发价值和社会和谐价值)分值区间为0~10.00,分值大小代表被调查者对其保护价值重要性的判断,数值越大表示越重要,越小表示越不重要。在对东片区部分国家和省级"非遗"的价值评价时,除六项价值指标外,增加保护利用现状、保护利用前景两项指标,每项指标满分为10.00,分值越高说明该指标反映的价值越高,或现状与前景越好。东片区部分"非遗"活态保护评估调查结果如下。

一、对"非遗"在徽州文化生态保护价值上的认知数据分析

(一) 对"非遗"在徽州文化生态保护价值的认知赋值表

对"非遗"在徽州文化生态保护价值的认知赋值表如表4.1所示。

表4.1 对"非遗"在徽州文化生态保护价值的认知赋值表

	历史文化价值	精神文化价值	科学技术价值	艺术审美价值	经济开发价值	社会和谐价值
全体	8.71	8.25	7.25	8.16	7.76	7.60
男	8.74	8.26	7.30	8.33	7.82	7.51
女	8.67	8.60	7.27	7.93	7.73	8.07
<30岁	9.00	8.20	7.20	7.60	7.40	7.40
30～49岁	8.52	8.48	7.03	8.21	7.57	7.36
50～69岁	8.89	8.07	7.48	8.22	8.00	7.85
>69岁	9.00	9.00	8.00	9.00	8.00	9.00
初中及以下	9.00	8.20	7.20	7.60	7.40	7.40
高中、中职或中专	8.52	8.48	7.03	8.21	7.57	7.36
高职或大专	8.89	8.07	7.48	8.22	8.00	7.85

续表

	历史文化价值	精神文化价值	科学技术价值	艺术审美价值	经济开发价值	社会和谐价值
大学本科	9.00	9.00	8.00	9.00	8.00	9.00
硕士及以上	8.90	8.40	7.00	8.15	7.40	7.35
国家机关、党群组织	9.00	8.18	7.45	8.55	7.82	7.64
学校及研究机构	8.65	8.35	7.06	8.24	7.94	7.94
其他企事业单位	8.65	8.23	7.15	8.04	7.64	7.36
离退休	9.00	9.00	7.67	7.67	6.00	6.67
其他	8.60	8.20	7.80	8.20	8.60	8.20
无技术职称	8.92	8.38	7.38	8.46	7.69	7.08
初级	9.00	9.00	6.33	9.00	6.67	8.00
中级	8.53	8.20	7.27	7.87	7.20	7.07
副高	9.00	8.56	7.94	8.39	8.76	8.82
正高	8.50	7.33	6.00	8.33	7.50	7.00

(二) 对"非遗"在徽州文化生态保护价值的认知调查数据解读

调查结果显示,在全体被调查者中,对各种价值指标重要性的判断如下:

历史文化价值赋值最高,为8.71;精神文化价值、艺术审美价值赋值均达到8.00以上,分别为8.25、8.16;科学技术价值、经济开发价值和社会和谐价值赋值分别为7.25、7.76和7.60,科学技术价值赋值最低。

从数据上分析,被调查者认为各项价值指标都不可或缺,各项指标赋值均达到6.00以上,"非遗"在徽州文化生态保护中,历史文化价值、精神文化价值和艺术审美价值则被认为特别重要;至于经济开发价值和社会和谐价值,被调查者认为其重要程度稍次。而对"非遗"的科学技术价值,被调查者认为其重要程度最低,这或许与"非遗"本身科学技术成分不高或技术内涵不为人熟知有关。

值得关注的是,历史文化价值、精神文化价值、科学技术价值和艺术审美价值是"非遗"的内在价值,除科学技术价值确实在"非遗"中占比不高外,其他三类价值都受到被调查者的高度重视,这反映出,被调查者认为"非遗"在徽州文化生态保护中,自身价值指标最为重要,而"非遗"的经济开发价值和社会和谐价值则偏重于其外在功能,并不太为公众所看重。

从性别角度来看,男性对历史文化价值、精神文化价值和艺术审美价值的赋值均高于其他项,分别为8.74,8.26和8.33;女性对历史文化价值、精神文化价值和社会和谐价值的赋值均高于其他项,分别为8.67,8.60和8.07。各单项赋值差值均不大,除社会和谐价值方面,双方赋值差达到0.56。由此可见,男性与女性被调查者对"非遗"在徽州文化生态保护价值认知上基本相同。从性别角度看,历史文化价值、精神文化价值被认为是"非遗"在徽州文化生态保护中的重要价值。值得注意的是,在社会和谐价值赋值上,女性赋值高于男性赋值,反映出女性认为"非遗"社会和谐价值的重要程度高于男性所认为的程度,说明女性在对"非遗"社会和谐价值上的追求高于男性。

从年龄结构角度来看,30岁以下和69岁以上两个群体整体认知价值的均值分别为7.80,8.67,但样本量分别为5,1,不具有代表性。30~49岁、50~69岁被调查者两个群体样本总数占总样本数的92%,两个群体对"非遗"在徽州文化生态保护价值的认知赋值均值分别为7.86,8.09,30~49岁被调查者的认知分值小于50~69岁被调查者,可见年龄长者对"非遗"在徽州文化生态保护价值的积极认知普遍高于中青年群体。

从两个年龄段各单项赋值趋势看,30~49岁与50~69岁两个群体在各单项赋值趋势上趋于一致,即两类群体在单项价值对"非遗"在徽州文化生态保护中的重要性上基本持一致态度,历史文化价值、精神文化价值、艺术审美价值双方赋值高于其他单项赋值,可见在这两类群体看来,这三类价值对"非遗"在徽州文化生态保护中具有较为重要的地位。同时,30~49岁与50~69岁被调查者均认为科学技术价值的重要性稍次。

从学历结构这一视角来看,初中及以下样本量为1,不具有代表性。高中、中职或中专,高职或大专,大学本科,硕士及以上这四个群体的整体认知赋值均值分别7.86,8.09,8.67,7.87,可见不同学历群体对各单项价值对"非遗"在徽州文化生态保护中的重要性积极认知度很高。

从职业视角来看,因离退休样本量为3,在此忽略不计。从其他职业看,在单项赋值上,与总体无异,历史文化价值、精神文化价值、艺术审美价值三个维度赋值均值仍然相对较高,均达到8.00以上,反映出在不同职业群体看来,这三类价值对"非遗"在徽州文化生态保护中具有较为重要的地位,科学技术价值赋值均值最低。

从不同职称结构来看,初级职称人员样本量为3,不具有代表性,在此忽略不计。副高职称的被调查者对"非遗"在徽州文化生态保护价值的认知较高,均值达到8.58;单项赋值上,除中级职称的被调查者外,历史文化价值、精神文化价值、艺术审美价值较高,均值达到8.00以上,科学技术价值赋值均值最低。由此可见,与整体样本一致,历史文化价值、精神文化价值和艺术审美价值三类"非遗"内在价值受到不同职称的群众所重视,这反映出,公众认为,"非遗"在徽州文化生态保护中,自身价值指标最为重要,而"非遗"的经济开发价值和社会和谐价值则偏重于其外在功能,在不同职称群体中并不太被看重。

二、对徽剧(黄山市)[①]的认知数据分析

(一) 对徽剧(黄山市)的价值认知情况赋值表

对徽剧(黄山市)的价值认知情况赋值表如表4.2所示。

表4.2 对徽剧(黄山市)的价值认知情况赋值表

	历史文化价值	精神文化价值	科学技术价值	艺术审美价值	经济开发价值	社会和谐价值	保护利用现状	保护利用前景
全体	9.20	8.75	7.00	8.34	7.06	7.70	6.80	7.63
男	9.10	8.76	6.94	8.27	6.92	7.61	6.67	7.63
女	9.53	9.07	7.57	8.87	7.87	8.40	7.33	7.87
<30岁	9.80	9.40	7.25	9.40	8.20	8.80	8.00	7.80
30~49岁	8.86	8.60	6.54	8.06	6.71	7.43	6.71	7.40
50~69岁	9.63	8.96	7.62	8.57	7.22	7.85	6.78	8.08
>69岁	8.00	8.00	8.00	8.00	8.00	8.00	5.00	5.00
初中及以下	9.00	9.00	7.00	8.00	5.00	6.00	6.00	8.00
高中、中职或中专	8.75	8.75	6.75	8.38	5.88	6.88	6.38	7.75
高职或大专	9.78	9.78	8.56	8.60	7.78	7.40	6.78	8.63
大学本科	9.13	8.50	6.59	8.13	6.80	7.90	6.60	7.33
硕士及以上	9.30	8.80	7.11	8.60	7.65	8.00	7.35	7.70

---

① 括号中的地区表示该"非遗"的申报地区。

续表

	历史文化价值	精神文化价值	科学技术价值	艺术审美价值	经济开发价值	社会和谐价值	保护利用现状	保护利用前景
国家机关、党群组织	9.50	9.00	8.10	8.36	7.90	8.00	6.73	8.60
学校及研究机构	9.35	8.76	6.65	8.29	7.47	7.82	7.00	7.65
其他企、事业单位	9.13	8.69	7.13	8.50	6.94	7.65	7.09	7.72
离退休	9.00	9.00	4.50	9.00	4.00	9.00	2.50	3.00
其他	8.80	8.80	6.60	7.40	6.60	7.60	6.40	7.40
无技术职称	9.21	9.07	7.43	8.86	7.79	8.14	7.14	8.21
初级	9.00	8.67	5.33	8.33	7.00	7.67	7.33	7.00
中级	9.00	8.53	6.36	7.81	6.33	7.19	6.13	6.80
副高	9.45	9.05	7.64	8.77	7.55	8.14	7.14	8.09
正高	9.13	8.38	6.57	8.13	6.88	7.43	6.63	7.38

（二）对徽剧（黄山市）的认知数据解读

按照赋值情况来看，全体被调查者对徽剧的认知赋值最高为历史文化价值，数值是9.20，而精神文化价值和艺术审美价值赋值为8.75和8.34，赋值在7.00与8.00之间按照数据从高到低排列依次为社会和谐价值7.70、保护利用前景7.63、经济开发价值7.06，以及科学技术价值7.00，赋值低于7.00的为保护利用现状6.80。

从对黄山市徽剧的价值认知情况调查来看，可以得到以下结论：第一，虽然公众对于徽剧的历史文化价值认同度很高，但是对保护利用现状的感受却不尽如人意，同时，公众认为徽剧具有一定的保护前景，应当对其进行某种形式的保护；第二，徽剧作为非物质文化遗产的一种经典，其精神文化价值、艺术审美价值的认知远高于科学技术价值、经济开发价值、社会和谐价值,非常明确地突出了其精神与人文价值。

从不同性别表现看,男性在各个因素的赋值上都小于女性,说明在对徽剧的价值评估上,女性呈现更加积极的态度。其中,科学技术价值、艺术审美价值、经济开发价值以及社会和谐价值几个方面,女性赋值比男性均高出超过0.5,差异十分显著,反映出对该"非遗"项目价值认同的性别差异。这也说明女性更关注和肯定徽剧的科技含量、艺术审美享受、已经和可能带来的经济价值以及在维护和促进社会和谐方面的作用。

在年龄维度上,不同年龄对徽剧的"非遗"价值认知数据呈现出某种有挖掘意义的规律。此次调查所划分的年龄阶段中,30岁以下、30~49岁、50~69岁及69岁以上样本的历史文化价值赋值分别为9.80、8.86、9.63和8.00,30岁以下以及50~69岁的群体对历史文化价值的认同感明显高于其他两个年龄段。与此同时,在精神文化价值、艺术审美价值和保护利用前景维度上均大致体现这种规律。年龄越小对徽剧的该"非遗"项目价值各项认同越积极,整体肯定的倾向越显著。而在科学技术价值方面,各年龄阶段赋值均不高,尤其是30~49岁群体,这与总体样本的价值判断一致。各年龄段被调查对象均对其保护利用现状价值判断不佳,处于最低分,而对其保护利用前景的判断,50~69岁中老年人持乐观态度,69岁以上的老年人持非常负面的态度。

就被调查者学历层次而言,各学历层次群体赋值情况大致与全体赋值偏好情况相同,学历水平高的群体对各项指标倾向于有更高的赋值,但是在历史文化价值、精神文化价值、科学技术价值以及保护利用前景上,初中及以下学历群体的赋值单项较高。

就职业分布而言,国家机关、党群组织群体更重视徽剧的现实价值,对历史文化价值赋值最高达到9.50,精神文化价值赋值也高达9.00,而经济开发价值、社会和谐价值、保护利用现状以及保护利用前景赋值明显较低,均不超过8.00。离退休群体的态度数据大起大落,对于经济开发价值以及科学技术价值的赋值低,数值分别为4.00和4.50,对于保护利用现状以及保护利用前景的赋值更低至2.50和3.00,显示出极为不看好的态度,但对于历史文化价值、精神文化价值、艺术审美价值和社会和谐价值的赋值均为9.00,持非常积极的肯定态度。徽剧作为以传承群体为传承主体的"非遗"项目,在人员、经费和机制建设上都有较高要求,以抢救性保护和传承性保护为主,不同职业群体对其经济开发价值、保护利用现状以及保护利用前景赋值不高,或许与其传承后继乏力、传承经费有限、激励措施不到位有关,缺乏强有力的活态传承业态支撑。

而从不同职称角度来看,初级、中级职称人员对各项价值赋值均普遍偏低,可能与初级、中级职称人员所面临生存压力有关,而其他职称人员的赋值则与总体相对一致。副高和正高职称人员因其文化水平和阅历,各项赋值均较高。

调查数据表明,总体而言,在对徽剧各项价值的认知中,被调查者普遍认同其历史文化、精神文化和审美价值。而政府机关和党群人士与普通大众关注的价值选项有所不同,前者较为独特的是更关注能够给其职业带来直接效益的科学技术、社会和谐以及经济开发等现实价值,在这方面赋值较高,对其保护前景也持积极态度。

通过不同维度的认知数据分析,大致可以形成如下结论:

徽剧作为古徽州人民创造并曾经大范围流行的有重大历史影响的文化遗产,其历史和艺术价值受到被调查群体高度肯定,地方公众意识明确;然而另一方面,相关群体对其保护和传承现状及前景普遍不看好,说明该项目的保护路径探索还亟待加强。

从对其经济价值的态度来看,民众对于这一传统戏曲的期待值并不高。然而,是否果真如此没有前景也很难说,如果文旅融合创意开发精准发力是否能培育出新业态和流行度也未可知。不过,各个属性群体普遍对徽剧的历史文化价值、精神文化价值以及艺术审美价值等精神层面价值持肯定态度,而对经济开发价值、保护利用现状以及科学技术价值的态度较为消极,说明徽剧作为精神文化遗产,其当代社会的活态价值激发还没有寻觅到较好的方式,还需各资源主体做出更多努力。

三、对徽州"三雕"(黄山市)的认知数据分析

(一) 对徽州"三雕"(黄山市)的价值认知情况赋值表

对徽州"三雕"(黄山市)的价值认知情况赋值表如表4.3所示。

表4.3 对徽州"三雕"(黄山市)的价值认知情况赋值表

	历史文化价值	精神文化价值	科学技术价值	艺术审美价值	经济开发价值	社会和谐价值	保护利用现状	保护利用前景
全体	9.00	8.71	7.54	8.84	8.43	7.91	7.35	8.32
男	8.83	8.73	7.31	8.81	8.40	7.88	7.49	8.37
女	9.57	9.00	8.15	8.93	8.57	8.21	7.00	8.36

续表

	历史文化价值	精神文化价值	科学技术价值	艺术审美价值	经济开发价值	社会和谐价值	保护利用现状	保护利用前景
<30岁	9.33	8.33	8.50	9.00	8.33	8.00	7.33	8.00
30~49岁	8.83	8.47	7.08	8.61	8.36	7.67	6.94	8.08
50~69岁	9.25	9.11	8.00	9.11	8.54	8.19	8.00	8.78
>69岁	8.00	8.00	8.00	9.00	9.00	9.00	6.00	6.00
初中及以下	7.00	8.00	5.00	8.00	8.00	8.00	8.00	8.00
高中、中职或中专	8.33	8.78	6.00	8.56	8.33	7.56	6.22	7.89
高职或大专	8.90	9.33	8.50	8.70	8.40	8.67	8.11	8.78
大学本科	9.28	8.62	7.55	8.97	8.45	7.96	7.66	8.41
硕士及以上	9.11	8.58	7.83	8.89	8.53	7.63	7.11	8.21
国家机关、党群组织	9.00	9.70	8.45	8.73	8.00	8.80	8.10	9.00
学校及研究机构	9.06	8.65	7.82	8.88	8.35	7.71	7.12	8.18
其他企事业单位	9.06	8.69	7.19	8.94	8.69	7.97	7.53	8.53
离退休	9.00	9.00	5.00	9.50	9.50	7.00	5.50	6.00
其他	8.25	7.50	6.50	7.50	7.25	7.25	6.50	7.25
无技术职称	9.50	9.29	8.64	9.36	8.57	8.07	7.43	8.50
初级	9.33	8.67	8.00	9.00	9.33	8.00	8.67	9.33
中级	8.27	8.29	6.57	7.93	7.80	7.00	6.71	7.50
副高	9.27	9.00	7.77	9.18	8.73	8.50	7.68	8.73
正高	8.29	8.57	6.71	9.00	8.71	7.83	7.57	8.43

（二）对徽州"三雕"（黄山市）的认知数据解读

调查数据显示，全体被调查者对徽州"三雕"在徽州文化生态保护价值的认知，按重要性大小排序依次为：历史文化价值、艺术审美价值、精神文化价值、经济开发价值、社会和谐价值和科学技术价值。由此可见,历史文化价值是徽州"三雕"最重要的价值认知,而它的科学技术价值的重要性不太高。

从性别上看,男性和女性在徽州"三雕"保护价值认知上存在一定的差异。总体上看,女性对于各项指标的赋值相对男性较高,女性认为历史文化价值重要性最高,对历史文化价值指标的重要性赋值为9.57,而男性赋值为8.83;在科学技术价值重要性上,男性的赋值为7.31,女性为8.15,说明女性认为徽州"三雕"的科学技术价值也很值得关注,更加注重徽州"三雕"的科学发展程度、科学认识水平和技术创造能力。而在保护利用现状以及保护利用前景上,男性赋值相对女性稍高,态度偏向积极。

从年龄分布来看,30岁以下的被调查者对徽州"三雕"保护价值的重要性认知程度不及30~69岁群体的认知,即30岁以下的被调查者对历史文化价值、精神文化价值、经济开发价值、艺术审美价值等指标重要性的赋值较低。这一定程度反映出徽州生态保护实验区徽州"三雕"项目的传承状况和传承人的结构特征,30~69岁的中老年群体作为徽州"三雕"项目传承和保护利用的主体,他们对徽州"三雕"保护价值的认识和理念更强,而年轻群体对徽州"三雕"的价值认知和保护意识不强,提示实验区东部片区加强年轻人的徽州"三雕"传承意识培育和传习价值认知必要性上升。

从学历方面来看,高职或大专以及大学本科学历的被调查者对徽州"三雕"历史文化价值、精神文化价值、艺术审美价值认知的赋值较高;而初中及以下学历的被调查者则认为徽州"三雕"的社会和谐价值、保护利用现状以及保护利用前景价值重要性较高,对徽州"三雕"价值认知有一定的选择区分度。在科学技术价值重要性评估上,学历越低者总体上赋值越低,高职或大专组赋值相对较高。

从被调查者的单位性质看,在徽州"三雕"的精神文化价值重要性判断上,国家机关、党群组织的评估赋值要高于学校及研究机构和其他企事业单位,重要性赋值依次为9.70、8.65和8.69,反映出徽州"三雕"项目管理的政府性主导部门更加关注徽州"三雕"项目内在的精神文化价值。而离退休人员对徽州"三雕"的保护利用现状以及保护利用前景均持负面态度,赋值分别为5.50和6.00,为各项指标最低。

通过不同维度的认知数据分析,大致可以形成如下结论:

由相关数据分析可知:对"三雕"的价值认知中,被调查者更加重视徽州"三雕"的历史文化价值、精神文化价值和艺术审美价值,而对科学技术价值、经济开发价值和社会和谐价值的重要性相对评判不高,各价值要素的评估权重并不平衡。

徽州"三雕"价值评估是一种多要素的复杂系统,其内部诸要素之间的相互作用关系及各要素对系统功能的影响程度关系到徽州"三雕"项目的传承和保护。当前,传统技艺类的徽州"三雕"项目多数面临新应用困境压力和市场空间突破提升的新时代要求,对此,徽州"三雕"项目应在保持文化基因本真性、文化传统延续性、文化内涵精粹性、文化生态完整性和艺术审美价值性等基础上,拓展和走进当代消费市场和加强合理开发利用力度,进而增强公众对徽州"三雕"的社会认知度和传承保护意识,提升徽州"三雕"保护和传承的内在动力、发展稳定性和可持续性。

年轻群体作为徽州"三雕"项目传承的生力军,传承渠道建立和传承机制的完善至关重要。当前徽州"三雕"面临传承人"断层"压力,年轻人的保护意识和工作投入意愿不强,如何增强青年群体的传承意识、加强徽州"三雕"普及教育和提升他们从事传承保护工作的积极性值得政府及相关部门高度关注。

因为原初用途与徽派整体建筑的细分构件紧密关联,徽州"三雕"的传承保护、开发和利用是一项复杂而系统的工程,需要社会资源的协调整合和各部门的通力合作。在保护区的大协同机制内,政府机关、学校及研究机构、企事业单位、传承群体体在功能定位、发展目标和利益需求等方面如何实现各有侧重,加强徽州"三雕"的跨界整合力度,建立资源共享协同平台和"官产学研"合作机制对于徽州"三雕"的传承保护具有重要的现实意义。

四、对徽州民歌(黄山市)的认知数据分析

(一) 对徽州民歌(黄山市)的价值认知情况赋值表

对徽州民歌(黄山市)的价值认知情况赋值表如表4.4所示。

表4.4 对徽州民歌(黄山市)的价值认知情况赋值表

	历史文化价值	精神文化价值	科学技术价值	艺术审美价值	经济开发价值	社会和谐价值	保护利用现状	保护利用前景
全体	8.31	8.42	6.64	7.88	6.88	7.82	6.74	7.28
男	8.34	8.39	6.74	7.95	6.95	7.80	7.07	7.58
女	8.92	8.58	6.64	8.08	6.92	7.92	5.92	6.58
<30岁	9.33	9.00	6.00	8.33	6.67	7.67	6.00	6.33
30~49岁	7.97	7.90	5.90	7.52	6.52	7.66	6.38	7.10
50~69岁	8.60	9.00	7.57	8.21	7.29	8.04	7.33	7.68
>69岁	8.00	8.00	8.00	9.00	8.00	8.00	5.00	5.00

续表

	历史文化价值	精神文化价值	科学技术价值	艺术审美价值	经济开发价值	社会和谐价值	保护利用现状	保护利用前景
初中及以下	7.00	8.00	8.00	8.00	7.00	7.00	8.00	7.00
高中、中职或中专	7.17	8.00	6.33	7.83	6.50	7.50	7.00	7.33
高职或大专	8.71	9.57	7.71	8.57	8.00	8.13	7.14	7.25
大学本科	8.62	8.48	6.96	7.96	7.04	8.17	6.84	7.48
硕士及以上	8.17	8.06	5.76	7.50	6.33	7.39	6.28	7.00
国家机关、党群组织	8.89	9.50	8.50	9.25	8.50	8.11	8.13	8.33
学校及研究机构	8.12	8.12	5.65	7.35	6.24	7.47	6.29	7.06
其他企事业单位	8.58	8.46	7.00	8.19	7.04	8.08	7.08	7.42
离退休	8.00	8.00	8.00	9.00	8.00	8.00	5.00	5.00
其他	7.50	7.50	5.75	6.50	6.00	7.00	5.25	6.75
无技术职称	8.67	8.67	7.25	8.42	7.33	8.00	7.08	8.33
初级	8.67	8.33	5.00	8.00	7.00	8.00	7.33	6.67
中级	8.17	7.83	5.82	7.33	6.50	7.08	6.08	6.08
副高	8.84	8.84	7.37	8.37	7.11	8.11	6.95	7.74
正高	7.43	8.00	5.83	7.57	6.43	7.50	7.14	7.00

（二）对徽州民歌（黄山市）的认知数据解读

徽州民歌作为国家有名的非物质文化遗产，一直深受广大群众的喜爱，而我们通过大量问卷调查筛选其中有价值的问卷进行整理，以求准确地了解群众对徽州民歌的认识和看法。

通过问卷调查，我们可以看出群众对于徽州民歌的历史文化价值、精神文化价值、科学技术价值、艺术审美价值以及经济开发价值五个方面的看法。总体而言，被调查者对于徽州民歌的历史文化价值和精神文化价值都给出了较高的评价，赋值分别为8.31和8.42。而在另外三个方面中除了艺术审美价值赋值达到了7.88,其他两个的赋值都没有超过7.00,最低的科学技术价值只有6.64,而经济开发价值则为6.88。这可能是因为徽州民歌作为大众的一种消遣娱乐方式,让人们忽略了其存在的科学技术价值和经济开发价值。

而在被调查者中,男性和女性对徽州民歌的赋值相差无几,但是对历史文化价值方面的赋值女性高出男性0.58,达到了8.92,接近9.00。其他四个方面男性的赋值分别为8.39,6.74,7.95,6.95,女性分别为8.58,6.64,8.08,6.92。同时,再对被调查者的年龄段进行整理分析,30岁以下的被调查者对徽州民歌五个方面的赋值分别为9.33,9.00,6.00,8.33,6.67,而30~49岁之间的被调查者五个方面的赋值分别为7.97,7.90,5.90,7.52,6.52,50~69岁的被调查者对徽州民歌五个方面的赋值分别为8.60,9.00,7.57,8.21,7.29。从数据中我们可以很明显地发现,30岁以下的年轻人对徽州民歌的五个方面的评价基本都是高于其他年龄段的,这可以看出年轻人对于徽州民歌的接受能力和亲和力还是挺高的。而作为社会主要的承担者、年龄在30~49岁的中年人,由于在生活、工作、家庭等各个方面的压力下,他们对徽州民歌这类精神食粮已经不太重视了,因此他们对于徽州民歌的五个方面的评价在这几个年龄段里面普遍较低。

而通过将不同学历的被调查者作为研究对象进行调查,初中及以下和高中、中职或中专的被调查者在历史文化价值方面却一反常态地给徽州民歌低出其他学历的被调查者很多的赋值,分别只有7.00和7.17,而其他学历的被调查者基本给出与总体差不多的赋值。通过数据我们可以很明显地看到在精神文化价值方面高职或大专学历的被调查者给出了很高的赋值,达到了9.57,高出其他学历的被调查者给的最低评价的8.00接近1.6,显然高职或大专学历的被调查者更加注重徽州民歌的精神文化价值。同时,他们在艺术审美价值和经济开发价值这两个方面的评价也是最高的。而其他学历的被调查者中硕士及以上学历的被调查者对于徽州民歌的科学技术价值给出了最低的赋值,只有

5.76,大学本科学历的被调查者的赋值规律基本与总体的规律和数值差不多。

而通过对处在不同工作岗位上的被调查者的角度进行数据归纳和采集，很明显可以看出国家机关、党群组织的被调查者普遍都对徽州民歌的五个方面的评价要高于其他行业的人，这应该归功于国家的大力宣传对国家机关人员潜移默化的影响，同时也可以看出在国家机关、党群组织中工作的人对宣传保护徽州民歌这些非物质文化遗产的重要作用。学校及研究机构对于这五个方面的评价却低于其他职业的被调查者，而其他企事业单位的评价基本与总体的评价相差不多。从职称方面的角度进行分析，相较于其他职称，初级职称的被调查者对徽州民歌五个方面的评价都较高，但初级职称的被调查者中对科学技术价值的赋值是最低的；在历史文化方面的赋值最低的是正高职称的被调查者，最高的是副高职称，为8.84，比最低的7.43高出1.41。正高职称的被调查者中对五个方面的评价在所有职称中都是比较低的。对比无技术职称的被调查者，两者似乎存在着负相关的关系，这可能是因为无技术职称的人比具有高职称的人有更多的机会去接触最原始的徽州民歌，从而有更高的认识。

通过不同维度的认知数据分析，大致可以形成如下结论：

（1）立法保护，是保护非物质文化遗产的根本保证。非物质文化遗产是不可再生的珍贵文化资源，必须致力于对它们的保护。在人们的文化保护意识还没有充分树立起来之前，立法显得格外重要。况且，保护非物质文化遗产不是短期行为，而是一项长期、艰巨的系统工程，需要一代一代做下去。要实施好这项工程，仅有应急措施是远远不够的，必须还要有坚实的法律和政策规约及保障。可以说立法保护是进行抢救与保护非物质文化遗产工作的前提和基础。

（2）加强宣传教育，是提高全民保护意识的有效措施。人民群众既是非物质文化遗产的创造者又是传承者，还是非物质文化遗产的保护者。保护非物质文化遗产的工作，如果没有人民群众的参与，无论多么美好的蓝图，都只能是政府部门人员的一厢情愿。所以,抢救与保护非物质文化遗产就不只是某些部门、某些人的事,而是一个全社会共同参与,且常抓不懈的大事。这件大事应当成为全民的共识、自觉行动。我们应通过新闻媒体,加强舆论宣传,调动广大群众的积极性,使人人都懂得保护非物质文化遗产的重要性,明白为什么要保护,以及怎样保护,从而让保护进入人们的日常生活,在全社会形成爱护、保护非物质文化遗产的风气,使每一位公民都能为中华民族拥有如此丰富多彩的文化遗产而自豪,从而自觉地珍惜它。

(3) 加大财政投入、广开财源是保护非物质文化遗产的支柱。长期以来,由于缺少足够的经济支持,许多重要的非物质文化遗产得不到及时的抢救和必要的保护,而处于濒临消亡的境地。据一些地方报告,早年收集的档案材料有些已开始发黄、霉变,录音带、录像带也有一些已报废,有些单位原计划要抢救老一辈表演艺术、演唱艺术、传统行当的脸谱艺术等,都因为没有经费而无法实施。此外,要建立国家文化艺术档案馆,增设地方文化艺术档案馆等,也需要大量资金。

五、对徽州民谣(黄山市)的认知数据分析

(一) 对徽州民谣(黄山市)的价值认知情况赋值表

对徽州民谣(黄山市)的价值认知情况赋值表如表4.5所示。

表4.5 对徽州民谣(黄山市)的价值认知情况赋值表

	历史文化价值	精神文化价值	科学技术价值	艺术审美价值	经济开发价值	社会和谐价值	保护利用现状	保护利用前景
全体	8.53	8.25	6.47	7.60	6.71	7.94	6.50	7.37
男	8.57	8.26	6.46	7.62	6.81	7.92	6.86	7.47
女	9.00	8.50	6.82	7.92	6.42	8.00	5.50	7.25
<30岁	9.33	8.67	6.00	8.00	7.33	7.67	5.67	6.00
30~49岁	8.21	7.83	5.50	7.17	6.21	7.67	5.83	7.00
50~69岁	8.78	8.65	7.50	7.95	7.14	8.29	7.27	7.91
>69岁	8.00	8.00	8.00	9.00	8.00	8.00	8.00	8.00
初中及以下								
高中、中职或中专	7.50	8.00	4.50	7.00	5.00	8.50	6.00	7.00
高职或大专	9.14	9.00	7.86	8.29	7.50	8.67	7.00	7.88
大学本科	8.71	8.39	6.74	7.65	6.96	8.22	6.83	7.57
硕士及以上	8.17	7.78	5.76	7.33	6.33	7.28	5.94	6.94
国家机关、党群组织	9.00	9.44	8.75	9.13	7.88	8.50	7.50	8.11
学校及研究机构	8.06	7.63	5.50	7.00	6.25	7.38	6.13	6.88
其他企事业单位	8.95	8.57	6.60	7.90	6.76	8.29	6.67	7.67
离退休	8.00	8.00	8.00	9.00	8.00	8.00	8.00	8.00
其他	8.00	7.00	5.33	5.67	5.33	7.00	4.67	6.33
无技术职称	8.92	8.75	7.33	8.08	7.33	8.00	6.67	7.58
初级	7.67	8.00	5.00	8.33	6.00	8.00	6.33	6.67
中级	8.36	8.00	5.70	6.91	6.18	7.18	5.64	6.58
副高	9.06	8.56	7.06	8.13	7.13	8.56	7.25	8.44
正高	8.00	7.50	4.75	6.75	5.75	7.50	6.75	6.25

(二) 对徽州民谣(黄山市)的认知数据解读

从总体来看,被调查者首先较为看重徽州民谣的历史文化价值和精神文化价值,其次是社会和谐价值和艺术审美价值,而科学技术价值被赋予较低的数值。被调查者同时认为徽州民谣的保护利用现状不佳,但比较看好徽州民谣的保护利用前景。民谣作为非物质文化遗产的一种,本身就是属于满足人们精神和艺术需求的类型,同时又承载着历史和文化传承的使命,所调查的结果与事实相符。

从性别来看,感性指标方面女性评价较高的现象依然存在,男性对经济开发价值和保护利用前景方面的评价要高于女性,对于保护利用现状也有较高的评价。这可能是因为男性对民谣等偏娱乐方面的关注相对要少于女性。

从年龄来看,50岁以上的被调查者的整体数据起伏趋势与其他年龄段被调查者一致,但整体较为平缓,可能是由于年长者心态较为平和。30岁以下的被调查者对徽州民谣的保护利用现状和保护利用前景均不看好,这可能与年轻一代所接受的新的文化有关,他们对于民谣这种比较传统的音乐形式不太感兴趣。

在学历上,高职或大专以上学历的被调查者的数据起伏趋势一致,说明他们对于徽州民谣各项指标重要性的看法一致,比较看重徽州民谣的历史文化价值和精神文化价值,认为徽州民谣的科学技术价值不高,同时认为徽州民谣的保护利用现状不够好,但看好徽州民谣的保护利用前景。高中、中职或中专学历的被调查者最为看重徽州民谣的社会和谐价值,也同样对其科学技术价值的赋值最低。国家机关、党群组织的被调查者最为看重徽州民谣的精神文化价值,此外对其历史文化价值、科学技术价值和艺术审美价值也很重视,但对其保护利用现状和保护利用前景并不看好。学校及研究机构和其他企事业单位的数据起伏趋势一致。离退休的被调查者由于人数过少不具有分析价值。

从不同的职称来看,初级职称的被调查者更看重徽州民谣的艺术审美价值,而其他职称的被调查者比较看重徽州民谣的历史文化价值、精神文化价值和社会和谐价值,并看好其保护利用前景,但对其保护利用现状评价较低。而正高职称的被调查者并不看好徽州民谣的保护利用前景,可能是由于他们了解当下年轻一代人的喜好,所以对于其发展利用持保留态度。

通过不同维度的认知数据分析,大致可以形成如下结论:

(1) 总体来说,调查结果与预期比较相符,民谣作为非物质文化遗产的一种,本身就是属于满足人们精神和艺术需求的类型,同时它本身又承载着历史和文化传承的使命,被调查者比较看重徽州民谣的历史文化价值和精神文化价值,科学技术价值被赋予较低的数值。

(2) 年轻一辈的被调查者不太看好徽州民谣的保护利用前景,这可能与年轻一代人所接受的新的文化有关,他们对于民谣这种比较传统的音乐形式不太感兴趣,不利于其传承保护。

(3) 从调查数据来看,学校及研究机构和正高职称的被调查者都反映出了对徽州民谣的保护利用前景不是很看好的态度,这与大多数被调查者的数据不相符。

六、对徽州楹联匾额(黄山市)的认知数据分析

(一) 对徽州楹联匾额(黄山市)的价值认知情况赋值表

对徽州楹联匾额(黄山市)的价值认知情况赋值表如表4.6所示。

表4.6 对徽州楹联匾额(黄山市)的价值认知情况赋值表

	历史文化价值	精神文化价值	科学技术价值	艺术审美价值	经济开发价值	社会和谐价值	保护利用现状	保护利用前景
全体	8.72	8.35	6.89	8.14	7.29	7.93	7.12	7.97
男	8.64	8.30	6.75	8.04	7.27	8.02	7.20	7.89
女	9.00	8.54	7.42	8.46	7.38	7.62	6.85	8.23
<30岁	9.00	9.00	5.50	9.00	7.00	7.67	5.67	6.00
30~49岁	8.28	7.91	6.16	7.78	6.91	7.66	6.84	7.84
50~69岁	9.08	8.73	7.91	8.48	7.61	7.95	7.48	8.26
>69岁	9.00	9.00	9.00	9.00	9.00	9.00	8.00	8.00
初中及以下	8.00	7.00	6.00	8.00	7.00	8.00	8.00	9.00
高中、中职或中专	7.83	7.00	5.67	7.67	7.33	7.50	7.17	7.83
高职或大专	9.00	8.29	7.43	8.29	7.43	7.29	7.14	8.00
大学本科	8.93	8.60	7.32	8.27	7.62	8.08	7.38	7.96
硕士及以上	8.42	8.37	6.44	8.05	6.58	7.68	6.47	7.79

续表

	历史文化价值	精神文化价值	科学技术价值	艺术审美价值	经济开发价值	社会和谐价值	保护利用现状	保护利用前景
国家机关、党群组织	9.25	8.86	8.57	8.71	8.29	8.43	7.43	8.14
学校及研究机构	8.59	8.41	6.47	8.12	6.76	7.94	6.71	8.00
其他企事业单位	8.75	8.30	6.73	8.11	7.43	7.78	7.29	8.00
离退休	9.00	9.00	9.00	9.00	9.00	9.00	8.00	8.00
其他	7.75	7.75	7.00	7.50	6.75	7.50	6.75	7.00
无技术职称	9.00	8.92	7.42	8.67	8.17	8.17	7.00	7.92
初级	8.00	7.67	5.33	7.67	6.33	7.67	7.00	7.00
中级	8.14	7.86	6.46	7.50	6.71	6.71	6.36	7.07
副高	9.14	8.67	7.43	8.62	7.57	8.57	7.67	8.67
正高	8.71	8.00	5.83	7.71	7.00	8.17	7.43	8.14

（二）对徽州楹联匾额（黄山市）的认知数据解读

从总体上来看，被调查者首先更注重徽州楹联匾额的历史文化价值和精神文化价值，其次是艺术审美价值、社会和谐价值和经济开发价值，对其科学技术价值评价不高。被调查者同时认为徽州楹联匾额的保护利用现状不佳，但比较看好徽州楹联匾额的保护利用前景。

从性别上看，男性和女性对徽州楹联匾额的各项指标的评价数值差距不大，女性在精神文化价值、历史文化价值和艺术审美价值等感性指标方面仍然略高于男性，对徽州楹联匾额的保护利用现状方面的评价低于男性。

从年龄上来看，30岁以下的被调查者对徽州楹联匾额的历史文化价值、精神文化价值和艺术审美价值尤为看重，同时对其科学技术价值的低评价也比较突出。他们认为徽州楹联匾额的保护利用现状不佳，也并不看好其保护利用前景。而30岁以上的被调查者的数据折线较为平缓，但对徽州楹联匾额各项价值指标的看法与 30 岁以下群体基本一致,且他们对于徽州楹联匾额的保护利用前景更为看好。

从不同学历来看,初中及以下学历的被调查者对徽州楹联匾额的保护利用前景最为看好,也认为其保护利用现状较好,与其他学历的被调查者一样,最不看好徽州楹联匾额的科学技术价值。大学本科学历和硕士及以上学历的被调查者对徽州楹联匾额的各项指标的评价基本一致,相对于硕士及以上学历的被调查者,大学本科学历的被调查者更看重徽州楹联匾额的历史文化价值。

从不同职业来看,国家机关、党群组织的被调查者对徽州楹联匾额各项价值指标的评价相差不大,认为徽州楹联匾额在各个方面都有一定的价值体现,相对来说对其保护利用现状不甚满意,同时也不看好其保护利用前景。其他职业的被调查者更重视徽州楹联匾额的历史文化价值、精神文化价值、艺术审美价值和社会和谐价值,相对来说对其保护利用前景比较看好。学校及研究机构和其他企事业单位的被调查者对徽州楹联匾额各项价值指标的评价基本一致,其他企事业单位的数据折线较为缓和。

从职称来看,副高和正高职称的被调查者对徽州楹联匾额各项指标的评价一致,相对于正高职称的被调查者数据来说,副高职称的被调查者对各项指标的赋值都更高,两类群体都比较看重徽州楹联匾额的历史文化价值,而无技术职称的被调查者同时更注重其精神文化价值。各类职称的被调查者都认为徽州楹联匾额的保护利用现状不佳,初级职称的被调查者同时并不看好其保护利用前景,而其他职称的被调查者相对来说更看好徽州楹联匾额的保护利用前景。

通过不同维度的认知数据分析,大致可以形成如下结论:

(1)被调查者更注重徽州楹联匾额的历史文化价值和精神文化价值,对其科学技术价值评价不高,这可能与匾额的用途及其给人们留下的印象有关。

徽州的楹联文化,凭借楹联的文化凭证作用,从一个侧面真实地反映了徽州历史的发展和徽商的传承与风貌,以特殊的形式承载着徽州的文化和历史。

(2) 30岁以下的被调查者相较于30岁以上的被调查者更不看好徽州楹联匾额的保护利用前景,这说明年轻群体对徽州楹联匾额的前景发展缺乏足够的信心,从侧面反映出徽州楹联匾额的后继传承与发展问题,影响到年轻群体参与到徽州楹联匾额的积极性和动力。因此,如何激发年轻群体参与到徽州楹联匾额的传承中来成为比较迫切的问题。

(3) 徽州楹联匾额作为徽州文化生态保护区的建筑文化的有机构成部分,主要用途在于建筑营造的装饰,它不仅能够让人了解到徽州的灿烂历史,也是徽州文化的生动载体。针对受众对保护利用现状和利用前景评价不佳的问题,一方面需要加强徽州楹联匾额的宣传普及和教育问题,让受众全面了解徽州楹联匾额的文化魅力和文化价值所在;另一方面需要加强对徽州楹联匾额的扶持力度,激发它的活态保护利用动力,通过"非遗"进校园、进社区等形式,鼓励年轻群体积极参与到徽州楹联匾额的传承保护实践中。

七、对新安医学(黄山市)的认知数据分析

(一) 对新安医学(黄山市)的价值认知情况赋值表

对新安医学(黄山市)的价值认知情况赋值表如表4.7所示。

表4.7 对新安医学(黄山市)的价值认知情况赋值表

	历史文化价值	精神文化价值	科学技术价值	艺术审美价值	经济开发价值	社会和谐价值	保护利用现状	保护利用前景
全体	9.07	8.41	8.61	7.18	8.53	8.29	7.44	8.58
男	8.96	8.26	8.52	7.02	8.48	8.32	7.40	8.54
女	9.55	9.09	9.00	7.90	8.73	8.18	7.64	8.73
<30岁	9.50	9.00	9.00	8.33	8.75	8.50	7.50	8.25
30~49岁	8.78	7.97	8.38	6.52	8.34	8.06	7.25	8.56
50~69岁	9.42	8.91	8.91	7.77	8.78	8.55	7.57	8.65
>69岁	9.00	9.00	9.00	9.00	9.00	9.00	8.00	8.00
初中及以下	7.00	6.00	7.00	6.00	7.00	8.00	7.00	8.00
高中、中职或中专	8.00	7.50	7.63	6.50	7.63	7.75	6.75	8.25
高职或大专	9.33	8.67	8.83	6.83	8.83	8.17	6.83	8.50
大学本科	9.48	8.70	8.79	7.50	8.89	8.41	7.68	8.75
硕士及以上	8.94	8.41	8.88	7.06	8.41	8.41	7.47	8.47
国家机关、党群组织	9.13	9.29	8.43	7.71	8.14	8.29	7.29	8.57
学校及研究机构	9.13	8.47	9.00	7.07	8.53	8.73	7.40	8.60
其他企事业单位	9.06	8.27	8.55	6.96	8.61	8.03	7.58	8.61
离退休	9.00	9.00	9.00	9.00	9.00	9.00	8.00	8.00
其他	8.75	7.75	8.00	7.50	8.25	8.75	6.75	8.50
无技术职称	9.17	9.00	8.67	8.08	8.75	8.50	7.50	8.75
初级	8.33	8.33	8.00	5.67	8.33	8.00	7.67	8.67
中级	9.00	8.33	8.67	6.18	8.17	7.75	7.33	8.08
副高	9.24	8.52	8.71	7.71	8.67	8.52	7.62	8.76
正高	8.75	7.86	8.75	6.57	8.50	8.71	7.38	8.50

（二）对新安医学（黄山市）的认知数据解读

调查结果显示，新安医学在全体被调查者中的整体价值认知情况如下：历史文化价值赋值最高，为9.07；其次是科学技术价值，赋值为8.61；再次是保护利用前景，赋值为8.58；艺术审美价值赋值最低，为7.18；经济开发价值、精神文化价值、社会和谐价值和保护利用现状的赋值分别为8.53、8.41、8.29、7.44。

从数据上分析，新安医学具有深厚的历史文化沉淀，公众对其历史文化和精神文化赋值都较高；新安医学作为中国传统医学的重要组成部分，其科学技术的应用和融合较好，公众对其科学技术的认同度较高；医学本身作为一种产业，加之黄山市也将新安医学列入30项重点开发项目中，公众对于其经济开发价值认同度相对较高；医学本身就是悬壶济世，对于社会和谐有较大的促进作用，公众对其社会和谐价值认同度也相对较高。作为一种医学流派，公众对新安医学的艺术审美价值的认同度较低，对保护利用现状的认同度也相对较低。

调查数据显示，从性别角度来看，女性对于新安医学的整体价值认知是8.60，男性则是8.19，无论是单项价值赋值还是整体价值认知的均值，男性的认知分值大多数小于女性，其中在艺术审美价值方面，性别间的差距显著，女性为7.90，男性则低至7.02。从性别的单项价值赋值中，历史文化价值、精神文化价值、科学技术价值和经济开发价值在八类价值中赋值较高（女性为9.55、9.09、9.00、8.73；男性为8.96、8.26、8.52、8.48），表明新安医学的人文内涵在受到认同的同时，其科学价值的融入以及经济价值的转化都相对较好，但是男性和女性对于保护利用现状的赋值最低，这说明新安医学目前的受保护程度和力度都不理想,这也是"非遗"项目的弱点所在。

从年龄结构角度来看,69岁以上的被调查者对于新安医学的整体价值认知为8.75,但是此群体样本量为1,故忽略不计。30~49岁、50~69岁这两个群体占总样本的90.7%,两个群体对于新安医学的整体价值认知是7.98,8.57,差异较为明显,总体上50~69岁这个群体对于新安医学的价值认知较高。从数据上看,被调查者对于新安医学的整体价值认知与年龄呈现正相关,即年龄越大对于新安医学的整体价值认知越高。目前,年轻人多从小接受数理化等泛西化的教育,在治病方面也更容易倾向于西医,而年长一些的人则更注重中医的养生之道,对于中医更加重视。

从学历结构这一视角来看,初中及以下这个群体对新安医学的整体价值赋值认知为7.00,此群体的样本量为1,故忽略不计。学历结构这一视角的赋值趋势和总赋值相一致,即历史文化价值和保护利用前景维度赋值最高,艺术审美价值和保护利用现状维度赋值相对较低;不同学历的被调查者对于新安医学经济开发价值和社会和谐价值的评价相一致,均值都是8.15。在样本结构上,大学本科和硕士及以上两个群体的样本量占总样本量的69.3%,具有典型的代表意义,能够较真实地反映新安医学在黄山的整体价值,这两个群体的总均值为8.40,该值与本次调查总体各单项数据均值8.26基本一致。

从职业视角看,离退休群体对于新安医学的整体价值赋值最高,均值为8.75,但是此群体的样本量仅为3,并不具有典型性,故可以忽略不计。学校及研究机构和国家机关、党群组织对于新安医学的整体赋值基本一致,均值为8.37,8.36,认知评价水平相对较高,这与黄山市对于新安医学的重点扶持应该有很大的关系。而且,新安医学作为一项重要的医学流派需要教育界帮助其传承和发扬光大,安徽中医药大学设置了新安医学教育部重点实验室,这应该是学校及研究机构对于新安医学认同度较高的原因。在单项赋值中,历史文化价值的赋值水平最高,均值为9.01;其次是科学技术价值,均值为8.60;再次为精神文化价值和社会和谐价值,两者的均值都是8.56;艺术审美价值和保护利用现状的赋值情况较低,分别为7.65,7.40。

从不同职称结构来看,无技术职称的被调查对象对新安医学的整体价值认知较高,均值为8.55;其次是副高职称被调查对象,均值为8.47,无技术职称和副高这两个群体的赋值均值均高于不同职称结构的赋值均值;正高、初级、中级的赋值偏低,均值分别为8.13,7.88,7.94。从样本结构上分析,无技术职称、中级、副高三个群体占据样本总量的72%,比较具有典型性,这三个群体对于新安医学的历史文化价值、科学技术价值、精神文化价值的赋值相对较高(9.17,8.67,9.00;9.00,8.67,8.33;9.24,8.71,8.52),而对于艺术审美价值、保护利用现状的赋值较低(8.08,7.50;6.18,7.33;7.71,7.62),这与总体趋势一致。

通过不同维度的认知数据分析,大致可以形成如下结论:

安徽中医事业历史悠久,素有"北华佗,南新安"之称,新安医学是中国传统医学的重要组成部分,历代名家有1000多位,新安医学在中医药学领域多方面取得了显著的成就,在中医学术发展的理论及临床诸科中都有承前启后的作用。因而新安医学的历史文化价值在八项维度中获得的认同度最高,科学技术价值和保护利用前景的赋值也较高。

近年来,新安医学理论创新活跃,在安徽中医药大学设置教育部重点实验室,积极思考并探索将传统的新安医学与新兴科技成果结合在一起。新安医家在积累临床经验的同时,正在尝试面向中医临床需要和中药生产实际情况,重视新安医家名方、验方、秘方的收集、整理,研发新药,探索变"非遗"资源优势为当前经济优势之路。

但本次调查也反映出新安医学保护利用现状并不理想的事实。目前,对新安医学学术思想的探讨多停留在单个医家或医著的局部分析上,对新安医学流派的学术成就与特色优势缺乏总体的把握分析,涉及临床的应用研究也不充分。未来新安医学研究应在继续开展药理实验等现代科学研究工作的同时,加强对新安医学的保护,开拓新安医学的发展新途径。

八、对徽菜(绩溪县、黄山市)的认知数据分析

(一) 对徽菜(绩溪县、黄山市)的价值认知情况赋值表

对徽菜(绩溪县、黄山市)的价值认知情况赋值表如表4.8所示。

表4.8 对徽菜(绩溪县、黄山市)的价值认知情况赋值表

	历史文化价值	精神文化价值	科学技术价值	艺术审美价值	经济开发价值	社会和谐价值	保护利用现状	保护利用前景
全体	8.86	8.47	7.94	7.86	8.82	8.35	8.21	8.74
男	8.71	8.29	7.82	7.88	8.73	8.29	8.33	8.77
女	9.40	9.07	8.36	7.80	9.13	8.60	8.07	8.80
<30岁	9.40	8.40	7.25	6.80	8.80	8.20	8.20	8.60
30~49岁	8.43	8.06	7.40	7.26	8.60	8.06	8.00	8.57
50~69岁	9.37	8.96	8.70	8.85	9.14	8.78	8.54	9.00
>69岁	8.00	8.00	8.00	8.00	8.00	8.00	8.00	8.00

续表

	历史文化价值	精神文化价值	科学技术价值	艺术审美价值	经济开发价值	社会和谐价值	保护利用现状	保护利用前景
初中及以下	7.00	6.00	8.00	7.00	8.00	8.00	8.00	9.00
高中、中职或中专	7.75	7.25	7.88	7.13	8.13	7.63	7.25	8.50
高职或大专	9.50	9.20	8.80	8.70	9.50	9.00	8.80	9.40
大学本科	8.93	8.48	7.76	7.90	8.90	8.38	8.37	8.67
硕士及以上	9.00	8.60	7.74	7.75	8.70	8.30	8.15	8.60
国家机关、党群组织	9.73	9.64	9.27	9.36	9.55	9.36	8.91	9.36
学校及研究机构	9.06	8.59	7.88	8.18	8.76	8.29	8.18	8.82
其他企事业单位	8.56	8.06	7.84	7.38	8.82	8.25	8.21	8.70
离退休	9.00	9.00	6.50	8.50	6.50	7.00	8.00	7.00
其他	8.25	8.00	7.00	6.75	8.50	7.75	7.50	8.50
无技术职称	9.21	8.86	8.21	8.29	9.14	8.71	8.64	8.93
初级	8.00	8.00	6.67	7.33	9.00	8.00	8.33	8.33
中级	8.80	8.67	7.29	7.07	8.40	7.60	7.80	8.20
副高	8.91	8.32	8.32	8.18	8.82	8.59	8.27	9.00
正高	8.57	8.00	8.43	8.14	9.00	8.57	8.38	9.13

（二）对徽菜（绩溪县、黄山市）的认知数据解读

调查结果显示，徽菜在全体被调查者中的整体价值认知情况如下：其历史文化价值的赋值最高，为8.86；其次是经济开发价值，为8.82；再次为保护利用前景，为8.74；精神文化价值，为8.47；保护利用现状，为8.21；科学技术价值，为7.94；艺术审美价值最低，为7.86。从数据上分析，徽菜具有深厚的历史人文积淀，公众对于徽菜的历史文化价值赋值最高；徽菜目前的现实价值被开发得较好，在数据上主要体现在徽菜经济开发价值的赋值仅次于历史文化价值，徽菜

的保护利用现状和保护利用前景也颇高,赋值均在8.00以上。

调研数据显示,从性别角度来看,男性对徽菜的整体价值认知的均值是8.35,女性则是8.65,男性多项内容的赋值均小于女性,因为调查过程中男女样本数分别为56和16,因而男性赋值更具有代表性,女性相对较弱。历史文化价值和经济开发价值两方面,赋值相对较高(男性分别为8.71和8.73,女性分别为9.40和9.13),在历史文化价值方面,男女性别间的差距最大,男性为8.71,女性为9.40,艺术审美价值和科学技术价值赋值相对较低,表明"徽菜"在文化层面上以及商业价值较高,具有相对较高的传播和传承价值,在经济转化能力上也相对较强,但是在科学技术的融入和艺术审美的提升上相对欠缺。

从年龄结构角度来看,69岁以上这个群体的整体认知价值是8.00,但是此样本数仅为1,不具有有效代表性。30~49岁、50~69岁这两个群体占总样本的90.7%,两个群体对徽菜的整体价值认知是8.05和8.92,差异较为明显,总体上50~69岁这个群体对于徽菜的整体价值认知较高。在历史文化价值、经济开发价值、保护利用前景这三方面两个群体赋值具有一致性——在本群体内部分值都相对较高(8.43,9.37;8.60,9.14;8.57,9.00)。在科学技术价值、艺术审美价值两方面两个群体赋值相对较低(7.40,8.70;7.26,8.85)。从年龄上看,年长者相对赋值较高,这可以看出年长者对于徽菜的认知度要整体高于年轻人。年长者生活居住时间更久,对于徽菜的人文价值以及现实价值的认知要更加深刻。同时,在30~49岁年龄段的人通常生活压力较大,工作较繁忙,而在50~69岁这个阶段的人的工作则相对清闲一些,这应该也是他们对于徽菜的关注度较高的原因。

从学历结构这一视角来看,初中及以下群体对于徽菜的整体认知赋值为7.63,但是样本量为1,不具有代表性,故忽略。高中、中职或中专以及高职或大专、大学本科、硕士及以上四个群体对于徽菜的整体认知赋值为7.69,9.11,

8.42,8.36,样本量分别为10,11,31,21,占总样本量的98.7%。这四个群体对于徽菜的整体价值认知赋值趋势与整体趋势一致,即历史文化价值、经济开发价值、保护利用前景赋值较高;其他维度精神文化价值、科学技术价值、艺术审美价值赋值较低。

从职业视角看,国家机关、党群组织群体对于徽菜的整体价值认知最高,均值为9.40,此群体对于徽菜历史文化价值、精神文化价值以及经济开发价值的赋值均在9.50以上(分别是9.73,9.64,9.55),评价相当高,这应该与国家机关、党群组织的现实任务以及功能驱动有关;离退休群体对于徽菜的整体价值认知最低,均值为7.69,但是此群体样本量仅为3,故不具有代表性。学校及研究机构、其他企事业单位群体对于徽菜的整体评价也较高(分别为8.47,8.23),学校及研究机构对于徽菜的历史文化价值认知度最高,赋值为9.04,而其他企事业单位对于徽菜的经济开发价值赋值最高,为8.82。总的来说,职业视角总体赋值趋势和被调查者总体趋势一致。

从不同职称结构来看,无技术职称群体对于徽菜的整体价值认知最高,均值为8.75;其次是副高和正高群体,均值为8.55和8.53;初级和中级群体的整体价值认知较低,赋值也比较相近,分别为7.96和7.98。不同职称的被调查者对于徽菜的经济开发价值认同度最高,均值为8.87;对于徽菜的历史文化价值以及保护利用前景赋值基本一致,均值分别为8.70,8.72。所以不同职称的被调查者对于徽菜的几大维度的赋值情况基本和总体评价一致,经济开发价值、历史文化价值和保护利用前景较高,对科学技术价值和艺术审美价值的赋值较低。

通过不同维度的认知数据分析,大致可以形成如下结论:

徽菜是中国八大菜系之一,起源于南宋的徽州府(由现黄山市、江西省婺源县以及安徽省宣城市绩溪县组成)。徽菜是古徽州的地方特色,其独特的地理人文环境赋予徽菜独有的味道,兴起于明清,具有广泛的影响,明清时期一度居于八大菜系之首,具有深厚悠久的历史人文价值,调查样本中总体赋值最高为8.86。

徽菜作为一种经典饮食文化的地域集成,具有较强的变现能力和一定的经济价值,徽菜的经济开发价值调查样本整体赋值均值为8.82。近二十年来徽菜在沉寂数十年后再度勃兴,徽菜馆遍布全国,其现实价值的开发较好。徽菜发源地绩溪县被授予"中国徽菜之乡"的称号,每年均会举办国际徽菜饮食文化节。2016年6月《绩溪县徽菜产业发展规划》通过评审,这预示着徽菜的经济价值将得到进一步的开发和利用。

但此次调查中,也表现出徽菜的科学技术价值和艺术审美价值认知度较低的现状,因而对于徽菜的保护利用,还应该融入更多的科学技术诠释,系统优化徽菜的艺术审美感受。

九、对歙县彩绘壁画(歙县)的认知数据分析

(一) 对歙县彩绘壁画(歙县)的价值认知情况赋值表

对歙县彩绘壁画(歙县)的价值认知情况赋值表如表4.9所示。

表4.9 对歙县彩绘壁画(歙县)的价值认知情况赋值表

	历史文化价值	精神文化价值	科学技术价值	艺术审美价值	经济开发价值	社会和谐价值	保护利用现状	保护利用前景
全体	8.44	8.00	7.32	8.04	7.35	7.25	6.60	7.54
男	8.24	7.79	7.11	7.92	7.34	7.11	6.68	7.74
女	9.20	8.80	8.22	8.50	7.40	7.80	6.30	6.80
<30岁	9.00	8.00	7.00	9.00	7.67	7.33	6.33	7.33
30~49岁	8.04	7.60	7.16	7.92	7.04	6.88	6.08	7.24
50~69岁	8.64	8.57	7.62	8.14	7.57	7.71	7.33	8.05
>69岁								
初中及以下	7.00	6.00	6.00	8.00	6.00	7.00	4.00	7.00
高中、中职或中专	7.50	6.83	6.50	8.17	6.83	6.67	6.00	7.33
高职或大专	9.00	9.00	8.33	9.00	7.67	8.00	7.17	8.17
大学本科	8.64	8.33	7.43	8.00	7.81	7.57	7.38	8.19
硕士及以上	8.13	7.87	7.29	7.80	6.73	6.80	5.80	6.67
国家机关、党群组织	8.00	8.33	7.50	8.00	7.50	8.00	7.00	8.00
学校及研究机构	8.14	7.86	7.21	7.71	6.57	6.57	5.64	6.71
其他企事业单位	8.74	8.22	7.36	8.26	8.00	7.74	7.26	7.96
离退休								
其他	7.50	6.50	7.00	7.75	6.00	6.00	5.50	7.50
无技术职称	8.64	8.36	7.82	8.36	8.00	7.82	7.27	8.36
初级	8.67	8.00	6.67	8.67	7.00	7.67	8.00	7.00
中级	8.10	7.40	7.00	6.90	6.80	6.80	5.40	6.10
副高	8.76	8.41	7.53	8.47	7.65	7.41	7.00	8.12
正高	8.17	7.67	6.83	8.33	7.17	6.67	7.17	7.17

（二）对歙县彩绘壁画（歙县）的认知数据解读

数据显示，歙县彩绘壁画全体被调查者对其历史文化价值赋值最高，为8.44，其次为艺术审美价值8.04，精神文化价值8.00，保护利用前景7.54和经济开发价值7.35，而认同度相对较低的价值维度则是科学技术价值7.32和社会和谐价值7.25，而对保护利用现状价值认同最低，赋值为6.60。这说明被调查者认为该项"非遗"传统文化有较高的历史文化价值，但当下受到的保护和传承程度不足。

从性别来看，男性对于歙县彩绘壁画的保护利用现状和前景较为乐观，对二者的赋值略高于女性。而在其他价值方面的赋值女性几乎都略高于男性，但赋值的起伏趋势相同，说明性别对于歙县彩绘壁画的几项价值的评价影响不大。

在年龄上，歙县彩绘壁画的被调查者普遍看重历史文化价值和艺术审美价值，其中30岁以下的被调查者对于艺术审美价值尤其重视，而大于50岁的被调查者相对更重视历史文化价值，这与个人的人生经历和所处的年龄状态相符。50岁以下的被调查者都对该项"非遗"的保护利用现状评价较低，但都看好其保护利用前景。

学历较高的大学本科、硕士及以上的被调查者对各项赋值都基本处于中间位置，说明该群体对问题的判断更理性，不会过分偏高或偏低。初中及以下学历的被调查者对各项的赋值都普遍偏低，可能是因为他们相对比较保守，而高职或大专学历的被调查者对各项的赋值相对偏高。无论哪个学历的群体都相对更重视歙县彩绘壁画的历史文化价值和艺术审美价值。除初中及以下学历的被调查者外,精神文化价值也被赋予了较高的评价,而对保护利用现状方面所有学历的被调查者都相对不看好。

从调查数据来看,历史文化价值和艺术审美价值仍然是被调查者普遍重视的方面。此外,国家机关、党群组织和其他企事业单位的被调查者对各项的评价赋值相差较少,都略高于学校及研究机构,这可能与学校及研究机构严谨保守的工作习惯有关,其他单位性质的被调查者对各项的赋值普遍较低。保护利用现状的赋值依旧是各项中最低的。

从不同职称的被调查者数据来看,除中级职称的被调查者外,各级职称的被调查者对各项所做的评价相差不大,都比较看重历史文化价值和艺术审美价值,对保护利用现状的评价相对较低,但对其保护利用前景比较看好。其中,中级职称的被调查者对保护利用现状和保护利用前景的评价都格外不看好。被调查者赋值相对较低的是科学技术价值。

通过不同维度的认知数据分析,大致可以形成如下结论:

(1)歙县彩绘壁画的被调查者普遍比较看中该"非遗"项目的历史文化价值和艺术审美价值,这与彩绘壁画的本身属性有关。它既是历史的传承,也属于艺术的范畴。

(2)保护利用现状是歙县彩绘壁画的被调查者普遍赋值最低的,说明被调查者认为对歙县彩绘壁画的保护利用方面有待提高。

(3)学历会影响被调查者对问题的判断标准,学历越高的被调查者所给出的结果相对越中肯。

(4)国家机关和其他企事业单位对歙县彩绘壁画的各项评价都比较接近,都略高于学校及研究机构,这可能与不同单位的被调查者的工作性质和所处环境有关。

十、对黄山(徽州)贡菊制作技艺(歙县)的认知数据分析

(一) 对黄山(徽州)贡菊制作技艺(歙县)的价值认知情况赋值表

对黄山(徽州)贡菊制作技艺(歙县)的价值认知情况赋值表如表4.10所示。

表4.10 对黄山(徽州)贡菊制作技艺(歙县)的价值认知情况赋值表

	历史文化价值	精神文化价值	科学技术价值	艺术审美价值	经济开发价值	社会和谐价值	保护利用现状	保护利用前景
全体	7.90	7.60	7.33	7.26	8.12	7.67	7.36	8.17
男	7.80	7.36	7.25	7.23	8.27	7.64	7.43	8.27
女	8.21	8.36	7.57	7.36	7.64	7.79	7.14	7.86
<30岁	9.25	8.00	7.00	6.75	8.50	8.00	7.75	8.00
30~49岁	7.57	7.43	6.97	6.97	7.83	7.53	6.97	8.00
50~69岁	7.84	7.63	7.63	7.70	8.50	7.54	7.58	8.21
>69岁	8.00	8.00	8.00	8.00	8.00	8.00	7.00	7.00
初中及以下	6.00	7.00	6.00	7.00	7.00	8.00	7.00	8.00
高中、中职或中专	6.33	6.33	6.17	5.83	7.33	7.50	6.67	7.67
高职或大专	8.00	7.88	7.88	7.86	9.00	7.38	7.75	8.25
大学本科	7.81	7.48	7.12	7.40	8.24	7.36	7.32	8.04
硕士及以上	8.26	7.95	7.58	7.32	8.00	7.95	7.21	8.16

续表

	历史文化价值	精神文化价值	科学技术价值	艺术审美价值	经济开发价值	社会和谐价值	保护利用现状	保护利用前景
国家机关、党群组织	8.20	8.22	8.00	8.00	8.22	8.00	7.78	8.33
学校及研究机构	8.06	7.59	7.59	7.12	8.12	7.71	7.24	8.24
其他企事业单位	7.74	7.70	7.26	7.30	8.19	7.70	7.52	8.22
离退休	8.00	8.00	8.00	8.00	8.00	8.00	7.00	7.00
其他	6.75	5.50	5.00	5.75	7.50	6.50	6.00	7.50
无技术职称	8.15	7.62	7.46	7.38	8.23	7.54	7.54	8.31
初级	8.33	8.00	6.33	8.67	8.33	7.33	8.00	8.33
中级	7.42	7.50	7.00	6.33	7.08	7.58	6.42	7.17
副高	8.20	7.85	7.70	7.55	8.80	8.10	7.65	8.70
正高	7.43	7.00	7.29	7.00	7.86	7.14	7.86	8.29

(二) 对黄山(徽州)贡菊制作技艺(歙县)的认知数据解读

数据显示,黄山贡菊制作技艺全体被调查者对其保护利用前景价值赋值最高,为8.17,其次为经济开发价值8.12,历史文化价值7.90,社会和谐价值7.67和精神文化价值7.60;而认同度相对较低的价值维度则是保护利用现状7.36和科学技术价值7.33,而对艺术审美价值认同最差,赋值为7.26。这说明被调查者认为该项"非遗"传统文化有较高的经济开发价值,但其制作技艺的科学技术价值与艺术审美价值不高。

从性别来看,男性被调查者更注重黄山贡菊制作技艺的经济开发价值和保护利用前景价值,而女性被调查者更注重黄山贡菊制作技艺的精神文化价值和历史文化价值,这可能与女性的思维方式比较感性有关。在黄山贡菊制作技艺的保护利用现状、保护利用前景和经济开发价值方面,男性相对女性都更为乐观,这可能与男性更看重经济开发价值从而看好其未来发展有关。

从年龄来看,30岁以下的被调查者更为重视黄山贡菊制作技艺的历史文化价值,认为黄山贡菊制作技艺的艺术审美价值和科学技术价值不高。30~49岁的被调查者对黄山贡菊制作技艺的保护利用现状更不满意,但同样看好其保护利用前景。50岁以上的被调查者认为黄山贡菊制作技艺的经济开发价值最高,同时认为其他方面的价值重要性差别不大。

从学历上来看,高职或大专学历的被调查者更加看重黄山贡菊制作技艺的经济开发价值,同时认为黄山贡菊制作技艺的社会和谐价值不高。大学本科和硕士及以上学历的被调查者除在黄山贡菊制作技艺的社会和谐价值的评价上有些许的分歧,在其他价值的评价上基本一致。除了初中及以下学历的被调查者外,其他学历的被调查者认为黄山贡菊制作技艺的历史文化价值、精神文化价值、科学技术价值和艺术审美价值的重要性差别不大,而初中及以下学历的被调查者对几项的评价起伏较大,这可能与他们没有一个清晰的评价标准有关。

除了离退休的被调查者外,其余职业的被调查者都更为重视黄山贡菊制作技艺的保护利用前景,其次便是黄山贡菊制作技艺的经济开发价值。学校及研究机构和其他企事业单位对黄山贡菊制作技艺各项价值的重要性评价都相差不大。其他职业的被调查者的各项评价数值都明显低于其他职业的被调查者,这可能是因为其所处的环境体系相对不严格,从而影响了其衡量标准。

由数据可以看出,初级职称的被调查者更注重黄山贡菊制作技艺的艺术审美价值,同时给予了科学技术价值最低的评价,这可能与其日常能接触的制作技艺很有限相关。正高、副高和无技术职称的被调查者对黄山贡菊制作技艺的各项指标评价较为一致,这可能与其能够较为全面地看待黄山贡菊制作技艺有关。除了初级职称和中级职称的被调查者外,其他职称的被调查者都赋予了经济开发价值和保护利用前景较高的数值。

通过不同维度的认知数据分析,大致可以形成如下结论:

(1)被调查者普遍认为黄山贡菊制作技艺的保护利用前景最高,这可能与黄山贡菊作为药品和商品的销售有关,其在活态传承和生产性保护方面做得较好,能够以市场经营形式传承下去。同时,被调查者普遍看好黄山贡菊制作技艺的经济开发价值,这可能是以其从业视角对该项"非遗"的认知为判断基础的。

(2)相对而言,被调查者对黄山贡菊制作技艺的科学技术价值、艺术审美价值和保护利用现状赋值较弱,说明黄山贡菊制作技艺尚未充分体现出其在科学技术、艺术审美方面的独特价值,需要在这两方面继续发力。保护利用现状赋值不高很可能与其保护政策和市场竞争有关,在利用方面做得比较好但在保护上做得不足,激烈的市场竞争让贡菊产品高度商业化,以市场利益为目标导向的生产经营行为冲淡了"非遗"的原真性。

(3)对此,首先需要多方共同发力,提升贡菊在健康调理、清心涤肺等方面科学性的大众化宣传,增强受众对其本身科学合理性及生活有用性的认知水平;其次需要提升其审美趣味性,增强其生活化融入水平,促进艺术审美价值的生活化延伸和融合;最后需要平衡黄山贡菊制作技艺"保护"与"利用"的度,加强市场监管力度,注重"非遗"源头性的原真性保护,在保护的基础上进行合理利用开发。

十一、对绿茶制作技艺(徽州区、黄山区)的认知数据分析

(一)对绿茶制作技艺(徽州区、黄山区)的价值认知情况赋值表

对绿茶制作技艺(徽州区、黄山区)的价值认知情况赋值表如表4.11所示。

表4.11　对绿茶制作技艺(徽州区、黄山区)的价值认知情况赋值表

	历史文化价值	精神文化价值	科学技术价值	艺术审美价值	经济开发价值	社会和谐价值	保护利用现状	保护利用前景
全体	8.72	8.22	7.88	7.73	8.62	8.03	7.83	8.68
男	8.65	8.00	7.80	7.63	8.67	7.91	7.83	8.65
女	8.93	8.93	8.14	8.07	8.43	8.43	7.86	8.79
<30岁	9.50	8.50	7.25	7.25	9.50	8.25	8.75	9.25
30~49岁	8.47	8.09	7.69	7.59	8.22	7.88	7.63	8.53
50~69岁	8.80	8.17	8.08	7.83	9.04	7.92	7.75	8.58
>69岁	9.00	9.00	9.00	9.00	9.00	9.00	7.00	7.00
初中及以下	8.00	7.00	8.00	6.00	7.00	8.00	9.00	8.00
高中、中职或中专	7.67	7.33	7.17	6.00	7.50	7.50	6.67	8.17
高职或大专	9.44	8.67	8.89	8.56	9.44	8.11	8.11	8.56
大学本科	8.48	7.81	7.38	7.58	8.65	7.69	7.69	8.42
硕士及以上	8.95	8.74	8.16	8.05	8.68	8.32	7.89	8.95

续表

	历史文化价值	精神文化价值	科学技术价值	艺术审美价值	经济开发价值	社会和谐价值	保护利用现状	保护利用前景
国家机关、党群组织	8.60	9.11	8.78	8.67	8.89	8.67	8.11	8.89
学校及研究机构	8.82	8.47	8.24	8.12	8.71	8.24	7.82	8.94
其他企事业单位	8.64	7.93	7.61	7.29	8.57	7.82	7.93	8.57
离退休	9.00	9.00	9.00	9.00	9.00	9.00	7.00	7.00
其他	8.00	6.75	5.75	6.50	7.75	7.00	6.75	8.25
无技术职称	8.62	8.31	8.00	7.92	8.69	8.00	8.00	8.77
初级	9.00	8.67	7.00	9.33	9.00	8.00	8.00	9.00
中级	8.67	8.17	7.75	7.33	8.17	8.25	7.58	8.58
副高	8.81	8.29	8.10	7.67	8.86	8.14	7.86	8.76
正高	8.86	8.14	8.00	7.71	8.57	7.86	8.29	8.71

（二）对绿茶制作技艺（徽州区、黄山区）的认知数据解读

总体来看，被调查者对绿茶制作技艺的历史文化价值最为看重，数值为8.72，其次是保护利用前景和经济开发价值，数值分别为8.68和8.62，相差不大，再次是精神文化价值、社会和谐价值和科学技术价值，保护利用现状和艺术审美价值数值较低。

从性别来看，除了在经济开发价值的评价以外，女性对于绿茶制作技艺的各项指标的评价数值均高于男性，尤其是在精神文化价值、社会和谐价值和艺术审美价值方面差距最大。男性更看重绿茶制作技艺的经济开发价值。无论是男性还是女性都认为绿茶制作技艺的保护利用现状不佳。

从年龄来看，小于30岁的被调查者比较看重绿茶制作技艺的历史文化价值、经济开发价值和保护利用前景，尤其不看好绿茶制作技艺的科学技术价值

和艺术审美价值。30岁以上的被调查者在对绿茶制作技艺各项指标的评价上基本一致,只是相对于30~49岁的被调查者来说,50岁以上的被调查者更看重绿茶制作技艺的经济开发价值,且二者对各项指标的评价数值之间的差距要小于30岁以下的被调查者。

从学历来看,除了初中及以下学历的被调查者外,其他学历的被调查者普遍对绿茶制作技艺的保护利用现状不够满意,而初中及以下学历的被调查者反而赋予了保护利用现状这一项较高的数值。硕士及以上学历的被调查者对各项指标的赋值折线较为平缓,折线起伏情况与大学本科学历的被调查者基本一致,且这两类被调查者对各项的赋值基本都处于几类被调查者赋值的中间位置,这可能与较高学历者有更成熟的衡量标准以及更为保守的习惯有关。

从单位性质来看,国家机关、党群组织群体更为看重绿茶制作技艺的精神文化价值,除保护利用现状外,对其他各项的重要程度评价差距不大,对绿茶制作技艺的保护利用现状评价不高。学校及研究机构与其他企事业单位被调查者的折线起伏基本一致,他们对各项指标的重要性排序基本一致。其他单位类型的被调查者比较看好绿茶制作技艺的保护利用前景,但对其他方面的数值都远低于其他单位性质的被调查者。离退休群体的被调查者由于数量较少不具有代表性。

除了初级职称的被调查者外,其他职称的被调查者的折线具有很高的重合度,他们都比较看重绿茶制作技艺的经济开发价值和历史文化价值,并对其保护利用前景比较看好。而初级职称的被调查者最为看重绿茶制作技艺的艺术审美价值,而对其科学技术价值的评价最低,这可能与其所接触到的工作对其形成的印象有关。

通过不同维度的认知数据分析,大致可以形成如下结论:

（1）被调查者对绿茶制作技艺的历史文化价值和保护利用前景最为看重，对其经济开发价值比较看好。一方面，可能与黄山市历史上中国名茶多、在国内外影响很大，绿茶在日常生活中给人以较高的存在感和较好的发展趋势的印象有关；另一方面，可能是绿茶制作技艺的生产性保护做得比较好，能够通过市场产品的形式获取活态传承的动力，具有较好的经济利用价值，因而其保护利用前景评价比较好。

（2）被调查者普遍对绿茶制作技艺的科学技术价值、艺术审美价值和保护利用现状赋值较弱，说明绿茶制作技艺在这几方面做得并不突出，没有让众多被调查者积极地认识到其价值。绿茶作为几大茶系的一种，蕴含的茶多酚和维生素对人体大有裨益，具有天然的健康养生和提神醒脑功效。不论是种植和培育，还是制作和生产，它都有较高的条件要求，可以说绿茶制作技艺本身就具有较强的科学性本质，因此对其开展制作技艺的知识科普和宣传教育十分必要，而现实状况恰恰是在这方面有所欠缺。

（3）从产品形态和功能上而言，绿茶不仅具有实用性的饮用功能，而且具有艺术审美的高层次功能，其艺术审美价值评价不高很可能是因为其审美功能延伸拓展不足，缺乏审美情趣的文创产品开发。绿茶制作技艺因为其经济开发价值较高，市场需求量大，能够以生产性保护传承方式自给自足，因此可能存在"重利用、轻保护"的现象，导致被调查者对其保护利用现状评价不高。对此，需要从加强绿茶制作技艺科学知识的宣传普及、开发文创产品实现审美趣味的功能延伸、强化保护意识加大传承群体的激励机制力度等多方面共同改进不足。

十二、对竹编(黄山区)的认知数据分析

(一) 对竹编(黄山区)的价值认知情况赋值表

对竹编(黄山区)的价值认知情况赋值表如表4.12所示。

表4.12 对竹编(黄山区)的价值认知情况赋值表

	历史文化价值	精神文化价值	科学技术价值	艺术审美价值	经济开发价值	社会和谐价值	保护利用现状	保护利用前景
全体	7.92	7.52	7.20	7.78	7.82	7.37	6.60	7.65
男	7.70	7.34	7.06	7.62	7.77	7.23	6.60	7.57
女	8.69	8.15	7.69	8.38	8.00	7.85	6.62	7.92
<30岁	9.25	9.00	6.50	8.25	8.75	8.25	8.00	8.75
30~49岁	7.70	7.33	7.09	7.73	7.55	7.12	6.30	7.45
50~69岁	8.00	7.52	7.43	7.74	8.09	7.43	6.74	7.70
>69岁	8.00	8.00	8.00	8.00	8.00	8.00	6.00	6.00
初中及以下	6.00	6.00	7.00	8.00	6.00	8.00	6.00	7.00
高中、中职或中专	6.75	6.75	6.63	7.25	6.75	7.13	5.88	6.75
高职或大专	8.75	8.75	7.63	8.50	8.25	7.75	6.88	7.75
大学本科	8.15	7.50	7.31	7.77	8.38	7.50	6.96	8.00
硕士及以上	7.83	7.44	7.11	7.67	7.44	6.94	6.22	7.39

续表

	历史文化价值	精神文化价值	科学技术价值	艺术审美价值	经济开发价值	社会和谐价值	保护利用现状	保护利用前景
国家机关、党群组织	8.50	8.13	8.00	7.50	8.50	7.88	7.38	8.25
学校及研究机构	7.31	7.19	6.94	7.50	7.50	6.75	5.88	7.44
其他企事业单位	8.03	7.43	7.20	7.97	7.73	7.47	6.67	7.60
离退休	8.00	8.00	8.00	8.00	8.00	8.00	6.00	6.00
其他	8.00	7.75	7.25	7.75	8.25	7.75	7.75	8.75
无技术职称	8.33	8.00	7.67	7.50	8.67	7.67	7.25	8.33
初级	8.00	7.67	7.00	7.33	7.33	7.67	7.33	7.00
中级	7.50	6.83	6.58	7.33	7.25	6.50	6.17	7.17
副高	8.19	7.71	7.24	8.14	7.81	7.76	6.43	7.67
正高	7.14	7.29	7.57	8.29	7.57	7.43	6.57	8.00

(二) 对竹编(黄山区)的认知数据解读

调查结果显示,竹编(黄山区)在全体被调查者中的整体价值认知情况如下:历史文化价值的赋值最高,为7.92;其次是经济开发价值,为7.82;再次为艺术审美价值,为7.78,保护利用前景,为7.65,精神文化价值,为7.52,社会和谐价值,为7.37,科学技术价值,为7.20,保护利用现状最低,为6.60。从数据上分析,竹编具有深厚的历史人文积淀,公众对于竹编的历史文化价值认同度最高;竹编目前的现实价值被开发得较好,在数据上首先主要体现在竹编经济开发价值的赋值仅次于历史文化价值,其次竹编的艺术审美价值也受到较高认同,但是数据也显现出竹编的保护利用现状不佳的现实。

从性别角度来看,女性对于竹编的整体价值认知是7.92,男性为7.36,无论是单项价值赋值还是整体价值认知,男性的认知分值均小于女性;在历史文化价值的赋值上,性别差异表现的最明显,二者赋值相差0.99,从性别的单项价值赋值中,历史文化价值的赋值最高(男性为7.70,女性为8.69),其次为艺术审美价值赋值(男性赋值为7.62,女性为8.38),再次为精神文化价值和保护利用前景,单项赋值均值同为7.75,其中男性赋值分别是7.34,7.57;女性赋值分别是8.15,7.92;保护利用现状的赋值最低(男性为6.60,女性为6.62);同时科学技术价值的赋值也较低(男性为7.06,女性为7.69)。数据表明,竹编的人文内涵受到男女两性的相对更高的认同,而科学技术的融入尚且不足,竹编的保护与利用也不足的可悲事实。

从年龄结构角度来看,69岁以上这个群体对于新安医学的整体价值认知为7.50,但是此群体样本量为1,故忽略不计。30~49岁、50~69岁这两个群体占总样本的90.7%,两个群体对于竹编的整体价值认知是7.28,7.58,差异较为明显,总体上50~69岁这个群体对于竹编的价值认知较高。从数据上看,被调查者对于竹编的整体价值认知与年龄呈现正相关,即年龄越大对于竹编的整体价值认知越高,年长者生活居住时间更久,平常生活也会更加关注非物质文化遗产等精神食粮,对于竹编的人文价值以及现实价值的认知要更加深刻。

从学历结构这一视角来看,初中及以下群体对竹编的整体价值赋值均值为6.75,此群体的样本量为1,故忽略不计。学历结构这一视角的赋值趋势和总体赋值相一致,即艺术审美价值和历史文化价值维度赋值最高,保护利用现状和科学技术价值维度赋值相对较低;在样本结构上,大学本科和硕士及以上两个群体的样本量占总样本量的69.3%,具有典型的代表意义,能够较真实地反映竹编的整体价值,这两个群体对于竹编的历史文化价值经济开发价值保护利用前景赋值较高,对于保护利用现状的赋值最低,可以看出竹编作为一种非物质文化遗产,保护利用现状并不理想。

从职业视角来看,离退休群体对于竹编的整体价值赋值均值为7.50,但是此群体的样本量仅为3,不具有典型性,故可以忽略不计。国家机关、党群组织的被调查者对于竹编的整体价值赋值最高,均值为8.02,此群体对于竹编的历史文化价值、经济开发价值以及保护利用前景的赋值较高(分别是8.50,8.50,8.25),这与国家机关组织的现实任务有关,尤其是2008年竹编经国务院批准列入第二批国家级非物质文化遗产名录中,政府更加重视竹编的保护;而学校及研究机构对于竹编的整体评价最低,赋值为7.06,此群体中对于竹编的艺术审美价值、经济开发价值的赋值赋值最高且一致为7.50,对于竹编的保护利用现状赋值最低,仅为5.88。总的来说,职业视角总体赋值趋势和被调查者总体趋势一致。

从不同职称结构来看,无技术职称群体对于竹编的整体价值认知最高,均值为7.93;其次是副高和正高,均值为7.62和7.48;初级和中级的整体价值认知较低,赋值也比较相近,分别为7.42和6.92。不同职称的被调查者对于竹编的历史文化价值认同度最高,均值为7.83;对于竹编的艺术审美价值以及经济开发价值赋值基本一致,均值分别为7.72,7.73。所以不同职称的被调查者对于竹编的几大维度的赋值情况基本和总体评价一致,历史文化价值、经济开发价值和艺术审美价值较高,对于保护利用现状和科学技术价值赋值较低。

通过不同维度的认知数据分析,大致可以形成如下结论:

徽州竹编始于唐宋,盛于明清,曾经具有非常高的工艺水准和全国影响。目前,黄山市博物馆还收藏多只清代的竹编考篮,均用竹制骨架,外用细篾编织成花纹,相当精致。竹编的历史文化价值在被调查者中受到的评价最高与此是相应的。竹编的艺术审美价值也获得较高赋值。

徽州竹编除了作为工艺品外,还有较高的实用价值。传世的明清竹编实物,以碗、杯、盘、瓶等为主,还有箧盒、书箱、礼盘、果盒等。徽州竹编制成产品有300多种,主要可分为:平面竹画、宫灯、花篮、花瓶、各种栩栩如生的鸟兽果罐及摆件等,这些具有较高的经济转化能力,其经济开发价值也颇受重视。

竹编虽已被列入"世界级非物质文化遗产",但是目前竹编的市场化生存现状和政府扶持力度均不够,竹编的市场化状态仍然只停留在售给游客和工艺美术市场这样零散的渠道中。虽然因其在艺术领域里时常绽放异彩,保护利用前景被看好,但其活态保护现状和多数民间零散消费的非物质文化遗产一样并不佳。

十三、对太平曹氏宣纸制作技艺(黄山区)的认知数据分析

(一) 对太平曹氏宣纸制作技艺(黄山区)的价值认知情况赋值表

对太平曹氏宣纸制作技艺(黄山区)的价值认知情况赋值表如表4.13所示。

表4.13 对太平曹氏宣纸制作技艺(黄山区)的价值认知情况赋值表

	历史文化价值	精神文化价值	科学技术价值	艺术审美价值	经济开发价值	社会和谐价值	保护利用现状	保护利用前景
全体	8.08	7.73	7.60	7.46	7.88	7.52	7.02	7.87
男	8.00	7.53	7.61	7.36	8.06	7.33	7.17	7.94
女	8.33	8.33	7.58	7.75	7.33	8.08	6.58	7.64

续表

	历史文化价值	精神文化价值	科学技术价值	艺术审美价值	经济开发价值	社会和谐价值	保护利用现状	保护利用前景
<30岁	8.33	8.67	6.67	6.67	8.00	7.67	7.00	7.50
30~49岁	8.21	7.92	7.58	7.58	7.71	7.25	6.79	7.75
50~69岁	7.95	7.33	7.71	7.29	8.10	7.67	7.24	8.00
>69岁	8.00	8.00	8.00	8.00	8.00	8.00	6.00	6.00
初中及以下								
高中、中职或中专	8.00	7.25	7.00	6.50	7.00	6.25	6.00	7.00
高职或大专	8.80	8.40	8.60	8.20	9.20	7.40	7.00	8.40
大学本科	8.13	7.70	7.87	7.57	8.13	7.74	7.43	8.04
硕士及以上	7.88	7.65	7.06	7.18	7.41	7.41	6.59	7.50
国家机关、党群组织	8.83	8.67	8.17	8.50	8.67	8.17	7.17	8.67
学校及研究机构	7.73	7.60	7.20	7.07	7.67	7.27	6.60	7.80
其他企事业单位	8.23	7.59	7.73	7.50	7.86	7.59	7.32	7.90
离退休	6.50	6.50	6.50	6.50	6.50	6.50	5.50	5.50
其他	8.33	8.33	8.33	7.67	8.33	7.67	7.67	8.00
无技术职称	8.45	8.45	8.00	8.00	8.45	7.82	7.27	8.27
初级	8.00	8.00	7.33	7.00	7.00	7.00	7.00	7.67
中级	7.67	7.50	7.08	7.58	7.58	7.33	6.58	7.09
副高	8.19	7.38	7.69	7.13	7.81	7.69	7.00	8.00
正高	7.75	7.75	8.00	7.50	8.25	7.50	8.00	8.50

(二) 对太平曹氏宣纸制作技艺(黄山区)的认知数据解读

调查结果显示,太平曹氏宣纸制作技艺(黄山区)在全体被调查者中的整体价值认知情况如下:历史文化价值赋值最高,为8.08;其次是经济开发价值和保护利用前景,二者的赋值基本一致(分别为7.88和7.87);再次为精神文化价值赋值为7.73;保护利用现状赋值最低,为7.02;科学技术价值、社会和谐价值和艺术审美价值的赋值分别是7.60、7.52和7.46。从数据上分析,太平曹氏宣纸制作技艺具有深厚的历史文化积淀,公众对其历史文化价值、精神文化价值的认同度都相对较高;同时,太平曹氏宣纸制作技艺具有较好的经济转化能力,经济开发价值较高;但数据也显示了太平曹氏宣纸制作技艺的保护利用现状不佳的事实,这也是"非遗"项目存在的通病。

调查数据显示,从性别角度来看,男性对于太平曹氏宣纸制作技艺的整体认知为7.63,略低于女性的7.70,在精神文化价值的赋值上,性别差异最大,二者赋值相差0.80。此外,男性对于太平曹氏宣纸制作技艺的科学技术价值、经济开发价值、保护利用现状、保护利用前景的赋值高于女性(分别高于女性0.03、0.73、0.59、0.30)。在八项价值认知上,男性对于经济开发价值的赋值最高,为8.06,其次是历史文化价值,为8.00。女性对于太平曹氏宣纸制作技艺的历史文化价值、精神文化价值、艺术审美价值、社会和谐价值的赋值高于男性(分别高于男性0.33、0.8、0.39、0.75)。在八项价值认知上,女性对于历史文化价值、精神文化价值赋值最高,均为8.33,其次是社会和谐价值赋值为8.08。由此可看出,男性更偏向于对太平曹氏宣纸制作技艺的现实价值赋以高值,而女性则更偏向于对太平曹氏宣纸制作技艺的人文精神内涵给予较高的评价。

从年龄结构角度来看,69岁以上这个群体对于太平曹氏宣纸制作技艺的整体价值认知为7.50,但是此群体样本量为1,故忽略不计。30~49岁、50~69岁这两个群体占总样本的90.7%,具有典型价值,两个群体对于太平曹氏宣纸制作技艺的整体价值认知分别是7.60,7.66,差异并不明显,体现出两个群体对于太平曹氏宣纸制作技艺的整体价值认知具有一致性,且50~69岁这个群体对于太平曹氏宣纸制作技艺的价值认知较高。在历史文化价值、经济开发价值、保护利用前景这三方面两个群体赋值具有一致性——在本群体内部分值都相对较高(8.21,7.95;7.71,8.10;7.75,8.00)。在保护利用现状、艺术审美价值这两方面两个群体赋值相对较低(6.79,7.24;7.58,7.29)。

从学历结构这一视角来看,高中、中职或中专以及高职或大专、大学本科、硕士及以上群体对于太平曹氏宣纸制作技艺的整体认知赋值为6.88,8.25,7.83,7.34,样本量分别为10,11,31,21,占总样本量的97.3%,这四个群体对于历史文化价值的认同度最高(分别为8.00,8.80,8.13,7.88),其次为经济开发价值(分别为7.00,9.20,8.13,7.41);对于保护利用前景的赋值也相对较高(分别为7.00,8.40,8.04,7.50);对于太平曹氏宣纸制作技艺的社会和谐价值评价最低(分别为6.25,7.40,7.74,7.41),这四个群体对于太平曹氏宣纸制作技艺的整体价值认知赋值趋势与调查全体赋值趋势一致。

从职业视角来看,国家机关、党群组织对于太平曹氏宣纸制作技艺的整体价值认知最高,均值为8.36,此群体对于太平曹氏宣纸制作技艺的历史文化价值赋值最高,为8.83,对于太平曹氏宣纸制作技艺的精神文化价值、经济开发价值、保护利用前景的赋值相一致,均为8.67;离退休群体对于徽菜的整体价值认知最低,均值为6.25,但是此群体样本量仅为3,故不具有代表性。学校及研究机构、其他企事业单位对于太平曹氏宣纸制作技艺的整体评价也较高(分别为7.37,7.72),学校及研究机构对于太平曹氏宣纸制作技艺的保护利用前景认知度最高,赋值为7.80,而其他企事业单位对于太平曹氏宣纸制作技艺的历史文化价值赋值最高,为8.23。

从不同职称结构来看,无技术职称群体对于太平曹氏宣纸制作技艺的整体价值认知最高,均值为8.09;其次是正高和副高群体,均值为7.91和7.61;初级和中级群体的整体价值认知较低,赋值也比较相近,分别为7.38和7.30。不同职称的被调查者对于太平曹氏宣纸制作技艺的历史文化价值认同度最高,均值为8.01;其次对于太平曹氏宣纸制作技艺的保护利用前景认同度也较高为7.91;再次,不同职称结构的被调查者对于太平曹氏宣纸制作技艺的精神文化价值以及"保经济开发价值"赋值一致,均值为7.82,所以不同职称的被调查者对于太平曹氏宣纸制作技艺的几大维度的赋值情况基本和总体评价一致,历史文化价值、保护利用前景、精神文化价值和经济开发价值赋值较高,对于保护利用现状和艺术审美价值赋值较低。

通过不同维度的认知数据分析,结合相关研究信息,大致可以形成如下结论:

宣纸原产于安徽宣城市的泾县,发源地在泾县小岭村。太平曹氏宣纸制作技艺即是泾县宣纸的制作技艺,按照严格定义,宣纸是指采用安徽省泾县及周边地区的青檀树皮和沙田稻草,不掺杂其他原材料,利用泾县地区独有的山泉水,按照传统工艺方法制作而成的高级艺术用纸。曹氏宣纸制作技艺始于宋代,目前已传到曹氏第27代后裔。因而调查中对于该技艺的历史文化价值的赋值最高。

现今,泾县曹氏宣纸传人在太平或传授技艺,或自办纸厂。黄山市黄山区(即原太平县)境内仍有罗村宣纸厂、浮溪宣纸厂、谭家桥书画纸厂、新纪元纸业有限公司、白天鹅宣纸文化苑有限公司等企业生产宣纸与书画纸,传承着宣纸与书画纸文化。曹氏宣纸制作技艺的经济转化能力较高,经济开发价值也受到了较高的认同。

在保护利用现状方面,和众多非物质文化遗产一样,曹氏宣纸制作技艺的保护和利用现状不佳,此次调查也表现出这个令人担忧的事实。在科学技术价值和艺术审美价值这两方面,曹氏纸制作技艺的评价也不高。曹氏宣纸制作技艺作为一种传统的宣纸制作方法,随着科学技术的发展,曹氏后裔如何在保护古法原汁原味的基础上更好地将合适的科学技术融入其中,提高其品质和艺术审美,是一个很现实的问题。

十四、对郭村周王会(黄山区)的认知数据分析

(一) 对郭村周王会(黄山区)的价值认知情况赋值表

对郭村周王会(黄山区)的价值认知情况赋值表如表4.14所示。

表4.14 对郭村周王会(黄山区)的价值认知情况赋值表

	历史文化价值	精神文化价值	科学技术价值	艺术审美价值	经济开发价值	社会和谐价值	保护利用现状	保护利用前景
全体	8.00	7.61	6.77	7.13	6.58	7.52	6.65	7.17
男	7.96	7.39	6.48	7.04	6.48	7.22	6.70	7.04
女	8.13	8.25	7.71	7.38	6.88	8.38	6.50	7.57

续表

	历史文化价值	精神文化价值	科学技术价值	艺术审美价值	经济开发价值	社会和谐价值	保护利用现状	保护利用前景
<30岁	6.50	8.50	5.00	5.00	4.50	7.50	4.50	4.00
30~49岁	7.46	7.31	6.08	6.77	6.38	7.08	6.38	6.77
50~69岁	8.63	7.75	7.44	7.69	7.00	7.88	7.13	7.69
>69岁								
初中及以下								
高中、中职或中专	8.00	7.00	7.00	7.00	7.00	7.00	6.00	6.00
高职或大专	8.00	7.33	7.67	6.67	7.67	7.67	8.00	8.00
大学本科	8.67	7.89	7.39	7.78	7.17	7.78	7.17	7.61
硕士及以上	6.67	7.22	5.00	6.00	5.00	7.00	5.22	6.00
国家机关、党群组织	8.50	8.50	8.00	8.50	8.00	8.25	8.00	8.25
学校及研究机构	6.71	6.57	5.00	5.71	5.29	6.14	5.00	6.14
其他企事业单位	8.35	7.76	7.13	7.35	6.65	7.94	6.88	7.38
离退休								
其他	8.33	8.00	7.33	7.33	7.33	7.33	7.33	7.00
无技术职称	8.25	8.13	7.38	8.00	7.63	7.75	7.25	7.50
初级	7.50	8.00	7.50	7.50	6.00	8.00	7.00	7.50
中级	7.00	7.13	5.57	5.75	5.25	6.88	5.50	6.00
副高	9.22	8.00	7.22	7.89	7.11	8.00	7.22	7.67
正高	6.67	6.00	5.67	5.67	5.67	6.67	5.67	7.00

(二) 对郭村周王会(黄山区)的认知数据解读

调查结果显示,郭村周王会(黄山区)在全体被调查者中的整体价值认知情况如下:其历史文化价值的赋值最高,为8.00,其次是精神文化价值,为7.61,

再次为社会和谐价值,为7.52,保护利用前景,为7.17,艺术审美价值,为7.13,科学技术价值,为6.77,保护利用现状,为6.65,经济开发价值最低,为6.58。从数据上分析,郭村周王会具有深厚的历史人文积淀,公众对于郭村周王会的历史文化价值赋值最高;郭村周王会目前的现实价值被开发得较差,在数据上主要体现在郭村周王会经济开发价值的赋值最低,保护利用现状和保护利用前景同样评价较低,反映出郭村周王会的现实价值开发较低的现状。

从性别角度来看,女性对于郭村周王会的整体价值认知是7.60,男性则是7.04,无论是单项价值赋值还是整体价值认知的均值,男性的认知分值大多数小于女性;其中在科学技术价值方面,性别间的差距显著,女性为7.71,男性则低为6.48。从性别的单项价值赋值中,历史文化价值、精神文化价值、社会和谐价值在八类价值中赋值较高(女性为8.13,8.25,8.38;男性为7.96,7.39,7.22),但是男性和女性对于保护利用现状和经济开发价值的赋值较低,这说明郭村周王会目前的受保护程度并不理想,且在经济转化上受开发较少,其现实价值未得到男女两性的认同。

从年龄结构角度来看,30~49岁、50~69岁这两个群体占总样本的90.7%,两个群体对郭村周王会的整体价值认知是6.78和7.65,差异较为明显,总体上50~69岁这个群体对于郭村周王会的整体价值认知较高。在八项价值中,精神文化价值赋值最高,为7.85,其次是历史文化价值赋值,为7.53;对于郭村周王会的经济开发价值赋值最低,仅为5.96。从数据上看,被调查者对于郭村周王会的整体价值认知与年龄呈现正相关,即年龄越大对于郭村周王会的整体价值认知越高,可以看出年长者对于郭村周王会的认知度要整体高于年轻人。年长者生活居住时间更久,对于当地文化的了解热情和时间都相对更加丰富,因而对于郭村周王会的人文价值以及现实价值的认知要更加深刻。

从学历结构这一视角来看,该项赋值趋势和总体赋值相一致,即历史文化价值、精神文化价值、社会和谐价值三个维度的赋值相对较高,保护利用现状和经济开发价值两个维度的赋值相对较低;在样本结构上,大学本科和硕士及以上两个群体的样本量占总样本量的69.3%,具有典型的代表意义,能够较真实地反映郭村周王会的整体价值,这两个群体对于郭村周王会的历史文化价值、精神文化价值和社会和谐价值赋值较高,对于经济开发价值的赋值最低,可以看出郭村周王会作为一种非物质文化遗产,保护利用现状和经济转化程度并不理想。

从职业视角来看,国家机关、党群组织对于郭村周王会的整体价值赋值最高,均值为8.25,此群体对于郭村周王会的历史文化价值、精神文化价值以及艺术审美价值的赋值最高,均为8.50;而学校及研究机构对于郭村周王会的整体赋值最低,均值为5.82,此群体中对于郭村周王会的历史文化价值赋值最高,为6.71,其次为精神文化价值赋值,为6.57,对于郭村周王会的科学技术价值、保护利用现状的赋值最低,均为5.00。不同职业的被调查者的赋值趋势和被调查者总体趋势一致,但同时反映出郭村周王会除经济开发价值和保护利用现状不佳的情况外,其科学技术的融入与创新也同样不容乐观。

从不同职称结构来看,副高职称的被调查者对于郭村周王会的整体价值认知最高,均值为7.79;其次是无技术职称和初级职称的被调查者,均值为7.74和7.38;正高和中级职称的被调查者的整体价值认知较低,赋值也比较相近,分别为6.13和6.14。不同职称的被调查者对于郭村周王会的历史文化价值认同度最高,均值为7.73;对于郭村周王会的精神文化价值以及社会和谐价值赋值基本一致,均值分别为7.45,7.46。所以不同职称的被调查者对于郭村周王会的八项评价的赋值情况基本和总体评价一致,历史文化价值精神文化价值和社会和谐价值较高,对于保护利用现状、经济开发价值和科学技术价值赋值较低。

通过不同维度的认知数据分析,大致可以形成如下结论:

由于只是一个偏僻小村及其周边有限区域的"非遗"项目,郭村周王会的流行面和品牌知晓度不高,被调查者对于此项非物质文化遗产的认知度较低。郭村坐落在黄山区的西南边陲,位于从黄山西大门去往黟县宏村、西递旅游的218省道黄金线上,与世界文化遗产地宏村接壤,具有较高的历史文化价值和精神文化价值开发潜力。

此项目除却郭村每年的旅游群体可转化为经济价值外,尚无其他的转化能力和渠道,当地政府对于此项目的宣传和保护推广力度也严重不足。

十五、对"非遗"保护利用问题的认知数据分析

(一) 对"非遗"保护利用问题的认知频次表(东片区)

对"非遗"保护利用问题的认知频次赋值表(东片区)如表4.15所示。表中数据为东片区被调查者对目前黄山市及所辖县(区)"非遗"保护利用存在的主要问题的选择率(限选三项)。表中横轴序号分别代表:问题1. 缺少"非遗"整体性保护利用规划;问题2. 政府"非遗"保护利用投入太少或政策落实不到位;问题3. "非遗"保护、利用制度规范不健全;问题4. "非遗"有关原材料短缺;问题5. "非遗"生产性保护不力或产品市场前景不好;问题6. "非遗"过度开发或过度商业化;问题7. 公众保护意识不强或年轻人不愿意继承"非遗"工

作;问题8.其他。

表4.15 对"非遗"保护利用问题的认知赋值表(东片区)

	1	2	3	4	5	6	7	8
全体	58.33	58.33	37.50	16.67	34.72	18.06	72.22	1.39
男	61.82	58.18	36.36	16.36	34.55	14.55	70.91	0.00
女	43.75	56.25	37.50	18.75	31.25	31.25	75.00	6.25
<30岁	40.00	20.00	80.00	20.00	20.00	40.00	80.00	0.00
30~49岁	55.26	63.16	36.84	15.79	34.21	13.16	73.68	2.63
50~69岁	67.86	57.14	32.14	14.29	39.29	21.43	67.86	0.00
>69岁	0.00	100.00	0.00	100.00	0.00	0.00	100.00	0.00
初中及以下	100.00	100.00	0.00	0.00	0.00	0.00	100.00	0.00
高中、中职或中专	66.67	66.67	33.33	0.00	11.11	22.22	88.89	0.00
高职或大专	80.00	80.00	30.00	10.00	70.00	20.00	30.00	0.00
大学本科	54.84	54.84	38.71	25.81	29.03	16.13	74.19	0.00
硕士及以上	47.62	47.62	42.86	14.29	38.10	19.05	80.95	4.76
国家机关、党群组织	81.82	54.55	36.36	9.09	54.55	0.00	54.55	0.00
学校及研究机构	61.11	44.44	38.89	5.56	50.00	16.67	72.22	5.56
其他企事业单位	50.00	64.71	44.12	17.65	17.65	23.53	76.47	0.00
离退休	33.33	66.67	0.00	66.67	33.33	0.00	100.00	0.00
其他	60.00	40.00	20.00	40.00	20.00	40.00	80.00	0.00
无技术职称	60.00	53.33	46.67	26.67	33.33	6.67	60.00	0.00
初级	0.00	33.33	33.33	33.33	33.33	66.67	100.00	0.00
中级	37.50	62.50	37.50	12.50	37.50	31.25	75.00	6.25
副高	59.09	68.18	22.73	18.18	31.82	13.64	81.82	0.00
正高	87.50	37.50	50.00	0.00	12.50	25.00	75.00	0.00

（二）对"非遗"保护利用问题的认知数据解读

就"被调查者对'非遗'保护利用问题的价值认知"问题的整体选择趋势上，对问题7的关注居于首位，选择率为72.22%，反映了即使拥有千年徽州文化深厚底蕴积淀和极高代表性地位，徽州"非遗"保护仍然没有演化为公众文化自觉的现实，对其保护的意识依然有待系统性加强。非物质文化遗产的保护和传承需要长期的沉淀，与现代青年的生活方式和价值追求在一定指向上冲突明显，年轻人的积极性如何激发与培养是个棘手问题。

对问题1和问题2的关注居其次，均为58.33%的选择率，反映了徽州非物质文化遗产体量庞大，分布广泛，且特点不一，导致其保护过程中利益协调和管理头绪繁杂的局面经常性出现，因此迫切需要在"徽州文化生态保护区"的框架下出台相关的整体性保护和利用规划，以协调和统一徽州非物质文化遗产保护的可持续事业。

居于第三位的是对问题3的关注，选择率为37.50%；居于第四位的是对问题5的关注，选择率为34.72%，二者均为目前徽州非物质文化遗产保护中相对具体的问题，但从选中率来看二者并不突出。

对问题6和问题4的关注则相对较少，仅有18.06%和16.67%，这似乎是被调查者认知中徽州非物质文化遗产保护的非典型问题，所以关注度较低。

从被调查者的年龄维度观察（因69岁以上只有1人不具代表性，故排除），30岁以下的被调查者对问题3和问题7关注度最高，其中对问题3的关注与整体差异最为明显，而30～49岁年龄段和50～69岁年龄段的被调查者对问题1和2的关注度相反，前者对问题2更加关注，而后者对问题1选择率较高，其他均与整体趋势一致。

从被调查者的学历层次维度观察（因初中及以下只有一位被调查者，不具代表性，故排除，高职或大专层次的被调查者对各项问题的关注与整体趋势差异较大，其中对问题1和问题2最为关注，选择率都为80%，其次为问题5，选择率为70%，对整体样本最为关注的问题7，关注度偏低，只有30%，而除去高职和大专群体，各群体对相关问题的关注呈现一定的规律性，如对问题1和问题2的关注则与学历呈反比的趋势，而对问题3和问题5的关注则与学历呈正比趋势。

就被调查者职业层次维度来看（因退休人员数据仅为1，不具有代表性，故忽略），国家机关、党群组织对各项问题的关注与其他群体及整体趋势具有极大的差异，他们对问题1的关注极高，选择率为81.82%，对问题2、问题7及问题5则具有相同的关注度，选择率都为54.55%，对问题6的关注度为0.00，从其身份分析，呈现典型的政策视角，即该群体对政策层面的问题，本能地突出关注学校及研究机构除了对问题1和问题2关注稍有差异之外，均与其他人员一样，与整体呈一致的趋势。

就被调查者的职称层次维度观察（初级数据不具有代表性，故排除），正高层次的被调查者对问题1的关注非常高，而对问题4并不关注，这体现了与前述国家机关、党群组织人员一样的关注特点，二者对徽州非物质文化遗产保护均有政策领域的敏感度，除此之外，副高人员对问题7和问题2给予了更高的关注，其他则与整体呈现一致特征。

总体而言，在徽州"非遗"保护和利用相关问题的认知选择方面，整体反映了徽州"非遗"保护面临的现实处境：作为地域文化的典型代表，徽州"非遗"仍然面临的是公众保护意识提升为文化自觉的核心问题；人才流失和保护措施的协调不足成为制约徽州非物质文化遗产保护的首要问题。当然，在对这些问题认知的过程中,不同层次和地位被调查者的认知角度,对具体问题也是不同的,国家机关、党群组织和正高职称被调查者主要是从政策视角来关注,而学历和年龄都偏低的被调查者则更加关注徽州非物质文化遗产保护的现实问题。

十六、对"非遗"保护措施的建议

(一) 对"非遗"保护措施的建议情况频次表(东片区)

对"非遗"保护措施的建议情况赋值表(东片区)如表4.16所示。表中数据为被调查者对政府应该出台哪些"非遗"保护措施的选择率(限选三项)。表中横轴序号分别代表:建议1.资助"非遗"传承人参加展会;建议2.鼓励"非遗"项目与现代技术融合发展;建议3.政府加大"非遗"保护传承的资金扶持力度;建议4.出资建立完善"非遗"传习所等机构;建议5.奖励艺术家拍摄"非遗"专题宣传片;建议6.支持和鼓励"非遗"生产性保护;建议7.其他。

表4.16 对"非遗"保护措施的建议情况赋值表(东片区)

	1	2	3	4	5	6	7
全体	37.14	58.57	70.00	42.86	22.86	62.86	0.00
男	40.74	55.56	72.22	44.44	20.37	59.26	0.00

续表

	1	2	3	4	5	6	7
女	25.00	68.75	62.50	37.50	31.25	75.00	0.00
<30岁	0.00	60.00	60.00	60.00	40.00	80.00	0.00
30～49岁	42.11	60.53	71.05	34.21	18.42	65.79	0.00
50～69岁	35.71	60.71	71.43	46.43	25.00	53.57	0.00
>69岁	100.00	0.00	100.00	100.00	0.00	0.00	0.00
初中及以下	100.00	0.00	100.00	0.00	0.00	100.00	0.00
高中、中职或中专	77.78	0.00	88.89	44.44	33.33	55.56	0.00
高职或大专	45.45	54.55	81.82	18.18	36.36	54.55	0.00
大学本科	30.00	73.33	63.33	43.33	16.67	63.33	0.00
硕士及以上	23.81	71.43	66.67	52.38	19.05	61.90	0.00
国家机关、党群组织	9.09	90.91	81.82	27.27	18.18	63.64	0.00
学校及研究机构	33.33	77.78	50.00	44.44	22.22	66.67	0.00
其他企事业单位	39.39	48.48	72.73	36.36	27.27	69.70	0.00
离退休	100.00	0.00	100.00	100.00	0.00	0.00	0.00
其他	40.00	60.00	80.00	60.00	20.00	40.00	0.00
无技术职称	26.67	80.00	66.67	26.67	20.00	66.67	0.00
初级	33.33	33.33	100.00	33.33	0.00	100.00	0.00
中级	18.75	68.75	62.50	50.00	18.75	75.00	0.00
副高	45.45	40.91	77.27	54.55	22.73	54.55	0.00
正高	71.43	42.86	57.14	28.57	14.29	85.71	0.00

（二）对"非遗"保护措施的建议的认知数据解读

就被调查者对"非遗"保护措施的建议问题上，被调查者整体对建议的重视程度按顺序首先是建议3,选择率为70%;其次为建议6,选择率为62.86%;第三则为建议2,选择率为58.57%;而建议4和建议1的关注相对居中,选择率分别为42.86%和37.14%;建议5的关注度则相对较低,为22.86%。

数据反映出即使目前在国内极具典型性和代表性,受到很多倾斜性支持的徽州"非遗"保护,"非遗"保护资金扶持问题仍然是最基础性的问题,而生产性保护的问题已成为目前徽州"非遗"保护的重要方式;与之相关的建议2和建议4重要性则要弱一些,而建议1和建议5则并不被大多数人看好,选择率偏低。

值得注意的是,在整体被调查者当中,女性对不同问题提出建议的关注与男性乃至整体趋势差异较大。女性主要关注建议6和建议2,而整体共同关注度高的建议3在女性选择率则排在第三,为62.5%;与之对应的是,女性对建议5的支持则比男性和整体要高,对整体中等关注的建议1,女性关注最低,这体现了徽州"非遗"保护中重要的女性主义视角差异。

就被调查者的学历层次维度观察(初中及以下,因样本为1故排除),除高中、中职或中专层次对建议1关注度偏高之外,其他均与整体一致,但就不同问题的特征而言,比如对建议1的关注随学历层次呈反比倾向,学历越低对建议1的支持率越高。值得关注的是,高中、中职或中专的被调查者对建议2的选择率为0.00,反映了学历层次对技术问题的理解和视野约束。

就被调查者的职业结构观察,不同职业结构的群体对徽州"非遗"保护建议的支持差异也很明显。国家机关、党群组织群体对建议2最为关注,其次为建议3和建议6,这些都是政策性维度的建议,能反映其职业特点,而对其他群体中等关注的建议1则关注最少,只有9.09%的选择率。学校及研究机构群体则对建议2和建议6的支持最为明显,其他则与整体呈现一致特征。

就被调查者职称层次维度观察,除无职称群体对建议2关注最高为80%

外,差异较大;正高群体对建议6和建议1的关注明显,中级群体则相反,对建议6和建议2的关注度最高,而对建议1的关注度只有18.75%,是所有群体中最低的。

徽州文化是一个极具地方特色的区域文化,其内容广博,内涵也十分丰富,徽州文化典型体现在徽州大量分布广泛的非物质文化遗产当中,被调查者整体上似乎仍认为"非遗"还应以政府为主体大力扶植,解决基本生存发展问题。而在这个过程中,被调查者在学历水平和职业层次的差异决定其关注"非遗"保护的焦点不同,国家机关和党群群体更倾向于从政策层面去提出和支持相关的保护措施;学历层次和职称较高的群体也有类似特征,对非物质文化遗产保护的项目与现代技术融合的问题也更为关注。但低学历层次和女性群体则更倾向于从现实和更感性的层面解决基本生存问题,徽州非物质文化遗产保护的资金、生产性保护与现代技术融合发展问题是这部分群体更多考虑的核心问题,而对徽州"非遗"传人具体的培训资助、建立"非遗"传习所和奖励艺术家拍摄"非遗"专题宣传片等相对很具体的问题,关注度并不是很高。

当然,徽州"非遗"保护并不仅仅包含这些问题,随着徽州文化生态保护实验区架构的优化完善和实践推进,徽州非物质文化遗产保护应该更能呈现精准化和高执行度的特征,涌现出更多的"非遗"保护创新建议和举措,共同促进徽州"非遗"保护和徽州文化生态区建设协调发展,使徽州文化发扬光大。

第五章
徽州文化生态保护实验区西片区"非遗"活态保护评估的实证分析

徽州文化生态保护实验区西片区包括黄山市休宁县、祁门县、黟县和屯溪区。西片区被评估的"非遗"项目共计42项,地域涵盖休宁县、祁门县、黟县和屯溪区,被评估的"非遗"项目也包括黄山市级保护的12项"非遗"项目。本研究共采集了西片区72份专家调查问卷。因问卷填写的不完整性,西片区统计数据存在部分缺失,其中性别栏有3人未填写,单位栏有1人未填写,职称栏有9人未填写。从被调查者人口学信息看,在年龄上,以30~49岁为主(41人,占56.9%);在单位性质上,以其他企事业单位为主(26人,占36.1%),其次为学校及研究机构(19人,占26.4%);在学历层次上,以大学本科以上学历为主(50人,占69.4%);在职称上,以副高职称为主(22人,占30.6%),其次为中级职称(18人,占25%)。就"非遗"在徽州文化生态保护价值的认知看,六项价值指标(历史文化价值、精神文化价值、科学技术价值、艺术审美价值、经济开发价值和社会和谐价值)分值区间为0~10.00,分值大小代表被调查者对其保护价值重要性的判断,数值越大表示越重要,越小表示越不重要。在对西片区部分国家和省级"非遗"的价值评价时,除六项价值指标外,增加保护利用现状、保护利用前景两项指标,每项指标满分为10.00分,分值越高说明该指标反映的价值越高,或现状与前景越好。西片区部分"非遗"活态保护评估调查结果如下。

一、对"非遗"在徽州文化生态保护价值上的认知数据分析

(一)对"非遗"在徽州文化生态保护价值上的价值认知情况赋值表

对"非遗"在徽州文化生态保护价值上的价值认知情况赋值表如表 5.1 所示。

表 5.1 对"非遗"在徽州文化生态保护价值上的价值认知情况赋值表

	历史文化价值	精神文化价值	科学技术价值	艺术审美价值	经济开发价值	社会和谐价值
全体	8.51	8.17	7.44	8.10	7.84	7.49
男	8.61	8.15	7.87	8.30	7.91	7.57
女	8.24	8.24	6.29	7.53	7.65	7.29
<30岁	8.14	6.71	5.43	6.86	7.86	5.86
30~49岁	8.62	8.38	7.49	8.24	7.78	7.76
50~69岁	8.60	8.50	8.35	8.55	8.30	7.85
>69岁	7.00	7.50	6.50	6.50	5.50	7.00
初中及以下	9.00	9.00	9.00	9.00	9.00	9.00
高中、中职或中专	9.00	8.88	8.00	8.50	7.88	7.38
高职或大专	8.30	8.10	7.90	7.90	7.60	7.20
大学本科	8.40	8.14	7.31	8.14	7.91	7.66
硕士及以上	8.67	8.00	7.25	8.00	7.92	7.58

续表

	历史文化价值	精神文化价值	科学技术价值	艺术审美价值	经济开发价值	社会和谐价值
国家机关、党群组织	8.81	8.25	7.88	8.50	7.88	7.69
学校及研究机构	8.59	7.94	7.12	8.06	7.82	7.35
其他企事业单位	8.31	8.35	7.77	8.12	8.15	7.96
离退休	7.67	8.00	7.00	7.33	6.67	6.33
其他	9.00	8.33	6.00	7.67	6.67	5.67
无技术职称	8.25	7.81	6.69	7.69	8.25	7.00
初级	8.50	8.50	6.50	8.50	6.50	9.00
中级	8.50	8.36	7.43	7.79	7.43	7.21
副高	8.75	8.40	8.45	8.70	8.55	8.10
正高	8.80	8.20	7.20	9.00	7.00	7.00

（二）对"非遗"在徽州文化生态保护价值上的认知数据解读

调查数据显示，西片区被调查者对"非遗"在徽州文化生态保护价值的认知，按重要性大小排序依次为：历史文化价值、精神文化价值、艺术审美价值、经济开发价值、社会和谐价值和科学技术价值。由此可见，历史文化价值是"非遗"最重要的价值认知，而它的科学技术价值的重要性并没有那么高。

从性别上看，男性和女性在"非遗"保护价值认知上存在一定的差异。男性认为历史文化价值重要性最高，对历史文化价值指标重要性赋值为8.61，而女性赋值为8.24，并认为历史文化价值与精神文化价值同等重要；在科学技术价值重要性上，男性的赋值为7.87，女性为6.29，说明男性认为"非遗"的科学技术价值值得关注，更加注重徽州文化生态保护区的"非遗"的科学发展程度、科学认识水平和技术创造能力。

从年龄分布看,西片区30岁以下的被调查者对"非遗"保护价值的重要性认知程度不及30～69岁群体的认知,即30岁以下的被调查者对历史文化价值、精神文化价值、科学技术价值、艺术审美价值等指标重要性的赋值较低。这在一定程度上反映出徽州生态保护区"非遗"项目的传承状况和传承人的结构特征,30～69岁的中老年群体作为"非遗"项目传承和保护利用的主体,他们对"非遗"保护价值的认识和理念更强,而年轻群体对"非遗"的价值认知和保护意识还不是很强,对此应加强年轻人的"非遗"传承意识培育和传习力度。

值得关注的是,初中及以下学历的被调查者对"非遗"在徽州文化生态保护中价值认知的赋值都很高,各项价值指标重要性赋值均达到9.00;而高中及以上学历者(高中、中职或中专以及高职或大专、大学本科、硕士及以上)的被调查者则普遍认为"非遗"的历史文化价值、精神文化价值和艺术审美价值重要性较高,对"非遗"价值认知有一定的区分度。在科学技术价值重要性评估上,学历越高者赋值越低,数据为:初中及以下9.00,高中、中职或中专8.00,高职或大专7.90,大学本科7.31,硕士及以上7.25,赋值与学历呈负相关趋势。而在"非遗"的经济开发价值和社会和谐价值上,本科及以上学历者(大学本科、硕士及以上)认为其重要性程度要高于高中、中职或中专和高职或大专群体的认知程度。

从被调查者的单位性质看,在"非遗"的历史文化价值和艺术审美价值重要性判断上,国家机关、党群组织的评估赋值要高于学校及研究机构、其他企事业单位,历史文化价值指标重要性赋值依次为8.81,8.59和8.31,艺术审美价值重要性赋值依次为8.50,8.06和8.12,反映出"非遗"项目主导部门更加关注"非遗"项目内在的历史文化价值和艺术审美价值。而其他企事业单位则更加关注"非遗"的经济开发价值和社会和谐价值,对其重要性的赋值要高于国家机关或学校及研究机构,表明其他企事业单位更加注重"非遗"经济价值和社会价值的开发、利用。

从职称来看,被调查者职称越高越重视"非遗"的历史文化价值,数据为:无技术职称赋值8.25,初级8.50,中级8.50,副高8.75,正高8.80,重要性赋值与职称呈正相关。在精神文化价值和艺术审美价值重要性判断上,无技术职称的被调查者的赋值均低于初级及以上职称的赋值。

由相关数据分析可知,对"非遗"在徽州文化生态保护价值认知上,被调查者更加重视"非遗"的历史文化价值、精神文化价值和艺术审美价值,而对科学技术价值、经济开发价值和社会和谐价值的重要性评判不高,各价值要素的评估权重并不平衡。徽州非物质文化遗产价值评估是一种多要素的复杂系统,其内部诸要素之间的相互作用关系及各要素对系统功能的影响程度关系到"非遗"项目能否很好地传承和保护。

当前,传统技艺类的"非遗"项目多数面临生存困境压力和市场空间突破提升的时代要求,因此"非遗"项目应建立在保持文化基因本真性、文化传统延续性、文化内涵精粹性、文化生态完整性和艺术审美价值性等基本内核上,徽州生态保护区"非遗"项目也应走进市场和加大合理开发利用力度,进而增强公众对"非遗"的社会认知度和传承保护意识,提升"非遗"保护和传承的内在动力、发展稳定性和可持续性。

根据西片区被调查者对"非遗"在徽州文化生态保护价值认知情况的调查数据分析,大致可以形成如下结论:

年轻群体作为"非遗"项目传承的生力军,传承渠道建立和传承机制的完善至关重要。当前"非遗"面临传承人"断层"压力,年轻人的"非遗"保护意识和工作投入意愿不强,如何增强青年群体的传承意识、加强"非遗"普及教育和提升他们从事传承保护工作的积极性值得政府及相关部门高度关注。

"非遗"的传承保护、开发和利用是一项复杂而系统的工程,需要社会资源的协调整合和各部门的通力合作。政府机关、学校及研究机构和企事业单位在功能定位、发展目标和利益需求等方面应各有侧重,加强徽州生态保护区"非遗"的跨界整合力度,建立资源共享协同平台和"官产学研"合作机制对于"非遗"的传承保护具有现实意义。

二、对徽剧(黄山市)的认知数据分析

(一) 对徽剧(黄山市)的价值认知情况赋值表

对徽剧(黄山市)的价值认知情况赋值表如表5.2所示。

表5.2 对徽剧(黄山市)的价值认知情况赋值表

	历史文化价值	精神文化价值	科学技术价值	艺术审美价值	经济开发价值	社会和谐价值	保护利用现状	保护利用前景
全体	8.93	8.75	7.05	8.79	7.20	7.81	7.14	7.91
男	8.90	8.80	7.33	8.90	7.25	7.92	7.29	7.96
女	9.00	8.61	6.19	8.50	7.06	7.50	6.72	7.78
<30岁	8.43	7.71	5.43	8.86	6.29	5.86	7.29	7.43
30~49岁	9.03	8.89	6.97	9.05	7.56	8.24	7.16	8.05
50~69岁	9.09	9.00	8.05	8.68	7.27	7.95	7.32	8.09
>69岁	7.00	6.50	5.50	6.00	5.00	6.00	5.50	5.50
初中及以下	10.00	10.00	10.00	10.00	10.00	10.00	10.00	10.00

续表

	历史文化价值	精神文化价值	科学技术价值	艺术审美价值	经济开发价值	社会和谐价值	保护利用现状	保护利用前景
高中、中职或中专	9.00	9.00	7.38	9.25	7.38	8.50	7.63	8.38
高职或大专	8.42	8.58	7.00	8.67	7.60	7.75	7.82	8.00
大学本科	9.03	8.76	7.15	8.88	6.97	7.62	7.00	7.62
硕士及以上	9.00	8.57	6.79	8.50	7.43	7.93	6.64	8.21
国家机关、党群组织	8.76	8.53	6.82	8.65	7.06	7.53	7.53	7.65
学校及研究机构	8.89	8.47	6.68	8.53	7.32	7.89	6.79	8.11
其他企事业单位	9.35	9.26	8.05	9.30	7.52	8.26	7.32	8.32
离退休	8.50	8.25	7.25	8.00	6.00	6.75	6.00	6.75
其他	7.80	8.40	5.40	8.80	7.40	7.20	7.20	7.00
无技术职称	8.60	8.20	6.27	8.47	6.87	6.80	7.00	7.33
初级	8.00	7.50	5.50	8.50	6.50	6.50	6.00	6.00
中级	9.12	8.94	7.07	8.88	7.56	7.88	7.29	8.24
副高	9.18	9.18	8.41	9.27	7.64	8.59	7.45	8.64
正高	8.40	8.40	4.50	8.20	5.25	7.00	6.00	6.00

(二) 对徽剧(黄山市)的认知数据解读

调查数据显示,西片区被调查者对徽剧在徽州文化生态保护价值的认知,按重要性大小排序依次为:历史文化价值(8.93)、艺术审美价值(8.79)、精神文化价值(8.75)、社会和谐价值(7.81)、经济开发价值(7.20)和科学技术价值(7.05)。由此可见,徽剧中被看重的两个价值是历史文化价值和艺术审美价值。徽剧由其悠久的历史和本身所具有的艺术观赏性,反映了徽州独特的文化和艺术审美,因此历史文化价值和艺术审美价值含量最高,而科学技术价值的重要性则没有那么高。

从性别维度来看,男性和女性均对徽剧的历史文化价值、精神文化价值和艺术审美价值赋值较高,但在具体的价值认知上存在一定的差异。从整体来看,男性对于徽剧的大部分价值认知赋值高于女性,而女性对各项价值的赋值差距大于男性,女性对历史文化价值指标重要性赋值为9.00,最不看重的科学技术价值赋值仅为6.19分;而男性认为徽剧的历史文化价值与艺术审美价值同等重要,赋值均为8.90,经济开发价值赋值最低,为7.25。

从年龄分布来看,西片区对于徽剧保护价值的重要性的认知呈现两极分化的趋势,30岁以下和69岁以上的被调查者对徽剧保护价值的重要性认知程度不及30~69岁群体,即30岁以下和69岁以上的被调查者对科学技术价值、精神文化价值、经济开发价值、社会和谐价值等指标重要性的赋值较低。但是对历史文化价值和艺术审美价值赋值与30~69岁年龄层趋于一致,说明对于徽剧的历史文化价值和艺术审美价值很重视,但是年轻人对于徽剧的精神文化价值和科学技术价值认识不够。各年龄层对于保护利用现状和保护利用前景赋值均不高,说明各年龄层目前对于徽剧的保护形势并不满意。

从被调查者的学历层次而言,值得关注的是,初中及以下和高中、中职或中专学历的被调查者对徽剧在徽州文化生态保护中价值认知的赋值大多略高于其他学历的被调查者,历史文化价值、精神文化价值和艺术审美价值指标重要性赋值均达到9.00;高职或大专学历的被调查者对于徽剧的历史文化价值(8.42)和精神文化价值(8.58)赋值较低,而对于徽剧的保护利用现状赋值高于其他数据,说明高职或大专的被调查者没有对徽剧的历史价值和精神价值形成足够的重视;大学本科及以上学历(大学本科、硕士及以上)的被调查者则赋值普遍偏向保守,除了对徽剧的历史文化价值、精神文化价值和艺术审美价值赋值较高外,硕士及以上学历的被调查者对徽剧的科学技术价值(6.75)、保护利用现状(6.64)以及大学本科学历者对徽剧的经济开发价值(6.97)赋值都低于7.00,说明大学及以上学历者没有对徽剧的经济和科学技术价值形成足够的认识。

从职业分布而言,其他企事业单位对徽剧的价值赋值更高,其次是精神文化价值、社会和谐价值和艺术审美价值赋值均在9.00以上,对保护前景也是充满信心,赋值8.32,在所有被调查者中最高;离退休人员在徽剧的价值判断上呈现较为消极的态势,赋值在各单位里居于末位,尤其是对徽剧的保护利用现状(6.00)和保护利用前景(6.75)态度消极;学校及研究机构对该项"非遗"价值的判断则与前者稍有出入,学校及研究机构重视徽剧的历史文化价值、社会和谐价值和经济开发价值,国家机关、党群组织的被调查者对徽剧的保护利用现状赋值略高,说明徽剧的主管部门更关注徽剧的保护利用。

从职称来看,被调查者职称与其对于徽剧的保护价值认知呈现两极分化的趋势,副高职称和中级职称的被调查者对于徽剧的价值认知最为重视,副高职称的被调查者对于徽剧各项价值赋值均高于其他被调查者,尤其是对徽剧的历史文化价值、精神文化价值和艺术审美价值的赋值都高于9.00;但是,初级职称和正高级职称对徽剧的价值认知和保护利用呈现消极的态度。

由相关数据分析可知,总体而言,西部地区的被调查者对于徽剧的艺术价值的认可度非常高,认为徽剧具有很强的艺术性,但是除了政府机关、党群组织之外,总体都认为徽剧目前的保护现状还不够,这也说明目前政府对于徽剧的保护行动没有受到大众的认可。另一方面,国家机关、党群组织和学校及研究机构对于徽剧的价值赋值低,说明作为徽剧的政府组织部门和徽剧的研究机构对于徽剧的认知还不够;从被调查者的职称来看,正高职称的被调查者对徽剧的价值认知和保护利用呈现消极的态度,这可能与正高级人员所背负的压力有关。在徽剧的传承上,作为未来徽剧传承主体的年轻人对于徽剧的重要性认识不够,对徽剧各项价值赋值分数较低。

通过不同维度的认知数据分析,大致可以形成如下结论:

徽剧的主管政府应继续加大对徽剧的保护力度,尽可能地宣传政府对于徽剧采取的保护措施,让大众得以了解,增添对于徽剧保护的信心。

虽然徽剧蕴含深厚人文底蕴、历史价值,但是从以上数据中可以看出年轻人对于徽剧价值的认可度低。年轻人作为未来徽剧传承的主体,在徽剧文化中发挥着重要的作用,因此要增强年轻人对于徽剧的保护意识,增强徽剧在年轻人中的宣传力度。离退休人员对徽剧赋值呈现消极的态势,可以充分发挥离退休人员的时间优势、资源优势,加强民间资源对于徽剧的保护。

高校及研究机构对于徽剧的价值重视不够,高校作为研究机构,能够深入发掘徽剧的价值,因此要通过政府的扶持项目来激发研究者对于徽剧的研究热情。

其他企事业单位对于徽剧赋值较高,说明社会机构对于徽剧的保护持有很高的热情,可以充分动员社会力量、民间力量来保护徽剧的文化。

三、对徽州"三雕"(黄山市)的认知数据分析

(一) 对徽州"三雕"(黄山市)的价值认知情况赋值表

对徽州"三雕"(黄山市)的价值认知情况赋值表如表5.3所示。

表5.3 对徽州"三雕"(黄山市)的价值认知情况赋值表

	历史文化价值	精神文化价值	科学技术价值	艺术审美价值	经济开发价值	社会和谐价值	保护利用现状	保护利用前景
全体	9.18	8.58	8.26	8.92	8.55	7.74	7.64	8.66
男	9.08	8.45	8.25	8.86	8.53	7.76	7.92	8.67
女	9.44	8.94	8.28	9.12	8.61	7.71	6.89	8.61
<30岁	8.29	7.29	7.57	8.57	8.29	5.71	7.14	8.43
30~49岁	9.41	8.78	8.13	9.00	8.56	8.10	7.61	8.73
50~69岁	9.25	8.85	9.15	9.15	8.85	8.25	8.25	8.95
>69岁	8.00	8.50	7.00	8.00	8.50	6.00	6.50	7.00
初中及以下	10.00	10.00	10.00	10.00	10.00	10.00	10.00	10.00
高中、中职或中专	9.75	9.13	8.13	9.38	9.38	8.50	8.13	9.50
高职或大专	9.00	8.33	8.45	9.18	9.42	7.64	8.50	9.00
大学本科	9.23	8.60	8.49	8.97	8.51	7.80	7.80	8.54
硕士及以上	9.00	8.64	7.86	8.50	7.64	7.57	6.43	8.36
国家机关、党群组织	9.06	8.12	8.35	9.12	8.82	7.94	8.35	8.88
学校及研究机构	8.95	8.63	8.05	8.63	8.11	7.58	6.79	8.42
其他企事业单位	9.52	8.96	8.63	9.17	8.72	8.00	7.88	8.92
离退休	8.67	9.00	8.00	8.67	9.00	7.33	7.67	8.00
其他	9.40	8.40	7.80	9.00	8.80	7.60	8.00	8.40
无技术职称	8.47	7.80	7.93	8.67	8.40	6.87	7.67	8.40
初级	10.00	9.00	9.00	9.50	7.50	9.00	7.50	7.50
中级	9.24	8.65	8.12	8.81	8.53	7.75	7.12	8.47
副高	9.50	8.91	9.05	9.05	8.73	8.36	8.09	9.05
正高	9.40	9.60	7.75	9.80	9.00	7.60	8.40	9.00

(二) 对徽州"三雕"(黄山市)的认知数据解读

调查数据显示,西片区被调查者对徽州"三雕"价值的认知,按重要性大小排序依次为：历史文化价值、艺术审美价值、精神文化价值、经济开发价值、科学技术价值和社会和谐价值。由此可见，历史文化价值和艺术审美价值是徽州"三雕"最重要的价值认知，经济开发价值也被认为是徽州"三雕"极为重要的价值，而社会和谐价值的重要性并没有那么高。

从性别维度来看，女性对徽州"三雕"价值的认知要高于男性，但对保护利用现状的赋值很低（6.89）。男性认为历史文化价值重要性最高，对历史文化价值指标重要性赋值为9.08，并且认为徽州"三雕"的艺术审美价值和经济开发价值同等重要；在徽州"三雕"的保护利用现状上，赋值7.92，说明男性认为徽州"三雕"的保护利用现状处在不断发展和完善中，持积极态度。

从年龄分布来看，西片区30岁以下、69岁以上的被调查者对徽州"三雕"保护价值的重要性认知程度不及30~69岁群体的认知，即30岁以下、69岁以上的被调查者对历史文化价值、精神文化价值、科学技术价值、艺术审美价值等指标重要性的赋值较低。这在一定程度上反映出徽州"三雕"这一项目的群体特征，30~69岁的中老年群体作为徽州"三雕"传承和保护利用的主体，他们对"非遗"保护价值的认识和理念更强，而年轻群体对徽州"三雕"的价值认知和保护意识还不是很强。

从被调查者的学历维度来看，文化水平层次与徽州"三雕"价值各项判断呈现负相关的关系，层次越高越倾向于对各项价值持保守判断，高中、中职及中专以下和大专学历的群体赋值态度普遍更为积极，但他们无一例外地对徽州"三雕"保护利用现状呈现很低的评价，高中、中职或中专8.13，高职或大专8.50，大学本科7.80，硕士及以上6.43，这也反映出共同一致且真实的状况。

从被调查者的单位性质来看，国家机关、党群组织更重视徽州"三雕"的现实价值，对经济开发价值和艺术审美价值认同度较高，赋值为8.82和9.12，而学校及研究机构更重视徽州"三雕"的精神文化价值和历史文化价值，赋值分别为8.63和8.95,这反映了学校及研究机构和国家机关、党群组织对于徽州"三雕"项目关注重点不同。其他企事业单位的被调查者对于徽州"三雕"的历史文化价值和艺术审美价值赋值较高。

从职称分布来看,被调查者职称与徽州"三雕"的价值评估基本呈现正相关,职称越高,对于徽州"三雕"价值的重要性更为看重,对于徽州"三雕"的艺术审美价值重要性赋值为:无技术职称8.67,初级9.50,中级8.81,副高9.05,正高9.80。初级职称被调查者的全体数据波动较大,对于徽州"三雕"的历史文化价值赋值10.00,但是对于经济开发价值赋值较低,仅为7.50。

调查数据显示,西片区被调查者对于徽州"三雕"的各项价值的认知度较高,认为徽州"三雕"具有很高的经济开发价值,可以作为一个经济点来发展。对于经济开发价值的重视也体现在国家机关、党群组织的数据中,而学校及研究机构更加重视徽州"三雕"的历史文化价值和艺术审美价值,这和高校的文化传承和研究职能一脉相承;从数据中可以看出,学历和徽州"三雕"成反比,这可能是因为当地设有一些学习徽州"三雕"的职院,因此职院、高职的学生对于徽州"三雕"价值认定的重要性较高,反而大学本科和硕士及以上的高学历学生对于徽州"三雕"的价值的重视度不够;虽然总体上被调查者都认同徽州"三雕"的艺术价值,但是企事业单位、离退休人员、各年龄层次都对于徽州"三雕"的保护现状不满,因此应加大对徽州"三雕"的保护力度。

通过不同维度的认知数据分析,大致可以形成如下结论:

作为徽州"三雕"的主管政府部门,在抓住该项目经济价值的同时,要大力发展"三雕"的历史文化价值和艺术审美价值,鼓励"非遗""三雕"项目的手艺人提高徽州"三雕"的工艺性和创造性,让它在满足现代人审美的同时,不失古老的工艺和内在的历史文化底蕴。

加强对高学历学者的培养,激发他们对于徽州"三雕"的学习和研究热情。

不仅要在一些职业技术学院开设专门的课程,还要在高校中开设相关的课程,推动"非遗"进校园,增加学生对于这一古老技艺的了解和学习热情。

虽然徽州"三雕"具有很高的历史文化价值,但各阶层都对徽州"三雕"的保护现状不满,因此政府应该加强徽州"三雕"项目的开发和保护,出台对"三雕"项目和项目传承人具体的保护条例。

四、对徽州民歌(黄山市)的认知数据分析

(一) 对徽州民歌(黄山市)的价值认知情况赋值表

对徽州民歌(黄山市)的价值认知情况赋值表如表5.4所示。

表5.4 对徽州民歌(黄山市)的价值认知情况赋值表

	历史文化价值	精神文化价值	科学技术价值	艺术审美价值	经济开发价值	社会和谐价值	保护利用现状	保护利用前景
全体	8.32	8.05	6.71	7.93	6.60	7.43	6.74	7.28
男	8.29	7.92	6.83	7.92	6.54	7.35	6.74	7.17
女	8.45	8.64	6.11	8.00	6.82	7.80	6.73	7.73
<30岁	6.40	6.60	4.80	6.00	4.60	4.40	5.20	5.60
30~49岁	8.37	7.97	6.31	7.89	6.62	7.53	6.65	7.32
50~69岁	8.75	8.55	8.05	8.55	7.26	8.10	7.35	7.80
>69岁	10.00	10.00	10.00	10.00	9.00	10.00	10.00	8.00

续表

	历史文化价值	精神文化价值	科学技术价值	艺术审美价值	经济开发价值	社会和谐价值	保护利用现状	保护利用前景
初中及以下	10.00	10.00	10.00	10.00	10.00	10.00	10.00	10.00
高中、中职或中专	8.86	8.43	7.29	8.29	7.43	8.71	7.29	8.43
高职或大专	8.27	7.73	7.00	8.55	7.89	7.90	7.50	7.30
大学本科	8.47	8.27	7.00	7.97	6.60	7.40	7.10	7.37
硕士及以上	7.75	7.58	5.75	7.17	5.33	6.50	5.00	6.50
国家机关、党群组织	8.38	7.94	6.56	8.06	6.44	7.25	7.31	7.06
学校及研究机构	7.71	7.41	5.71	7.35	5.47	6.76	5.24	6.41
其他企事业单位	8.79	8.58	8.06	8.32	7.72	8.06	7.44	8.44
离退休	10.00	9.67	10.00	9.00	8.50	9.33	7.67	8.00
其他	7.60	7.60	5.60	7.60	6.80	7.60	7.20	6.60
无技术职称	7.67	7.58	6.42	7.17	6.08	6.25	6.58	6.58
初级	7.00	6.50	5.50	7.00	5.50	7.00	7.50	7.00
中级	8.14	7.57	6.09	7.50	6.31	7.00	5.79	6.71
副高	8.62	8.52	7.95	8.57	7.24	8.10	7.52	8.05
正高	8.20	7.80	4.00	7.40	5.25	7.60	5.50	6.25

（二）对徽州民歌（黄山市）的认知数据解读

调查数据显示，西片区被调查者对徽州民歌价值认识趋势较为一致，认为徽州民歌的历史文化价值、精神文化价值、艺术审美价值和社会和谐价值较为重要，社会和谐价值赋值分数较高，说明徽州民歌发挥着重要的社会作用，但被调查者对徽州民歌的科学技术价值和经济开发价值赋值较低。

从性别上看，男性和女性在徽州民歌保护价值认知上存在一定的差异。女性总体赋值数值要高于男性，重视徽州民歌的历史文化价值（8.45）、精神文化价值(8.64)和社会和谐价值(7.80),男性对于历史文化价值、精神文化价值和社会和谐价值分别赋值8.29,7.92和7.35;另一方面,男性更加重视徽州民歌的科学技术价值,赋值为6.83,说明男性认为徽州民歌的科学技术价值值得关注。

从年龄维度来看,被调查者的年龄与徽州民歌各项价值赋值分数呈现正相关关系,年龄越大,对于徽州民歌的保护价值更为重视。这说明年轻群体对于徽州民歌的关注力度、价值认知还不够;在各项价值中,徽州民歌的历史文化价值、精神文化价值、社会和谐价值都得到了各年龄层的认同;但是30～69岁的中间阶层对于徽州民歌的保护利用现状赋值较低,69岁以上的老年人认为徽州民歌的保护利用前景相对不容乐观。

从被调查者的学历维度来看,文化水平层次与徽州民歌的价值认知呈现负相关,层次越高越倾向于对各项价值做出消极判断。例如,在对社会和谐价值的重要性评估上,高中、中职或中专及以下8.71,高职或大专7.90,大学本科7.40,硕士及以下6.50。各学历层次的被调查者对于徽州民歌的历史文化价值、艺术审美价值和社会和谐价值较为重视,而对科学技术价值和经济开发价值赋值较低。

从不同单位的被调查者来看,离退休的老年人对于徽州民歌的价值认知的重要性赋值要高于其他单位的被调查者,学校及研究机构对于徽州民歌的各项价值赋值偏低,说明学校及研究机构对徽州民歌的价值认知不够。

从职称维度来看,副高职称的被调查者对徽州民歌的价值认知要高于其他职称,正高职称的被调查者赋值差异较大,认为徽州民歌的科学技术价值不高,赋值仅为4.00,而认同徽州民歌的历史文化价值、艺术审美价值和社会和谐价值,赋值分别达到8.20,7.40和7.60,对于徽州民歌的保护现状和保护前景均不满意,赋值在各职称赋值中最低;与之相反的是,副高职称的被调查者对于徽州民歌的保护利用现状和保护利用前景都抱有积极的态度。

根据数据可以看出，西片区被调查者对徽州民歌的价值重要性的赋值偏低，这可能是因为徽州民歌没有具体的物质形式，保护的难度偏大。数据显示，被调查者对徽州民歌的社会和谐价值认可度高，那么徽州民歌所蕴含的社会和谐价值和我们当今社会所提倡社会和谐稳定同根同源，我们理应要大力保护徽州民歌的发展；其次，国家机关、党群组织对于徽州民歌各项价值的重要性赋值较高，这是一个正面的例子，说明政府机关单位对于徽州民歌的保护有良好的意识，也充分认识到其重要性，但是学校及研究机构的赋值在不同单位中居于最末位，这反映了研究机构对于徽州民歌的研究力度小，保护力度不够。与之相对应的是，在高校中学习的高学历者对于徽州民歌的认识不够，而高职、大专及以下学历的被调查者对于徽州民歌的重要性较为看重。

通过不同维度的认知数据分析，大致可以形成如下结论：

加强高校和研究机构的重视和关注力度，可以采用田野调查的形式将徽州民歌的形式记录下来，这样能够将徽州民歌保存下来并形成进一步的研究；同时要激发研究者对于徽州民歌的学习热情。

整体上各调查群体对徽州民歌的价值重要性赋值偏低，政府要通过投放宣传标语、形成专项研究组等措施来加大其在民众中宣传的力度，让徽州民歌在大众生活中普及。

年轻一辈对于徽州民歌价值的重要性赋值偏低，而年轻人正是徽州民歌发展的主体力量，只有让徽州民歌在年轻人中普及，才能传承徽州民歌的魅力，形成对徽州民歌最好的保护。

五、对徽派传统民居营造技艺(黄山市)的认知数据分析

(一)对徽派传统民居营造技艺(黄山市)的价值认知情况赋值表

对徽派传统民居营造技艺(黄山市)的价值认知情况赋值表如表5.5所示。

表5.5 对徽派传统民居营造技艺(黄山市)的价值认知情况赋值表

	历史文化价值	精神文化价值	科学技术价值	艺术审美价值	经济开发价值	社会和谐价值	保护利用现状	保护利用前景
全体	8.89	8.48	8.31	8.63	8.24	7.85	7.56	8.21
男	8.70	8.28	8.23	8.45	7.89	7.60	7.47	7.87
女	9.44	9.14	8.53	9.20	9.33	8.71	7.87	9.27
<30岁	8.00	7.17	7.33	8.17	7.50	6.33	7.33	8.33
30~49岁	8.90	8.51	8.34	8.71	8.42	7.95	7.42	8.05
50~69岁	9.20	8.90	8.75	8.80	8.40	8.30	8.00	8.60
>69岁	10.00	10.00	9.00	8.00	7.00	10.00	10.00	8.00
初中及以下	10.00	10.00	10.00	10.00	10.00	10.00	10.00	10.00
高中、中职或中专	9.14	8.57	8.29	8.71	8.43	8.43	6.43	7.71
高职或大专	9.27	9.10	9.00	8.91	8.73	8.60	8.73	9.10
大学本科	9.06	8.53	8.44	8.69	8.16	7.84	7.91	8.22
硕士及以上	8.14	8.00	7.71	8.36	8.14	7.29	6.57	7.86

续表

	历史文化价值	精神文化价值	科学技术价值	艺术审美价值	经济开发价值	社会和谐价值	保护利用现状	保护利用前景
国家机关、党群组织	8.75	8.20	8.33	8.20	8.27	8.00	8.40	8.67
学校及研究机构	8.32	8.05	8.00	8.42	7.89	7.21	6.63	7.89
其他企事业单位	9.38	8.96	8.46	9.00	8.50	8.09	7.71	8.30
离退休	10.00	10.00	9.50	9.00	8.50	10.00	10.00	9.00
其他	9.00	8.50	9.00	9.25	8.75	8.75	7.25	7.25
无技术职称	8.36	7.71	7.64	8.14	7.93	7.57	7.86	8.50
初级	8.50	9.00	10.00	9.00	9.00	9.00	10.00	9.00
中级	8.41	8.25	8.12	8.35	8.35	7.50	6.71	7.82
副高	9.35	8.95	8.80	9.05	8.35	8.00	7.95	8.45
正高	9.40	9.00	9.20	9.60	8.00	8.60	7.60	7.25

(二) 对徽派传统民居营造技艺(黄山市)的认知数据解读

调查数据显示,西片区被调查者对徽派传统民居营造技艺价值的判断和赋值较为平衡,说明被调查者认同徽派传统民居营造技艺中包含和体现了多种价值。被调查者认为徽派传统民居营造技艺最重要的三种价值依次为:历史文化价值、艺术审美价值和精神文化价值。

从性别上看,男性和女性在徽派传统民居营造技艺的保护价值认知上存在一定的差异。女性总体赋值要高于男性,对历史文化价值、精神文化价值、艺术审美价值和经济开发价值赋值均高于9.00;而男性重视徽派传统民居营造技艺的历史文化价值、艺术审美价值、精神文化价值和科学技术价值,男性重视科学技术价值,说明其更注重徽派传统民居营造技艺的科学发展程度和科学认识水平。

从年龄分布来看,30岁以下的被调查者对徽派传统民居营造技艺的历史文化价值、精神文化价值、科学技术价值、艺术审美价值等指标重要性的赋值较低，说明年轻群体对徽派传统民居营造技艺保护价值的重要性认知程度不及中老年群体，30~69岁的中老年群体作为"非遗"项目传承和保护利用的主体，他们对"非遗"保护价值的认识和理念更强，而年轻群体对"非遗"的价值认知和保护意识还不是很强，对此应加强年轻人的"非遗"传承意识培养和传习力度。

从被调查者的学历层次来看，学历与徽派传统民居营造技艺的认知呈现一定比例的负相关，高职或大专的群体对于徽派传统民居营造技艺的重要性认同度最高。历史文化价值被认为是徽州传统民居营造技艺的最重要的价值，高中、中职或中专及以下赋值为9.14，高职或大专9.27，大学本科9.06，硕士及以上8.14，这可能是由于高职或大专的学生在学校有过相关的学习经验，所以认知度最高，而硕士及以上学历赋值的认知度最低，说明需要加强对于高学历群体的文化普及。

从不同单位的性质来看，离退休人员和其他企事业单位对于徽派传统民居营造技艺价值的重要性赋值最高，比较认可其保护利用现状和保护利用前景。国家机关、党群组织和学校及研究机构的人员对于徽派传统民居营造技艺的价值持保守态度，国家机关、党群组织的被调查者更为重视其历史文化价值(8.75)，认为精神文化价值(8.20)和经济开发价值(8.27)同等重要；学校及研究机构更看重徽派传统民居营造技艺的科学技术价值(8.00)。

从职称来看，正高职称的被调查者对徽派传统民居营造技艺的价值重要性认可很高，对历史文化价值、精神文化价值、科学技术价值和艺术审美价值均赋值9.00以上，最为重视艺术审美价值，赋值达到9.60，但对徽派传统民居营造技艺的保护利用现状不满，对于保护利用前景也并不看好，仅赋值7.60和7.25；初级职称的被调查者对于徽派传统民居营造技艺的保护利用现状和保护利用前景持积极的态度，赋值分别为10.00和9.00。

调查结果表明,西片区被调查者对于徽派传统民居的各项价值的重视性判断较好,对其各项价值的赋值比较均衡,尤其是被调查者对于目前的保护现状较为满意,这说明政府和民间组织对于徽派传统民居营造技艺比较重视。其他企事业单位和离退休人员关注度高,也在一定程度上说明社会和民间组织对于徽派传统民居在保护上发挥了重要的作用;30岁以下的年轻人对徽派传统民居营造技艺的赋值较低,说明作为未来传承主体的年轻人对于徽派传统民居营造技艺的重要性认识不够。

通过不同维度的认知数据分析,大致可以形成如下结论:

年轻人对于徽派传统民居营造技艺的认可度不高,可以通过设立相关的培训班,组织一系列夏令营来激励年轻人学习徽派传统民居营造技艺,增加他们对这一古老技艺的了解,激发他们投入这一行业的热情,将技艺在现代建筑中发扬光大。

徽剧的主管政府部门继续加大对于徽剧的保护力度,可以发动社会组织和民间机构的力量,共同推进徽派传统民居营造技艺的保护和发展。

六、对徽州民谣(黄山市)的认知数据分析

(一)对徽州民谣(黄山市)的价值认知情况赋值表

对徽州民谣(黄山市)的价值认知情况赋值表如表5.6所示。

表5.6 对徽州民谣(黄山市)的价值认知情况赋值表

	历史文化价值	精神文化价值	科学技术价值	艺术审美价值	经济开发价值	社会和谐价值	保护利用现状	保护利用前景
全体	7.91	7.74	6.43	7.40	6.40	7.41	6.17	7.16
男	7.67	7.54	6.27	7.30	6.22	7.24	6.15	7.00
女	8.83	8.50	7.09	7.75	7.08	8.08	6.25	7.75
<30岁	6.80	6.60	4.60	5.00	4.60	5.80	5.20	5.60
30~49岁	8.00	7.82	6.42	7.41	6.44	7.50	6.24	7.29
50~69岁	8.30	8.00	7.21	8.10	6.95	7.75	6.50	7.55
>69岁	7.00	10.00	8.00	10.00	10.00	10.00	10.00	8.00
初中及以下	10.00	10.00	10.00	10.00	10.00	10.00	10.00	10.00
高中、中职或中专	7.83	7.50	6.50	7.00	6.50	7.83	6.50	7.33
高职或大专	7.90	8.00	7.25	8.10	7.33	8.00	6.70	7.70
大学本科	8.06	7.94	6.68	7.52	6.55	7.58	6.55	7.35
硕士及以上	7.75	7.33	5.50	6.92	5.50	6.42	4.92	6.33
国家机关、党群组织	8.06	7.76	6.29	7.65	6.24	7.35	6.29	7.12
学校及研究机构	7.65	7.29	5.65	7.00	5.47	6.82	5.18	6.53
其他企事业单位	8.28	8.39	7.88	8.00	7.61	8.06	7.06	8.39
离退休	8.50	10.00	8.00	9.00	10.00	9.00	8.00	6.50
其他	7.20	6.40	5.00	5.80	5.60	7.00	6.00	6.00
无技术职称	7.50	7.42	5.92	6.67	6.17	6.83	6.42	6.67
初级	7.50	7.50	7.50	7.50	7.00	7.00	6.00	7.00
中级	7.86	7.71	6.08	7.21	5.85	7.29	5.36	6.79
副高	8.10	8.05	7.57	8.14	7.14	7.81	7.00	8.00
正高	6.00	6.00	3.00	4.75	4.25	6.50	4.50	5.00

(二) 对徽州民谣(黄山市)的认知数据解读

调查数据显示,西片区被调查者对徽州民谣(黄山市)在徽州文化生态保护价值的认知,按重要性大小排序依次为:历史文化价值、精神文化价值、社会和谐价值、艺术审美价值、科学技术价值、经济开发价值。由此可见,历史文化价值是徽州民谣最重要的价值认知,被调查者对徽州民谣的历史文化有着极高的认同度,而对其保护现状(6.17)并不十分关心。

从性别上看,男性和女性在徽州民谣保护价值认知上较为趋同。男性、女性都认为历史文化价值重要性最高,男性对历史文化价值指标重要性赋值为7.67,而女性赋值为8.83,此外男性、女性普遍看重精神文化价值。在科学技术价值重要性上,男性赋值为6.27,女性为7.09,普遍赋值不高,但女性更认为徽州民谣的科学技术价值值得关注,更加注重徽州文化生态保护区的徽州民谣的科学发展程度、科学认识水平和技术创造能力。

从年龄分布来看,西片区30岁以下的被调查者对徽州民谣保护价值的重要性认知程度不及30岁以上群体的认知,即30岁以下的被调查者对历史文化价值、精神文化价值、科学技术价值、艺术审美价值等指标重要性的赋值较低。这在一定程度上反映出徽州文化生态保护区徽州民谣项目的传承状况和传承人的结构特征,30~69岁的中老年群体作为徽州民谣项目传承和保护利用的主体,他们对徽州民谣保护价值的认识和理念更强,尤其是69岁以上的群体,受传统民谣影响较深,对民谣的喜爱程度也大大超过年轻人。而年轻群体对徽州民谣的价值认知和保护意识还不是很强,对此应加强年轻人的徽州民谣传承意识培育和传习力度。

值得关注的是,硕士及以上学历的被调查者对徽州民谣在徽州文化生态保护中价值认知的赋值都不高,各项价值指标重要性赋值均未达到8.00,个别指标甚至未达到5.00;而高职及以下学历(高中、中职或中专以及高职或大专)的被调查者可能受民谣影响较多,他们普遍认为徽州民谣的历史文化价值、精神文化价值、社会和谐价值和艺术审美价值重要性较高,这说明不同学历者对徽州民谣价值认知有一定的区分度。在科学技术价值重要性评估上,硕士及以上学历者的赋值远低于大学本科及以下学历者(高中、中职或中专以及高职或大专和大学本科),这说明文化程度较高者对传统徽州民谣缺乏一定了解。在徽州民谣的历史文化价值和精神文化价值上,本科及以上学历者(大学本科、硕士及以上)给出了较高赋值,说明学历较高者虽然对民谣缺乏了解,认为其缺乏经济、科技含量,但并不否认其文化方面的价值。

从被调查者的单位性质来看,在徽州民谣的各项价值重要性判断上,离退休群体的评估赋值要高于学校及研究机构、其他企事业单位,反映出老年群体受传统民谣影响较深。国家机关、党群组织的各项赋值居中,经济和科技价值赋值都较低,反映出徽州民谣项目主管部门更加关注徽州民谣项目内在的历史文化价值和艺术审美价值。其他企事业单位的赋值大多仅次于离退休群体,在保护利用前景方面赋值最高,表明其更加关注徽州民谣今后的开发利用价值,对徽州民谣的发展前景十分看好。

从职称来看,正高职称的被调查者给出的各项赋值最低,说明正高职称者对民谣缺乏相应的了解,也并不看好民谣的发展前景。而副高职称者对各项赋值最高,说明有一定文化知识,又对民谣有一定了解的群体,十分看好徽州民谣,肯定了其各方面的重要性。无技术职称或初级职称者,由于受传统文化影响较多,也给出了较高赋值,这部分群体更关注民谣的历史文化价值、精神文化价值和艺术审美价值。

从相关数据可以看出,西片区被调查者认为徽州民谣价值重要性居前三的是:历史文化价值、精神文化价值和社会和谐价值,这说明被调查者除了关注民谣所蕴含的历史文化价值和精神文化价值,也看到了徽州民谣的功能价值——社会和谐价值,与现代社会运行的价值观不谋而合。这表明保护徽州民谣对于目前社会的发展有重要的作用。徽州民谣在30岁以下的年轻一代中的价值赋值较低,说明年轻群体并没有认识到徽州民谣的价值;正高职称的群体对徽州民谣持相对消极态度,这可能是由于职业所限他们对于徽州民谣的接触较少;与此相反,其他企事业单位的群体以及离退休的社会人员对于徽州民谣的价值认同度高,说明社会力量对于徽州民谣起到了重要的保护作用。

通过不同维度的认知数据分析,大致可以形成如下结论:

年轻一辈对徽州民谣价值的重要性赋值偏低,而年轻人正是徽州民谣发展的主体力量,只有让徽州民谣在年轻人中普及,才能传承徽州民谣的魅力,形成对徽州民谣最好的保护。因此,需要出台相应政策措施鼓励年轻群体参与到徽州民谣的传承保护中。

当前社会和民间力量参与徽州民谣的保护热情比较高,要继续鼓励社会力量的支持,形成一个由政府引导、社会支持、大众参与的徽州民谣保护机制,这样才能激发全民对于保护徽州民谣的参与度。

对徽州民谣的项目保护成果要定期举行汇报展,增强正高职称群体、高学历群体对于徽州民谣的了解,形成有效的认识。

七、对徽州楹联匾额(黄山市)的认知数据分析

(一) 对徽州楹联匾额(黄山市)的价值认知情况赋值表

对徽州楹联匾额(黄山市)的价值认知情况赋值表如表5.7所示。

表5.7 对徽州楹联匾额(黄山市)的价值认知情况赋值表

	历史文化价值	精神文化价值	科学技术价值	艺术审美价值	经济开发价值	社会和谐价值	保护利用现状	保护利用前景
全体	8.52	8.27	6.77	8.12	7.05	7.67	6.89	7.71
男	8.37	8.08	6.62	7.92	6.75	7.43	6.73	7.45
女	8.94	8.81	7.27	8.71	7.94	8.47	7.38	8.47
<30岁	7.57	7.71	5.00	7.57	6.29	6.71	6.43	7.57
30~49岁	8.54	8.34	6.68	8.13	6.95	7.55	6.79	7.48
50~69岁	8.86	8.38	7.75	8.33	7.67	8.29	7.38	8.24
>69岁	10.00	9.00	9.00	10.00	8.00	10.00	10.00	7.00
初中及以下								
高中、中职或中专	8.50	8.57	7.71	8.50	6.57	6.86	7.29	7.00
高职或大专	8.55	8.80	7.50	8.36	8.00	8.30	7.70	8.64
大学本科	8.61	8.11	6.71	8.17	7.31	7.83	7.14	7.69
硕士及以上	8.36	8.14	6.21	7.64	6.07	7.36	5.71	7.29
国家机关、党群组织	8.71	8.81	6.75	8.06	6.94	7.81	7.31	8.31
学校及研究机构	8.16	8.11	6.11	7.58	6.32	7.53	5.95	7.37
其他企事业单位	8.62	8.00	7.30	8.38	7.96	8.00	7.42	7.92
离退休	10.00	9.50	9.00	10.00	7.00	10.00	9.00	7.50
其他	8.40	8.00	7.00	8.40	6.20	5.60	6.40	5.60
无技术职称	7.81	8.00	6.13	7.69	6.94	7.31	7.00	7.75
初级	9.50	8.00	9.00	10.00	9.00	9.00	9.00	5.00
中级	8.18	8.25	6.21	7.59	6.81	7.33	6.38	7.41
副高	9.05	8.50	7.68	8.64	7.41	8.18	7.23	7.91
正高	8.20	7.50	6.00	7.80	6.25	6.80	6.50	6.80

(二) 对徽州楹联匾额(黄山市)的认知数据解读

调查数据显示,西片区被调查者对徽州楹联匾额的价值认知整体赋值偏低,但按重要性大小排序依次为:历史文化价值、精神文化价值、艺术审美价值、社会和谐价值、经济开发价值、科学技术价值。

从性别上看,男性和女性在徽州楹联匾额保护价值认知上较为趋同。男性认为历史文化价值重要性最高,赋值为8.37;女性赋值更高,为8.94,并认为精神文化价值也很重要(8.81);在科学技术价值重要性上,男性的赋值为6.62,女性为7.27,说明两者认为楹联匾额的科技含量相对不高。

从年龄分布来看,西片区30岁以下的被调查者对徽州楹联匾额保护价值的重要性认知程度不及30岁以上群体的认知,即30岁以下的被调查者对历史文化价值、精神文化价值、科学技术价值、艺术审美价值等指标重要性的赋值相对较低。69岁以上的群体赋值普遍很高,说明其受传统文化影响较深,但在保护利用前景一项,该群体赋值最低,说明其对传统文化了解深刻,但保护利用的意识不足。这在一定程度上反映出徽州生态保护区徽州楹联匾额项目的传承状况和传承人的结构特征,30岁以上的中老年群体作为徽州楹联匾额项目传承和保护利用的主体,他们对徽州楹联匾额保护价值的认识和理念更强,而年轻群体对徽州楹联匾额的价值认知和保护意识还不是很强。

值得关注的是,高中及以上(高中、中职或中专、高职或大专、大学本科、硕士及以上)的被调查者普遍认为徽州楹联匾额的历史文化价值、精神文化价值和艺术审美价值的重要性较高,对徽州楹联匾额价值认知有一定的区分度。在科学技术价值和艺术审美价值重要性评估上,学历越高者赋值越低,赋值与学历负相关,表明高学历者并不认同楹联匾额的技术含量与艺术价值。在徽州楹联匾额的历史文化价值上,本科及以上学历者(大学本科、硕士及以上)给出了相对较高的评价。

从被调查者的单位性质来看,离退休人员对各项都给出了较高评价,说明楹联匾额这种传统文化在离退休群体中拥有广泛基础。在徽州楹联匾额的历史文化价值和艺术审美价值的重要性判断上,国家机关、党群组织给出了较高评价,反映出徽州楹联匾额项目主管部门更加关注徽州楹联匾额项目内在的历史文化价值和艺术审美价值。其他企事业单位的被调查者则对徽州楹联匾额兴趣不大,认为其科学技术价值不高,也并不十分看好其经济、社会价值。

从职称来看,初级、中级职称群体赋值较高,说明该群体有一定文化基础、对楹联匾额有一定了解的群体比较看好其价值。无技术职称者赋值相对较低,尤其是科学技术价值方面该群体不认为楹联匾额具有很高的技术价值。副高及以上职称者的赋值也较低,对楹联匾额的科学技术价值、经济开发价值、保护利用现状及前景都不十分看好,但也认可其历史文化价值和艺术审美价值。

调查数据显示,西片区被调查者对徽州楹联匾额的价值认知整体赋值偏低,但被调查者认为徽州楹联匾额蕴含丰富的历史文化价值和艺术审美价值。从年龄维度来看,年龄和徽州楹联匾额价值的认知度成反比,说明年轻人对于楹联匾额的认知度低;学历和徽州楹联匾额价值的认知度也成反比,大学本科及以上学历者对楹联匾额的价值判断不高。这些都说明当前年轻人对于楹联匾额的了解不够;但是国家机关、党群组织和其他企事业单位的被调查者对于徽州楹联匾额有一个较为重视的态度,这说明目前有政府和民间两条保护线来保护徽州楹联匾额文化。

通过不同维度的认知数据分析,大致可以形成如下结论:

政府除了要发动民间和社会力量来保护,还要加大宣传力度,增强公众对于徽州楹联匾额的参与度,尤其是在目前对于徽州楹联匾额的需求量不断减少的情况下,提高大众对于楹联匾额的接受度。

年轻一辈对于楹联匾额价值的重要性赋值偏低,不利于其传承发展。年轻人是楹联匾额文化发展的主体力量,只有激发年轻人对于徽州楹联匾额文化的参与热情,让楹联匾额传承下去,才能形成对楹联匾额文化的保护。因此,需要通过制定激励政策和增强扶持力度,提升年轻群体的传承热情。

八、对新安医学(黄山市)的认知数据分析

(一) 对新安医学(黄山市)的价值认知情况赋值表

对新安医学(黄山市)的价值认知情况赋值表如表5.8所示。

表5.8 对新安医学(黄山市)的价值认知情况赋值表

	历史文化价值	精神文化价值	科学技术价值	艺术审美价值	经济开发价值	社会和谐价值	保护利用现状	保护利用前景
全体	9.05	8.43	8.82	7.33	8.73	8.41	7.55	8.73
男	8.96	8.24	8.74	7.15	8.60	8.24	7.55	8.57
女	9.38	9.15	9.17	8.08	9.23	9.08	7.54	9.31
<30岁	8.80	6.00	7.00	5.60	7.40	6.80	7.00	8.00
30~49岁	9.03	8.59	8.94	7.23	8.65	8.27	7.67	8.61
50~69岁	9.27	8.91	9.14	8.19	9.14	9.09	7.82	9.23
>69岁	7.50	7.50	9.00	7.50	9.50	8.00	5.50	7.50
初中及以下								
高中、中职或中专	9.22	8.89	9.11	6.67	9.22	8.67	7.67	8.89
高职或大专	9.00	8.25	9.00	7.11	8.75	8.33	7.91	9.00
大学本科	9.09	8.38	8.77	7.66	8.91	8.56	7.69	8.72
硕士及以上	8.75	8.50	8.67	7.42	7.83	7.83	6.83	8.33

续表

	历史文化价值	精神文化价值	科学技术价值	艺术审美价值	经济开发价值	社会和谐价值	保护利用现状	保护利用前景
国家机关、党群组织	9.13	8.00	8.88	7.13	8.50	8.06	8.00	8.69
学校及研究机构	8.59	8.41	8.82	7.24	8.06	7.94	6.94	8.47
其他企事业单位	9.30	8.70	8.77	7.95	9.17	8.87	7.82	8.91
离退休	8.75	8.50	9.50	7.67	9.50	9.00	6.75	8.75
其他	9.20	8.80	8.60	6.20	9.00	8.40	7.80	8.80
无技术职称	8.69	7.46	7.85	6.62	8.23	7.92	7.23	8.38
初级	9.00	9.00	10.00	9.00	8.00	7.00	7.00	8.00
中级	8.69	8.63	8.93	7.29	8.50	8.31	7.31	8.63
副高	9.36	8.82	9.14	8.14	9.09	8.64	8.23	8.82
正高	9.20	8.20	9.40	5.50	9.00	8.80	7.25	9.75

(二) 对新安医学(黄山市)的认知数据解读

调查数据显示,西片区被调查者对新安医学价值的认知,按重要性大小排序依次为:历史文化价值、科学技术价值、经济开发价值、精神文化价值、社会和谐价值和艺术审美价值。值得关注的是,被调查者对新安医学的经济开发价值的重要性赋值较高,而其艺术审美价值重要性并不高。

从性别上看,男性和女性在新安医学保护价值认知上较为趋同。男性认为历史文化价值重要性最高,对历史文化价值指标重要性赋值为8.96,而女性赋值更高,为9.38。此外,男性认为科学技术价值很重要,女性认为经济开发价值十分重要。女性总体赋值均高于男性。

从年龄分布来看,西部地区30岁以下的被调查者对新安医学保护价值的重要性认知程度不及30~69岁群体的认知,即30岁以下的被调查者对艺术审美价值、精神文化价值等指标重要性的赋值较低，但对历史文化价值、经济开发价值和保护利用前景的赋值较高。这说明年轻人虽然对新安医学的审美认识不足，但也看好其发展前景。这在一定程度上反映出徽州文化生态保护区新安医学项目的传承状况和传承人的结构特征，30~69岁的中老年群体作为新安医学项目传承和保护利用的主体，他们对新安医学保护价值的认识和理念更强，而年轻群体对新安医学的价值认知和保护意识还不是很强，对此应加强年轻人的新安医学传承意识培育和传习力度。69岁以上群体看好新安医学的经济开发价值，但缺乏保护意识。

值得关注的是，高职及以下学历的被调查者对新安医学在徽州文化生态保护中价值认知的赋值都很高，各项价值指标重要性赋值均达到7.00；而硕士以上学历的被调查者普遍认为新安医学的保护利用现状和艺术审美价值的重要性较低，对新安医学价值认知有一定的区分度。

从被调查者的单位性质来看，各单位对新安医学的艺术审美价值普遍赋值较低，均倾向于认为这是一门技艺而非艺术。在新安医学的历史文化价值重要性判断上，国家机关、党群组织的评估赋值高于学校及研究机构、其他企事业单位，反映出新安医学项目的主管部门更加关注新安医学项目内在的历史文化价值。离退休群体则更加关注新安医学的经济开发价值和科学技术价值，对其重要性的赋值要高于国家机关或学校及研究机构，表明该群体更加注重新安医学经济价值和社会价值的开发、利用，对新安医学的信赖度较高，更希望其科技得到发展。

从职称维度来看，被调查者职称越高越重视新安医学的历史文化价值和保护利用前景。副高及以上职称者比较看好新安医学的历史文化价值和保护利用前景，但对其艺术审美价值并不关注。无技术职称的被调查者的赋值与高级职称者表现出一定的趋同性，表明不同职称者都认可其历史文化价值，具有相当的保护利用意识,但不太注重其艺术审美价值。

由相关数据分析可知,在对新安医学在徽州文化生态保护价值的认知上,被调查者更加重视新安医学的历史文化价值和科学技术价值,而对艺术审美价值的重要性评判不高,各价值要素的评估权重并不平衡。当前,诸如传统技艺类的新安医学项目多数面临生存困境压力和市场空间突破提升的时代要求,对此,新安医学项目应增强公众的社会认知度和传承保护意识,提升新安医学保护和传承的内在动力、发展稳定性和可持续性。年轻群体作为新安医学项目传承的生力军,传承渠道建立和传承机制的完善至关重要。当前新安医学面临传承人"断层"压力,年轻人的新安医学保护意识和工作投入意愿不强,如何增强青年群体的传承意识、加强新安医学普及教育和提升他们从事传承保护工作的积极性值得政府及相关部门高度关注。此外,利用高学历、高职称者的能力优势,促进新安医学在科技方面的发展。

通过不同维度的认知数据分析,大致可以形成如下结论:

年轻群体对新安医学的价值认知和保护意识还不是很强,对此应加强年轻人的新安医学传承意识培育和传习力度。69岁以上群体十分看好新安医学的经济开发价值,但缺乏保护意识。在开发利用新安医学的经济价值的同时,还要加大宣传力度,唤醒大家的保护意识。

硕士以上学历的被调查者则普遍认为新安医学的保护利用现状和艺术审美价值重要性较低,对新安医学价值认知有一定的区分度。对此要加强宣传,让新安医学走进高校。

九、对徽菜(绩溪县、黄山市)的认知数据分析

(一) 对徽菜(绩溪县、黄山市)的价值认知情况赋值表

对徽菜(绩溪县、黄山市)的价值认知情况赋值表如表5.9所示。

表5.9 对徽菜(绩溪县、黄山市)的价值认知情况赋值表

	历史文化价值	精神文化价值	科学技术价值	艺术审美价值	经济开发价值	社会和谐价值	保护利用现状	保护利用前景
全体	8.94	8.56	7.97	8.15	8.63	8.35	8.22	8.89
男	8.92	8.51	7.96	8.02	8.44	8.12	8.17	8.69
女	9.00	8.71	8.00	8.53	9.18	9.00	8.35	9.47
<30岁	8.29	6.71	6.29	6.14	7.57	7.00	7.43	8.57
30~49岁	8.93	8.70	7.78	8.25	8.82	8.45	8.15	8.90
50~69岁	9.19	8.95	8.86	8.71	8.76	8.67	8.67	9.19
>69岁	8.00	9.00	9.00	8.00	6.00	10.00	10.00	6.00
初中及以下								
高中、中职或中专	9.50	9.00	8.71	8.71	9.43	8.71	9.00	9.43
高职或大专	9.00	8.18	8.22	7.91	8.60	8.18	8.50	8.70
大学本科	8.78	8.53	7.74	8.11	8.53	8.39	8.36	8.89
硕士及以上	8.86	8.71	7.93	8.14	8.43	8.29	7.36	8.79

续表

	历史文化价值	精神文化价值	科学技术价值	艺术审美价值	经济开发价值	社会和谐价值	保护利用现状	保护利用前景
国家机关、党群组织	8.59	8.00	7.41	7.82	8.94	7.88	8.41	8.71
学校及研究机构	8.95	8.79	7.95	8.05	8.42	8.37	7.63	8.89
其他企事业单位	8.92	8.72	8.41	8.48	8.50	8.64	8.29	9.13
离退休	9.00	9.50	9.50	9.00	8.00	10.00	10.00	8.00
其他	9.80	8.60	7.80	8.00	9.20	8.00	9.00	8.80
无技术职称	8.19	7.69	7.13	7.31	8.31	7.75	8.00	8.50
初级	8.00	7.00	6.50	8.50	8.00	8.50	9.50	9.50
中级	8.94	8.69	7.86	7.88	8.56	8.19	7.75	9.00
副高	9.18	8.91	8.77	8.73	8.64	8.73	8.50	8.91
正高	9.40	9.00	8.75	8.80	9.75	9.20	9.00	9.75

(二) 对徽菜(绩溪县、黄山市)的认知数据解读

调查数据显示,被调查者对徽菜在徽州文化生态保护价值的认知,按重要性大小排序依次为:历史文化价值、经济开发价值、精神文化价值、社会和谐价值、艺术审美价值、科学技术价值。这说明被调查者认为徽菜历史悠久,有很重要的经济开发价值,但其科学技术价值的重要性并不高。

从性别上看,女性对于徽菜保护价值认知的重要性判断上赋值高,尤其是对徽菜的经济开发价值赋值(9.18),对徽菜的保护利用前景也很乐观,赋值达到9.47,认为今后徽菜可以作为一个发展的重点。男性认为历史文化价值重要性最高,对历史文化价值指标重要性赋值为8.92。

从年龄分布来看,中老年群体(30~69岁)对于徽菜价值的认知度趋同,赋值较为一致,而30岁以下的年轻人和69以上的老年人对于徽菜的重要性赋值

差异化明显。这说明作为徽菜文化传承的主体——30~69岁的中老年群体对徽菜文化有着稳固的认识,而年轻人则浮动较大。30岁以下的被调查者对精神文化价值、科学技术价值、艺术审美价值等指标重要性的赋值较低,说明年轻群体对徽菜的价值认知和保护意识还不是很强,对此应加强年轻人的徽菜的传承意识培育和传习力度。

从被调查者的学历维度来看,在保护利用现状的重要性评估上,学历越高者赋值越低,数据为:初中及以下9.00,高中、中职或中专8.50,大学本科8.36,硕士及以上7.36,赋值与学历负相关。在徽菜的精神文化价值和艺术审美价值上,本科及以上学历者(大学本科、硕士及以上)认为其重要性程度要高于高中、中职或中专、高职或大专群体的认知程度。

从被调查者的单位性质看,在徽菜的经济开发价值判断上,国家机关、党群组织的评估赋值要高于学校及研究机构、其他企事业单位,这说明国家机关、党群组织关注徽菜的现实价值。相较于国家机关、党群组织,学校及研究机构更加关注徽菜的历史文化价值、精神文化价值等固有价值,这符合高校对徽菜价值的研究重点和关注方向。

从职称来看,被调查者职称的高低与对徽菜各方面的重视程度大致呈正相关,副高及以上职称对各项重要性的判断均高于无技术职称人员。

由相关数据分析可知,在对徽菜的徽州文化生态保护价值认知上,被调查者认为徽菜有很重要的经济开发价值,但它的科学技术价值的重要性并没有那么高。徽州文化生态保护区徽菜项目应走进市场和加强合理开发利用力度,进而增强公众对徽菜的社会认知度。而30岁以下的年轻人和69岁以上的老年人对于徽菜重要性的赋值差异化明显。年轻群体作为徽菜项目传承的生力军,传承渠道的建立和传承机制的完善至关重要。相较于国家机关、党群组织,学校及研究机构更加关注徽菜的历史文化价值、精神文化价值等固有价值,有利于促进徽菜发展。

通过不同维度的认知数据分析,大致可以形成如下结论:

徽菜有很好的经济价值,要充分利用这一点,在促进徽菜发展的同时,带动当地经济发展。

高学历者对于徽菜的价值重视不够,应加强对于高学历学者的培养,激发他们对于徽菜的学习和研究热情,可以促进徽菜的良好发展。

离退休群体对徽菜的热情较高,可以充分发挥离退休人员的时间优势、资源优势,加强民间资源对于徽菜的保护和发展。

十、对徽州根雕(黄山市)的认知数据分析

(一) 对徽州根雕(黄山市)的价值认知情况赋值表

对徽州根雕(黄山市)的价值认知情况赋值表如表5.10所示。

表5.10 对徽州根雕(黄山市)的价值认知情况赋值表

	历史文化价值	精神文化价值	科学技术价值	艺术审美价值	经济开发价值	社会和谐价值	保护利用现状	保护利用前景
全体	8.12	7.95	7.41	7.95	7.84	7.37	7.09	7.61
男	8.06	7.81	7.33	7.79	7.77	7.21	7.15	7.55
女	8.29	8.35	7.63	8.41	8.06	7.87	6.94	7.76

续表

	历史文化价值	精神文化价值	科学技术价值	艺术审美价值	经济开发价值	社会和谐价值	保护利用现状	保护利用前景
<30岁	6.86	6.71	5.86	7.00	7.29	5.86	6.14	7.14
30~49岁	8.35	8.10	7.49	7.98	7.72	7.47	7.10	7.79
50~69岁	8.79	8.53	8.26	8.53	8.63	8.05	8.00	8.21
>69岁	4.00	6.00	5.50	6.50	6.50	6.50	4.50	3.00
初中及以下								
高中、中职或中专	8.00	8.13	7.57	8.13	7.43	7.71	7.88	8.25
高职或大专	7.17	7.08	7.00	7.92	8.08	6.91	7.00	7.45
大学本科	8.50	8.26	7.35	7.76	8.09	7.59	7.47	7.68
硕士及以上	8.31	8.00	8.00	8.38	7.31	7.15	5.92	7.46
国家机关、党群组织	8.13	7.88	7.56	8.13	8.44	7.63	7.81	8.06
学校及研究机构	8.11	8.06	7.56	8.22	7.50	7.00	6.11	7.50
其他企事业单位	8.52	8.04	7.17	7.64	7.75	7.70	7.64	7.92
离退休	6.00	7.33	7.00	7.67	7.67	6.33	5.00	4.00
其他	8.00	8.20	8.20	8.20	8.00	7.40	7.40	8.20
无技术职称	8.07	7.93	7.29	7.71	8.21	7.21	7.36	7.86
初级	8.50	9.00	7.50	7.00	7.50	8.00	7.00	8.00
中级	7.94	7.56	7.20	8.00	7.73	6.86	6.69	7.63
副高	8.91	8.55	8.14	8.36	8.05	7.91	7.64	7.95
正高	6.60	7.40	6.80	7.60	7.20	7.00	6.40	6.75

(二) 对徽州根雕(黄山市)的认知数据解读

调查数据显示,被调查者对徽州根雕在徽州文化生态保护价值的认知,按重要性大小排序依次为:历史文化价值、精神文化价值、艺术审美价值和经济开发价值、科学技术价值、社会和谐价值。除了徽州根雕固有的价值属性外,其经济开发价值的重要性得到了被调查者的认可,但被调查者对于它的保护利用现状不满,认为没有得到很好的保护。

从性别上看,男性和女性在徽州根雕保护价值认知上存在一定的差异。男性认为历史文化价值重要性最高,对历史文化价值指标重要性赋值为8.06;而女性认为艺术审美价值重要性最高,赋值为8.41。

从年龄分布来看,年龄分布与对徽州根雕的价值认知呈现两极化的趋势,30岁以下的被调查者和69岁以上的老年人对徽州根雕保护价值的重要性认知程度不及30~69岁群体的认知,即30岁以下的被调查者对历史文化价值、精神文化价值、科学技术价值、社会和谐价值等指标重要性的赋值较低,69岁以上群体对根雕的整体态度比较消极。这说明如今徽州根雕的保护传承主体仍是中老年人,年轻人对于徽州根雕的认识不够,对此应加强年轻人的徽州根雕传承意识培育和传习力度。

从被调查者的学历来看,在科学技术价值重要性评估上,高中及以下学历者格外重视科学技术价值,仅次于硕士学历者。在徽州根雕的历史文化价值和精神文化价值上,本科及以上学历者(大学本科、硕士及以上)认为其重要性程度要高于高中、中职或中专、高职或大专群体的认知程度。

从被调查者的单位性质来看,在徽州根雕的经济开发价值和社会和谐价值的重要性判断上,国家机关、党群组织被调查者的赋值要高于学校及研究机构、其他企事业单位,反映出徽州根雕主管部门更关注徽州根雕项目的经济价值和社会价值的开发、利用。其他企事业单位则更加关注徽州根雕的历史文化价值和精神文化价值,对其重要性的赋值要高于国家机关或学校及研究机构,表明其他企事业单位更加注重徽州根雕内在的历史文化价值和艺术审美价值。

从职称来看,副高和初级职称群体赋值较高。正高职称、无技术职称者赋值相对较低,对徽州根雕的科学技术价值、经济开发价值、保护利用现状及前景不太看好，尤其认为徽州根雕的科学技术价值不高，但不否认其历史文化价值和艺术审美价值。

由相关数据分析可知，在对徽州根雕的徽州文化生态保护价值认知上，被调查者更加重视徽州根雕的历史文化价值、精神文化价值、艺术审美价值和经济开发价值，而对科学技术价值和社会和谐价值的重要性评判不高，各价值要素的评估权重并不平衡。此外，除了徽州根雕固有的价值属性外，其经济开发价值的重要性得到了被调查者的认可，但是被调查者对于它的保护利用现状不满，认为没有得到很好的保护。

当前，诸如传统技艺类的徽州根雕项目多数面临生存困境压力和市场空间突破提升的时代要求，对此徽州根雕项目应走进市场并加强合理开发利用力度，进而增强公众对徽州根雕的社会认知度和传承保护意识，提升徽州根雕保护和传承的内在动力、发展稳定性和可持续性。年轻群体作为徽州根雕项目传承的生力军，传承渠道的建立和传承机制的完善至关重要。此外，徽州根雕的传承保护、开发和利用是一项复杂而系统的工程，需要社会资源的协调整合和各部门的通力合作。

通过不同维度的认知数据分析，大致可以形成如下结论：

徽州根雕的主管部门继续加大对于徽州根雕的保护力度，并且尽可能宣传政府对于徽州根雕采取的保护措施，让大众得以了解，增添对于徽州根雕保护的信心。

虽然徽州根雕蕴含深厚的人文底蕴、历史价值，但是从以上数据中可以看出69岁以上群体对于徽州根雕价值的认可度低，保护意识十分缺乏，需要加强针对老年群体的宣传力度，利用老年群体的知识、手艺促进根雕发展。

高学历者对于徽州根雕的价值十分重视，可以通过他们对于徽州根雕的学习和研究热情，在高校中开设相关的课程，增加学生对于这一古老技艺的了解和学习热情,促进徽州根雕的蓬勃发展。

其他企事业单位对于徽州根雕也十分看好,说明社会机构对于徽州根雕的保护持有很高的热情,可以充分动员社会力量、民间力量来保护徽州根雕的文化。

十一、对徽州建筑技艺(黄山市)的认知数据分析

(一) 对徽州建筑技艺(黄山市)的价值认知情况赋值表

对徽州建筑技艺(黄山市)的价值认知情况赋值表如表5.11所示。

表5.11 对徽州建筑技艺(黄山市)的价值认知情况赋值表

	历史文化价值	精神文化价值	科学技术价值	艺术审美价值	经济开发价值	社会和谐价值	保护利用现状	保护利用前景
全体	8.82	8.31	8.11	8.33	7.86	7.63	7.25	8.22
男	8.81	8.21	8.04	8.30	7.74	7.64	7.38	8.19
女	8.83	8.59	8.29	8.44	8.18	7.59	6.88	8.28
<30岁	8.33	7.00	8.00	7.67	7.83	6.67	7.17	8.50
30~49岁	8.82	8.58	8.18	8.46	7.89	7.58	7.03	8.13
50~69岁	9.29	8.57	8.43	8.67	8.33	8.43	8.10	8.62
>69岁	6.50	6.50	5.50	6.00	5.00	6.00	5.00	6.00

续表

	历史文化价值	精神文化价值	科学技术价值	艺术审美价值	经济开发价值	社会和谐价值	保护利用现状	保护利用前景
初中及以下	10.00	10.00	10.00	10.00	10.00	10.00	10.00	10.00
高中、中职或中专	9.14	9.00	9.50	9.17	8.17	7.29	6.67	8.29
高职或大专	8.67	8.25	8.00	8.82	8.58	7.82	7.75	8.75
大学本科	9.03	8.24	8.06	8.00	7.71	7.79	7.65	8.09
硕士及以上	8.36	8.43	7.86	8.50	7.71	7.50	6.21	8.07
国家机关、党群组织	8.59	8.29	7.76	7.94	7.76	7.06	7.76	8.06
学校及研究机构	8.37	8.05	7.89	8.21	8.00	7.47	6.37	8.21
其他企事业单位	9.46	8.78	8.70	8.86	8.13	8.61	7.91	8.50
离退休	7.67	7.67	7.00	7.33	6.67	7.33	6.67	7.33
其他	9.25	8.00	8.50	8.75	7.75	6.25	6.25	8.00
无技术职称	8.27	7.67	7.80	7.73	7.93	7.13	7.40	8.13
初级	9.00	9.00	8.50	8.00	7.50	6.50	7.00	7.00
中级	8.35	8.44	8.19	8.53	8.25	7.56	6.56	8.18
副高	9.38	8.52	8.38	8.52	7.81	8.19	7.76	8.52
正高	9.80	8.40	8.80	9.40	8.40	8.00	7.20	8.60

（二）对徽州建筑技艺（黄山市）的认知数据解读

调查数据显示，西片区被调查者对徽州建筑技艺"非遗"价值的认知，按重要性大小排序依次为：历史文化价值、艺术审美价值、精神文化价值、科学技术价值、经济开发价值和社会和谐价值。由此可见，在徽州建筑技艺"非遗"方面，历史文化价值是最重要的价值认知，而它的社会和谐价值的重要性并没有那么高。

从性别来看，男性和女性在徽州建筑技艺"非遗"价值认知上存在一定的差异。男性给出的评价分数除社会和谐价值之外，其他五项均比女性低，差值最大项为经济开发价值,达到0.44,可见女性对徽州建筑技艺"非遗"在开发文化休闲项目,发展文化产业,建设区域、企业和产品品牌形象等经济利用方面的作用更为看好。

从年龄分布来看,西片区不同年龄段的被调查者对徽州建筑技艺"非遗"价值的认知差距不大,但69岁以上的被调查者对此"非遗"价值的评价相对较低,保护和利用的现状与前景预期也较低。但因为69岁以上样本量较少,仅有2个,其数据有效性一般。30岁以下的被调查者对精神文化价值的认同度较低。

从学历来看,初中及以下学历的被调查者对徽州建筑技艺"非遗"价值认知的赋值都很高,各项价值指标重要性赋值均达到10.00。

从被调查者的单位性质来看,其他企事业单位的被调查者对于历史文化、精神文化、科学技术、艺术审美、经济开发和社会和谐各项价值的判断均高于其他单位性质的被调查者。

从职称来看,被调查者的职称与历史文化、精神文化、科学技术、艺术审美、经济开发和社会和谐各分项价值并无明显的正相关或负相关。但将各项价值分值按照不同职称相加,则呈现出明显的正相关。这说明在总体上,职称越高,越重视"非遗"的价值。

通过不同维度的认知数据分析,大致可以形成如下结论:

从整体来看,被调查者对于"非遗"保护的前景分值高于现状分值,说明公众对徽州建筑技艺"非遗"持乐观态度。

或许是因为30岁以下年轻人并无长期与徽州建筑技艺"非遗"相关的生产、生活实践,其文化基因并非纵深积淀和世代传承,而是受到多元文化的影响,所以需要积极动员并激励更多年轻群体参与到徽州建筑技艺的传承保护工作中。同时需要保护和发扬其他企事业单位对于徽州建筑技艺"非遗"的积极性,更好地发挥其有效作用。

十二、对徽州武术(黄山市)的认知数据分析

(一) 对徽州武术(黄山市)的价值认知情况赋值表

对徽州武术(黄山市)的价值认知情况赋值表如表5.12所示。

表5.12 对徽州武术(黄山市)的价值认知情况赋值表

	历史文化价值	精神文化价值	科学技术价值	艺术审美价值	经济开发价值	社会和谐价值	保护利用现状	保护利用前景
全体	7.92	7.42	6.88	7.19	6.74	7.23	6.53	7.32
男	7.80	7.18	6.68	7.00	6.57	7.07	6.43	7.16
女	8.63	8.56	8.14	8.11	7.56	8.00	7.00	8.11
<30岁	4.50	5.40	4.40	4.80	5.00	5.80	5.20	6.00
30~49岁	8.03	7.48	6.79	7.32	6.65	7.06	6.45	7.26
50~69岁	8.63	8.11	7.95	7.89	7.63	8.05	7.16	7.89
>69岁	9.00	8.00	8.00	7.00	7.00	8.00	10.00	10.00
初中及以下	10.00	10.00	10.00	10.00	10.00	10.00	10.00	10.00
高中、中职或中专	7.50	7.00	6.50	6.67	5.33	6.33	5.83	6.00
高职或大专	8.10	7.70	7.33	7.60	7.60	8.00	6.10	7.90
大学本科	8.21	7.55	7.14	7.38	7.31	7.48	7.41	7.72
硕士及以上	7.40	7.30	6.30	6.80	5.30	6.40	5.10	6.60

续表

	历史文化价值	精神文化价值	科学技术价值	艺术审美价值	经济开发价值	社会和谐价值	保护利用现状	保护利用前景
国家机关、党群组织	7.80	7.80	6.73	7.13	7.27	7.33	7.20	7.87
学校及研究机构	7.60	7.13	6.60	6.73	5.80	6.60	4.93	6.60
其他企事业单位	8.95	7.89	7.94	8.32	7.74	8.21	7.79	8.26
离退休	9.50	9.00	8.00	7.50	6.50	8.00	6.00	7.00
其他	5.00	4.75	4.25	4.25	4.25	4.50	5.00	4.25
无技术职称	6.67	6.75	5.75	6.08	6.42	6.33	6.42	6.83
初级	10.00	10.00	10.00	10.00	9.00	9.00	9.00	10.00
中级	7.62	7.15	6.18	6.69	6.00	7.08	4.85	6.92
副高	8.63	7.58	7.79	7.95	7.16	7.63	7.47	7.74
正高	7.50	6.25	5.75	5.75	6.25	6.25	5.50	6.00

（二）对徽州武术（黄山市）的认知数据解读

调查数据显示，西片区被调查者对徽州武术非物质文化遗产的价值评价，按重要性大小排序依次为：历史文化价值、精神文化价值、社会和谐价值、艺术审美价值、科学技术价值和经济开发价值。徽州武术的历史文化价值和精神文化价值是被调查者认为最重要的两个要素，而它的经济开发价值的重要性并没有那么高。徽州武术文化源远流长，不但蕴含了极其丰富的历史文化信息，而且对中华武术的传承、创新作出了较大的贡献。全体被调查者对保护利用前景的评价高于保护利用现状，保护利用现状赋值不高。

从性别上看，男性和女性均对徽州武术的历史文化价值、精神文化价值和社会和谐价值评价较高，这与全体样本的整体评价相一致。在各类价值赋值及保护利用现状和保护利用前景赋值中女性均高于男性。

从年龄分布来看,西片区30岁以下的被调查者对徽州武术保护价值的重要性认知程度不及其他群体,即30岁以下的被调查者对历史文化价值、精神文化价值、科学技术价值、艺术审美价值等指标重要性的赋值较低。这在一定程度上反映出徽州文化生态保护区徽州武术项目的传承状况和传承人的结构特征,30~69岁的中老年群体作为徽州武术项目传承和保护利用的主体,对徽州武术保护价值的认识和理念更强,而年轻群体对徽州武术的价值认知和保护意识还不是很强。

从学历来看,初中及以下学历的被调查者对徽州武术在徽州文化生态保护中价值认知的赋值都很高,各项价值指标重要性赋值均达到10.00;高职或大专、大学本科的被调查者各项赋值均高于高中、中职或中专的调查者,对徽州武术价值认知有一定的区分度。

从职称来看,初级职称的被调查者对于徽州武术的各项"非遗"价值的赋值均高于中级及以上职称者,且差距明显,表明普通人员对于徽州武术的价值认知较强,应加强徽州武术在高职称群体中的传播范围与力度。

由相关数据分析可知,在对徽州武术的价值评价上,西部地区的调查者比较看重此项"非遗"的历史文化价值、精神文化价值和社会和谐价值,其保护利用现状赋值不高。30岁以下的年轻群体对于徽州武术"非遗"价值评价和认识程度不及中老年群体,徽州武术的表演和学习以中老年人为主,其发扬面临传承问题。作为动作性、文化性和表演性较强的武术形式,普通人员与高级职称人员对徽州武术的价值认知差异较大,徽州武术的大众认知程度较高。

通过不同维度的认知数据分析,大致可以形成如下结论:

需要加强徽州武术的抢救保护力度,积极动员并激励年轻群体参与到徽州武术的传承保护工作中。政府部门应加大资金投入和保护力度,通过职业教育、建立传习所,提供演出市场和空间等多种方式激起徽州武术的传承和学习活力,建立较为完善的传承体系,提高年轻人对于徽州武术的学习热情和传习意愿。

十三、对野鸡坞外科(黄山市)的认知数据分析

(一) 对野鸡坞外科(黄山市)的价值认知情况赋值表

对野鸡坞外科(黄山市)的价值认知情况赋值表如表5.13所示。

表5.13 对野鸡坞外科(黄山市)的价值认知情况赋值表

	历史文化价值	精神文化价值	科学技术价值	艺术审美价值	经济开发价值	社会和谐价值	保护利用现状	保护利用前景
全体	7.60	7.12	7.33	6.60	7.12	7.33	6.42	7.26
男	7.53	6.97	7.08	6.47	6.94	7.11	6.42	7.03
女	8.00	7.86	8.83	7.33	8.17	8.43	6.43	8.43
<30岁	5.50	5.00	5.75	4.50	4.75	5.00	4.75	6.00
30~49岁	7.30	7.00	6.86	6.14	6.76	7.04	6.13	6.87
50~69岁	8.71	8.00	8.53	7.88	8.29	8.35	7.41	8.29
>69岁	8.00	9.00	9.00	10.00	8.00	10.00	10.00	9.00

续表

	历史文化价值	精神文化价值	科学技术价值	艺术审美价值	经济开发价值	社会和谐价值	保护利用现状	保护利用前景
初中及以下	10.00	10.00	10.00	10.00	10.00	10.00	10.00	10.00
高中、中职或中专	7.00	7.25	7.00	5.25	6.75	6.50	5.50	6.00
高职或大专	7.67	7.11	7.67	6.57	7.71	8.00	7.22	7.56
大学本科	7.72	7.20	7.33	6.79	7.08	7.48	6.64	7.52
硕士及以上	7.67	7.17	7.50	7.17	7.00	6.50	5.50	7.00
国家机关、党群组织	7.08	6.77	7.00	6.23	6.54	6.77	6.08	7.00
学校及研究机构	7.40	6.80	7.40	6.70	7.11	7.10	5.50	7.10
其他企事业单位	8.38	7.75	7.87	7.50	7.80	8.19	7.75	8.25
离退休	9.00	9.50	9.50	10.00	9.00	10.00	9.00	7.50
其他	6.00	5.67	5.33	3.33	5.33	4.67	4.00	4.33
无技术职称	6.00	5.80	6.20	5.50	5.50	5.60	5.60	6.10
初级	9.00	10.00	10.00	9.00	8.00	9.00	10.00	10.00
中级	7.40	7.00	7.67	6.13	7.63	7.60	6.40	7.50
副高	8.60	7.80	7.93	7.86	8.13	8.20	7.33	8.00
正高	7.67	6.33	6.67	4.67	5.67	7.33	4.00	5.67

（二）对野鸡坞外科（黄山市）的认知数据解读

调查数据显示，西部被调查者对野鸡坞外科的非物质文化遗产的价值评价，按重要性大小排序依次为：历史文化价值、科学技术价值、社会和谐价值、经济开发价值、精神文化价值和艺术审美价值。野鸡坞外科的科学技术价值是被调查者认为较重要的要素，而它的艺术审美价值的重要性则没有那么高。野鸡坞外科对发背、腰疽、五肿伤寒、乳疽、疔疮等无名肿毒有特效，药到病除。

全体被调查者对保护利用前景的评价高于保护利用现状,保护利用现状赋值不高。

从性别来看,男性和女性均对野鸡坞外科的历史文化价值、科学技术价值和社会和谐价值评价较高,这与全体样本的整体评价相一致。在各类价值赋值中,除了保护利用现状价值赋值两者几乎持平外,其他价值赋值都是女性普遍高于男性,且男性价值赋值均低于全体价值赋值。可见女性对野鸡坞外科开发文化医疗项目,发展医药产业,建设区域、企业和社会和谐发展等精神价值方面的作用更为看好。

从年龄分布来看,西片区30岁以下的被调查者对野鸡坞外科"非遗"保护价值的重要性认知程度不及其他群体的认知,即30岁以下的被调查者对历史文化价值、精神文化价值、科学技术价值、艺术审美价值等指标重要性的赋值较低。这在一定程度上反映出野鸡坞外科"非遗"项目的传承状况和传承人的结构特征,50~69岁的中老年群体作为"非遗"项目传承和保护利用的主体,他们对"非遗"保护价值的认识和理念更强,而年轻群体对"非遗"的价值认知和保护意识还不是很强,对此应加强年轻群体对野鸡坞外科的传承意识培育和传习力度。

从学历来看,初中及以下学历的被调查者对"非遗"在野鸡坞外科保护中价值认知的赋值都很高,各项价值指标重要性赋值均达到10;除了精神文化价值,高职或大专、大学本科、硕士及以上的被调查者各项赋值均高于高中、中职或中专的调查者。在经济开发价值、社会和谐价值、保护利用现状、保护利用前景赋值中,高中、中职或中专以上群体的价值赋值随学历呈现负相关,对"非遗"价值认知有一定的区分度。

从被调查者的单位性质来看,除精神文化价值、保护利用现状外,在"非遗"的其他各项价值重要性判断上,国家机关、党群组织群体的评估赋值要低于学校及研究机构、其他企事业单位群体。除保护利用前景一项，离退休群体在其他各项价值赋值中的评价都很高，反映出社会公众对野鸡坞外科有较强兴趣，而国家机关、党群组织等"非遗"主管部门对于"非遗"项目保护的力度和认识度不高。而其他企事业单位则更加关注"非遗"的历史文化价值和社会和谐价值等各项价值赋值，这几项价值赋值均要高于国家机关或学校及研究机构。

由相关数据分析可知，在对野鸡坞外科的价值评价上，西片区的被调查者比较看重此项"非遗"的历史文化价值、科学技术价值和社会和谐价值，其保护利用现状赋值不高。30岁以下的年轻群体对于野鸡坞外科"非遗"价值评价和认识程度不及中老年群体，野鸡坞外科的传承和发扬以老年人为主，其发扬面临"传承"问题。普通人员与高级职称人员对野鸡坞外科的价值认知较高，野鸡坞外科的大众认知程度较好。

通过不同维度的认知数据分析，大致可以形成如下结论：

年轻群体作为"非遗"项目传承的生力军，传承渠道的建立和传承机制的完善至关重要。当前野鸡坞外科面临传承人"断层"压力，年轻人的"非遗"保护意识和工作投入意愿不强，增强青年群体的传承意识、加强"非遗"普及教育和提升他们从事传承保护工作的积极性值得政府及相关部门高度关注。

"非遗"的传承保护、开发和利用是一项复杂而系统的工程，需要社会资源的协调整合和各部门的通力合作。"非遗"主管和具体保护单位更应加强野鸡坞外科"非遗"项目的保护意识，增强公众对野鸡坞外科"非遗"的社会认知度和传承保护意识，提升野鸡坞外科"非遗"保护和传承的内在动力、发展稳定性和可持续性。

十四、对万安罗盘制作技艺(休宁县)的认知数据分析

(一) 对万安罗盘制作技艺(休宁县)的价值认知情况赋值表

对万安罗盘制作技艺(休宁县)的价值认知情况赋值表如表5.14所示。

表5.14 对万安罗盘制作技艺(休宁县)的价值认知情况赋值表

	历史文化价值	精神文化价值	科学技术价值	艺术审美价值	经济开发价值	社会和谐价值	保护利用现状	保护利用前景
全体	8.72	8.22	8.48	7.77	7.70	7.51	7.57	8.08
男	8.66	8.02	8.27	7.73	7.56	7.48	7.66	8.00
女	8.88	8.81	9.13	7.88	8.13	7.60	7.31	8.31
<30岁	7.00	6.71	7.00	6.14	6.57	6.57	6.00	7.00
30~49岁	8.76	8.37	8.41	7.71	7.45	7.16	7.43	7.95
50~69岁	9.29	8.81	9.14	8.57	8.62	8.52	8.52	8.76
>69岁	10.00	5.00	10.00	9.00	10.00	10.00	9.00	9.00
初中及以下	10.00	10.00	10.00	10.00	10.00	10.00	10.00	10.00
高中、中职或中专	9.13	8.71	9.29	8.29	8.00	8.00	8.43	8.57
高职或大专	8.60	8.09	8.50	7.91	7.91	7.60	8.30	8.40
大学本科	9.00	8.34	8.63	7.97	7.91	7.74	7.83	8.24
硕士及以上	7.92	7.92	7.69	7.00	6.92	6.69	6.08	7.31

续表

	历史文化价值	精神文化价值	科学技术价值	艺术审美价值	经济开发价值	社会和谐价值	保护利用现状	保护利用前景
国家机关、党群组织	8.88	8.00	8.35	8.00	7.65	7.35	7.82	8.24
学校及研究机构	7.94	7.83	7.78	6.94	6.89	6.67	6.50	7.50
其他企事业单位	9.08	8.88	9.00	8.21	8.33	8.26	8.30	8.59
离退休	10.00	7.50	10.00	9.50	10.00	10.00	9.50	9.50
其他	8.80	8.00	8.60	7.60	7.20	7.00	7.00	7.20
无技术职称	7.93	7.33	7.80	7.07	7.20	7.07	6.80	7.43
初级	10.00	10.00	9.50	9.00	7.50	7.00	8.00	9.00
中级	8.19	8.06	8.33	7.25	7.25	6.93	7.06	7.75
副高	9.29	8.76	9.14	8.71	8.38	8.24	8.57	8.71
正高	9.40	8.20	8.20	7.40	8.00	7.40	8.00	8.75

（二）对万安罗盘制作技艺（休宁县）的认知数据解读

调查数据显示，西片区被调查者对万安罗盘"非遗"价值的认知，按重要性大小排序依次为：历史文化价值、科学技术价值、精神文化价值、艺术审美价值、经济开发价值、社会和谐价值。由此可见，在万安罗盘"非遗"方面，历史文化价值是"非遗"最重要的价值认知，而它的社会和谐价值的重要性并不高。

从性别来看，男性和女性在万安罗盘"非遗"价值认知上存在一定的差异。男性赋值均比女性低，差异最明显的一项为科学技术价值，赋值差异达0.86，说明女性认为"非遗"的科学技术价值值得关注，更加注重万安罗盘"非遗"的科学发展程度、科学认识水平和技术创造能力。

从年龄分布来看，历史文化价值、科学技术价值、艺术审美价值、经济开发价值、社会和谐价值均与年龄呈正相关,即年龄越大,对万安罗盘"非遗"价值评价越高。

从学历来看,初中及以下学历的被调查者对万安罗盘"非遗"价值认知的赋值都很高,各项价值指标重要性赋值均达到10.00。在社会和谐价值上,学历对万安罗盘"非遗"价值的认知的影响呈明显负相关。

从被调查者的单位性质来看,离退休人员在历史文化价值、科学技术价值、经济开发价值、社会和谐价值方面均给出了满分10.00。其他企事业单位的总赋值也高于除离退休之外的其他单位性质的被调查者。除精神文化价值之外,学校及研究机构都给出了最低值。

从职称来看,被调查者职称与历史文化、精神文化、科学技术、艺术审美、经济开发和社会和谐各分项价值并无明显的相关性,初级职称的调查者给出的总分最高。

通过不同维度的认知数据分析,大致可以形成如下结论:

万安罗盘与大部分人的日常生活联系并不十分紧密,因此有部分被调查者并不清楚此项"非遗"情况,而年龄大者比年龄小者更重视传统的力量,因此对万安罗盘的评价也较高。

在当今社会,万安罗盘工艺品价值渐渐替代了实用价值,其价值的转变要求人们更好地思考如何保护和传承该项"非遗"。

无论何种年龄、学历、工作单位性质、职称,对于"非遗"保护的前景分值均高于现状分值,说明公众对万安罗盘"非遗"持乐观态度。

十五、对五城米酒酿制技艺（休宁县）的认知数据分析

（一）对五城米酒酿制技艺（休宁县）的价值认知情况赋值表

对五城米酒酿制技艺（休宁县）的价值认知情况赋值表如表5.15所示。

表5.15　对五城米酒酿制技艺（休宁县）的价值认知情况赋值表

	历史文化价值	精神文化价值	科学技术价值	艺术审美价值	经济开发价值	社会和谐价值	保护利用现状	保护利用前景
全体	7.88	7.37	7.58	6.86	8.29	7.42	7.74	8.26
男	7.82	7.32	7.49	6.84	8.20	7.14	7.61	8.00
女	8.07	7.54	7.86	6.92	8.57	8.29	8.14	9.07
<30岁	6.14	5.86	6.29	4.86	7.00	5.86	6.43	7.00
30～49岁	7.89	7.21	7.44	6.74	8.26	7.11	7.51	8.29
50～69岁	8.83	8.78	8.61	8.24	8.89	8.76	8.83	8.83
>69岁	6.00	4.00	8.00	8.00	10.00	10.00	8.00	8.00
初中及以下	10.00	10.00	10.00	10.00	10.00	10.00	10.00	10.00
高中、中职或中专	8.29	7.71	7.57	6.86	8.57	7.57	8.43	8.86
高职或大专	8.60	7.78	7.78	7.13	8.50	7.44	7.70	8.10
大学本科	7.87	7.55	7.90	7.10	8.55	7.61	8.16	8.29
硕士及以上	7.17	6.67	6.83	6.33	7.33	6.92	6.33	8.00

续表

	历史文化价值	精神文化价值	科学技术价值	艺术审美价值	经济开发价值	社会和谐价值	保护利用现状	保护利用前景
国家机关、党群组织	8.50	8.21	8.50	7.50	8.86	7.64	8.50	8.64
学校及研究机构	7.24	6.76	6.81	6.24	7.47	7.06	6.53	8.06
其他企事业单位	8.23	7.76	7.91	7.24	8.50	7.55	8.23	8.27
离退休	8.00	7.00	6.50	8.00	9.00	10.00	8.00	8.00
其他	7.60	6.60	7.00	6.20	8.40	7.20	7.60	8.00
无技术职称	7.43	7.07	7.14	6.21	7.86	6.86	7.71	7.93
初级	10.00	10.00	10.00	9.00	9.00	8.00	8.00	8.00
中级	7.67	6.79	7.14	6.23	7.80	6.86	6.80	8.00
副高	8.10	7.50	8.00	7.45	8.60	7.90	8.25	8.55
正高	8.00	8.00	7.25	6.75	8.75	7.75	8.00	8.50

（二）对五城米酒酿制技艺（休宁县）的认知数据解读

调查数据显示，西片区被调查者对五城米酒酿制技艺保护价值的认知，按重要性大小排序依次为：经济开发价值、历史文化价值、科学技术价值、社会和谐价值、精神文化价值、艺术审美价值。由此可见，经济开发价值是五城米酒酿制技艺最重要的价值认知，而它的艺术审美价值的重要性并没有那么高。五城的米酒文化源远流长，唐宋时期，五城的黄姓人的"将军会"就传承了米酒祭祀的习俗。后来，五城人恪守"父传子、子传孙、只传男、不传女"的祖训，米酒酿造一直限制在当地。全体被调查者对保护利用前景与保护利用现状的赋值都较高。

从性别上看，男性和女性均对五城米酒酿制技艺的经济开发价值、历史文化价值和科学技术价值评价较高，这与全体样本的整体评价相一致。在各类价值赋值、保护利用现状和保护利用前景赋值中，都是女性高于男性。可见女性对五城米酒酿制技艺发展酒文化产业，建设区域、企业和产品品牌形象等经济利用方面的作用更为看好，更加注重五城米酒酿制技艺的"非遗"的经济发展程度、经济认识水平和技术创造能力。

从年龄分布来看，西片区69岁以上的被调查者对五城米酒酿制技艺保护价值的重要性认知程度相较于其他群体的认知波动性更大，即69岁以上的被调查者对历史文化价值、精神文化价值指标重要性的赋值较低，但经济开发价值、社会和谐价值两项赋值普遍高于其他群体的重要性赋值。这在一定程度上反映出五城米酒酿制技艺项目的传承状况和传承人的结构特征，30~69岁的群体作为五城米酒酿制技艺项目传承和保护利用的主体，他们对其保护价值的认识和理念更强，而年轻群体的传承保护意识不是很强，整体赋值较低。

值得关注的是，初中及以下学历的被调查者对五城米酒酿制技艺价值认知的赋值都很高，各项价值指标重要性赋值均达到10.00；而高中及以上学历者（高中、中职或中专以及高职或大专、大学本科、硕士及以上）的被调查者则普遍认为五城米酒酿制技艺的经济开发价值、历史文化价值和保护利用前景重要性较高，对五城米酒酿制技艺价值认知有一定的区分度。在经济开发价值重要性评估上，学历越高者赋值越低，表现为：初中及以下10.00，高中、中职或中专8.57，高职或大专8.50，大学本科8.55，硕士及以上7.33，赋值随学历呈负相关。而在五城米酒酿制技艺的经济开发价值和社会和谐价值等各项价值赋值中，本科以上学历者认为其重要性程度要低于高中、中职或中专以及高职或大专、大学本科群体的认知程度。

从被调查者的单位性质来看，在五城米酒酿制技艺的科学技术价值、精神文化价值和历史文化价值重要性判断上，国家机关、党群组织的评估赋值要高于学校及研究机构、其他企事业单位,历史文化价值指标重要性赋值依次为8.50,7.24,8.23,8.00和7.60,科学技术价值重要性赋值依次为8.50,6.81,7.91,6.50和7.00,反映出主管部门更加关注五城米酒酿制技艺的历史文化价值和科学技术价值。而其他企事业单位则更加关注五城米酒酿制技艺的经济开发价值和社会和谐价值,对其重要性的赋值要高于学校及研究机构,表明其他企事业单位更注重五城米酒酿制技艺的经济价值和社会价值的开发、利用。

从职称来看,被调查者职称与各分项价值并无明显的相关性。但其中初级职称的被调查者在各方面都给出了最高分,其中历史文化、精神文化、科学技术价值三项给出了满分10.00。

由相关数据分析可知,在对五城米酒酿制技艺的保护价值认知上,被调查者更加重视它的经济开发价值、精神文化价值和科学技术价值,而对艺术审美价值和社会和谐价值的重要性评判不高,各价值要素的评估权重并不平衡。作为传统技艺类的五城米酒酿制技艺,多数面临生存困境压力和市场空间突破提升的时代要求,对此"非遗"项目应在保持文化基因独特性、文化传统延续性、文化生态完整性和经济开发价值等基本内核上,"非遗"项目主管部门走进市场、加强合理开发利用力度,进而增强公众对五城米酒酿制技艺的社会认知度和传承保护意识,提升其保护和传承的内在动力、发展稳定性和可持续性。

通过不同维度的认知数据分析,大致可以形成如下结论:

政府部门应加大资金投入和保护力度,通过职业教育、建立传习所、提供商品市场和空间等多种方式激起五城米酒酿制技艺的传承和学习活力,建立较为完善的市场体系,并保持该技艺的独特性,以经济开发价值为核心形成地方特色。

十六、对五城豆腐干制作技艺(休宁县)的认知数据分析

(一) 对五城豆腐干制作技艺(休宁县)的价值认知情况赋值表

对五城豆腐干制作技艺(休宁县)的价值认知情况赋值表如表5.16所示。

表5.16　对五城豆腐干制作技艺(休宁县)的价值认知情况赋值表

	历史文化价值	精神文化价值	科学技术价值	艺术审美价值	经济开发价值	社会和谐价值	保护利用现状	保护利用前景
全体	7.72	7.30	7.56	6.87	8.25	7.45	7.65	8.49
男	7.57	7.20	7.39	6.74	8.09	7.33	7.57	8.25
女	8.21	7.67	8.15	7.33	8.77	7.85	7.92	9.31
<30岁	6.71	5.57	6.43	5.00	7.00	5.57	6.43	7.29
30~49岁	7.89	7.52	7.65	7.03	8.26	7.32	7.65	8.62
50~69岁	8.06	8.00	7.94	7.71	8.72	8.53	8.39	8.83
>69岁	7.00	5.00	10.00	8.00	10.00	10.00	7.00	10.00
初中及以下	10.00	10.00	10.00	10.00	10.00	10.00	10.00	10.00
高中、中职或中专	8.50	7.71	8.00	7.29	9.00	8.29	8.57	9.14
高职或大专	8.50	8.11	8.10	6.88	8.30	8.00	7.90	8.70
大学本科	7.27	7.10	7.43	6.93	8.27	7.27	7.63	8.37
硕士及以上	7.83	7.17	7.33	6.83	7.75	7.08	7.08	8.42

续表

	历史文化价值	精神文化价值	科学技术价值	艺术审美价值	经济开发价值	社会和谐价值	保护利用现状	保护利用前景
国家机关、党群组织	8.64	8.21	8.43	7.21	8.79	7.57	8.14	8.71
学校及研究机构	7.47	7.06	7.24	6.18	7.71	7.00	7.06	8.35
其他企事业单位	7.41	7.05	7.29	7.15	8.19	7.52	7.71	8.43
离退休	8.50	7.50	7.50	8.00	9.00	10.00	7.50	9.00
其他	7.80	7.40	7.80	7.80	8.60	8.40	8.40	8.80
无技术职称	7.77	7.31	7.54	6.23	8.08	6.77	7.54	8.15
初级	9.00	9.00	9.00	10.00	9.00	8.00	9.00	10.00
中级	8.00	7.64	7.60	6.23	8.27	7.29	7.27	8.53
副高	7.35	6.90	7.50	7.40	7.95	7.80	7.80	8.60
正高	6.75	6.50	6.00	7.00	8.50	7.25	7.75	8.75

（二）对五城豆腐干制作技艺（休宁县）的认知数据解读

调查数据显示，西片区被调查者对五城豆腐干制作技艺保护价值的认知，按重要性大小排序依次为：经济开发价值、历史文化价值、科学技术价值、社会和谐价值、精神文化价值和艺术审美价值。由此可见，经济开发价值是其最重要的价值认知，而它的艺术审美价值的重要性并没有那么高。五城豆腐干具有对折不断、无裂纹等特征，品种较多，有五香、火腿、香菇等多种口味，是品茶点心，也是下酒佳肴。其制作经过十四道工序，十分考究。

从性别来看，男性和女性均对五城豆腐干的历史文化价值、精神文化价值和社会和谐价值评价较高，这与全体样本的整体评价相一致。在各类价值、保护利用现状和保护利用前景赋值中，女性普遍高于男性，说明女性对五城豆腐干制作技艺开发商业产品项目,建设区域、企业和产品品牌形象等经济利用方面的作用更为看好。

从年龄分布来看,西片区30岁以下的被调查者对五城豆腐干制作技艺保护价值的重要性认知程度不及30～69岁群体的认知,即30岁以下的被调查者对社会和谐价值、精神文化价值、艺术审美价值等指标重要性的赋值较低。69岁以上群体较其他群体的价值评价波动性大,精神文化价值的评价低于其他三个群体的价值赋值。科学技术价值是四个群体中价值赋值最高的。30～69岁的群体作为五城豆腐干制作技艺项目传承和保护利用的主体,他们对其保护价值的认识和理念更强,而年轻群体对它的价值认知和保护意识还不是很强,整体赋值较低。

从学历来看,初中及以下学历的被调查者对五城豆腐干制作技艺保护价值认知的赋值都很高,各项价值指标重要性赋值均达到10.00;除了精神文化价值、科学技术价值和历史文化价值,高职或大专、大学本科、硕士及以上的被调查者各项赋值均高于高中、中职或中专的被调查者。在艺术审美价值、经济开发价值、社会和谐价值、保护利用现状和保护利用前景赋值中,高中、中职或中专以上群体的价值赋值随学历呈负相关,学历越高者赋值越低,对其价值认知有一定的区分度。

从被调查者的职称来看,初级职称群体的各项价值赋值都是最高的,可见社会大众群体对五城豆腐干制作技艺的认知程度和关注度较高。在历史文化价值、精神文化价值和科学技术价值重要性判断上,初级职称以上群体的价值赋值呈负相关,即职称越高赋值越低。

由相关数据分析可知,在对五城豆腐干制作技艺保护价值认知上,被调查者更加重视它的经济开发价值、历史文化价值和科学技术价值,而对精神文化价值、艺术审美价值的重要性评判不高,各价值要素的评估权重并不平衡,五城豆腐干制作技艺项目的内部诸要素之间的相互作用关系及各要素对系统功能的影响程度关系到"非遗"项目能否很好地传承和保护。30岁以下的年轻群体对于五城豆腐干制作技艺"非遗"价值评价和认识程度不及中老年群体,五城豆腐干制作技艺的传承和学习以中老年人为主,传承面临"断层"问题。它是一种商业性、文化性的技艺形式,普通人员与高级职称人员对五城豆腐干制作技艺的价值认知较大,大众认知程度较好。

通过不同维度的认知数据分析,大致可以形成如下结论:

"非遗"主导部门应加强年轻人的五城豆腐干制作技艺保护意识,改变他们工作投入意愿不强的想法,增强他们的传承意识,加强对他们的"非遗"普及教育,提升他们从事传承保护工作的积极性。加强对五城豆腐干制作技艺"非遗"文化资源的当代价值开发。

十七、对绿茶制作技艺(松萝茶)(休宁县)的认知数据分析

(一) 对绿茶制作技艺(松萝茶)(休宁县)的价值认知情况赋值表

对绿茶制作技艺(松萝茶)(休宁县)的价值认知情况赋值表如表5.17所示。

表5.17 对绿茶制作技艺(松萝茶)(休宁县)的价值认知情况赋值表

	历史文化价值	精神文化价值	科学技术价值	艺术审美价值	经济开发价值	社会和谐价值	保护利用现状	保护利用前景
全体	8.61	7.98	8.05	7.25	8.60	7.87	7.71	8.53
男	8.56	7.88	7.94	7.33	8.58	7.65	7.63	8.30
女	8.75	8.33	8.40	7.00	8.67	8.60	8.00	9.27
<30岁	7.86	6.43	6.43	5.14	7.29	6.14	7.14	8.00
30~49岁	8.76	8.22	8.31	7.65	8.68	8.30	7.89	8.81
50~69岁	8.71	8.19	8.33	7.48	8.95	7.90	7.81	8.43
>69岁	9.00	10.00	8.00	8.00	10.00	8.00	9.00	8.00
初中及以下	10.00	10.00	10.00	10.00	10.00	10.00	10.00	10.00
高中、中职或中专	8.63	8.57	8.00	7.71	8.86	8.29	8.71	9.00
高职或大专	8.73	8.45	8.40	8.09	8.73	8.55	7.91	8.60
大学本科	8.58	7.52	7.94	6.70	8.70	7.48	7.79	8.36
硕士及以上	8.71	8.57	8.21	7.86	8.21	8.21	7.14	8.79
国家机关、党群组织	8.38	7.94	8.19	7.25	8.56	7.50	8.00	8.44
学校及研究机构	8.53	8.00	8.11	7.42	8.26	7.95	7.00	8.68
其他企事业单位	8.79	7.87	7.91	7.09	8.74	7.87	8.04	8.45
离退休	9.50	10.00	9.00	9.00	10.00	9.00	9.50	9.00
其他	8.80	8.20	8.20	7.60	9.00	8.80	8.00	8.80
无技术职称	7.87	7.20	7.13	6.00	7.93	6.80	7.80	8.20
初级	10.00	9.00	9.00	8.00	9.00	9.00	10.00	9.00
中级	8.76	8.50	8.40	7.81	8.50	8.38	7.63	9.00
副高	8.86	7.82	8.32	7.64	8.86	7.77	7.50	8.32
正高	8.40	8.40	7.40	7.20	8.60	8.20	8.00	8.75

(二) 对绿茶制作技艺(松萝茶)(休宁县)的认知数据解读

调查结果显示,西片区全体被调查者对绿茶制作技艺非物质文化遗产的价值评价中,最高为历史文化价值(8.61),其次为经济开发价值(8.60),保护利用前景相对较高(8.53),对科学技术价值的赋值较高(8.05),而精神文化价值、社会和谐价值则相对较低,保护利用现状赋值为7.71。绿茶制作技艺作为生产性和生活性融合度高的"非遗"文化,受众十分注重它的历史传统和文化价值,也高度评价其经济开发价值;科学技术价值赋值处于中等水平;对其保护利用现状不太满意,但普遍认为其保护利用前景较好。

从不同性别表现来看,女性被调查者对休宁绿茶制作技艺"非遗"历史文化价值、精神文化价值、科学技术价值、经济开发价值、社会和谐价值的认同均高于男性被调查者,尤其在"非遗"的社会和谐价值上,女性赋值8.60,比男性高0.95,差异最为显著,而男性被调查者则对其艺术审美价值更为重视,反映出绿茶制作技艺"非遗"价值的认同的性别差异:男性被调查者更偏向艺术审美价值,而女性则在精神文化、科学技术、生活品质提升和社会稳定和谐方面更加关注。此外,无论男女对休宁绿茶制作技艺"非遗"保护现状赋值均较低,而在保护利用现状方面,女性赋值显著高于男性。

在年龄层面上,被调查者中30~69岁样本对休宁绿茶制作技艺的八类"非遗"价值赋值均高于30岁以下群体,表明徽州西片区年轻群体对绿茶制作技艺的价值认知度不高。从分项数据来看,30~69岁群体对绿茶制作技艺的历史文化价值、经济开发价值、科学技术价值和精神文化价值更为重视,尤其对科学技术价值的赋值显著高于30岁以下群体(分别为6.43,8.31,8.33,8.00)。不同年龄层对于绿茶制作技艺的保护利用前景的赋值高于保护利用现状，且30岁以下群体对保护利用前景的赋值低于或等于30岁以上各群体的赋值。这在一定程度上反映出绿茶制作技艺的保护利用现状并非十分乐观，年轻群体对它的价值判断和保护前景态度支持度较低，特别是对科学技术价值的认识不强，侧面反映了绿茶制作技艺面临的传承难题。

从学历来看，由均值可知，高职或大专及以下学历的被调查者对绿茶制作技艺的各项价值赋值高于大学本科及以上学历者，具体数据为高中、中职或中专8.47，高职或大专8.43，大学本科7.88，硕士及以上8.21，其中大学本科学历的均值最低。在经济开发价值和保护利用现状赋值上，学历越高者赋值越低，表明学历程度与赋值负相关。不同学历的被调查者对保护利用前景赋值均较高，这与总体样本的评价较为一致。

从被调查者的单位性质来看，在对绿茶制作技艺的精神文化价值、艺术审美价值和社会和谐价值判断上，学校及研究机构的赋值要高于国家机关、党群组织和其他企事业单位，精神文化价值赋值依次为8.00，7.94和7.87，艺术审美价值赋值依次为7.42，7.25和7.09，社会和谐价值赋值依次为7.95，7.50和7.87。而在科学技术价值、经济开发价值和保护利用现状上，国家机关、党群组织的赋值高于学校及研究机构，表明"非遗"主管部门更加注重绿茶制作技艺的技术价值利用和经济价值开发，并对保护利用现状重视程度高，而对历史文化、精神内涵、艺术审美等价值关注度不高，而学校及研究机构则相对更注重该项"非遗"的精神文化传承、艺术审美表达和社会和谐价值追求。

从职称来看，无技术职称的被调查者对各项"非遗"价值的赋值大多低于其他职称者。由于初级和正高职称的样本数仅有2和5，分别占比为2.8%和6.9%，因此本题集中比较分析无技术职称、中级和副高职称的被调查者。在对历史文化价值和经济开发的价值的赋值上，无技术职称＜中级＜副高，表明职称越高者对历史文化价值和经济开发价值的赋值越高。

由相关数据分析可知,在对绿茶制作技艺的价值评价上,西片区的被调查者比较看重此项"非遗"的历史文化价值、经济开发价值、科学技术价值和保护利用前景,而对它的保护利用现状评价不高。从年龄层次来看,30岁以下的年轻群体对绿茶制作技艺的"非遗"价值评价和认识程度不及中老年群体,对绿茶制作技艺保护利用前景的态度不太乐观。

绿茶制作技艺作为技术性和实践性强的非物质文化遗产,注重生产性和活态性的保护和传承利于发挥其文化和经济价值,而本真性技艺传承至关重要。但在当前,年轻群体对绿茶制作技艺"非遗"价值认知不高,包括对科学技术价值的评价,这不利于"非遗"的有力传承和后续发展。此外,作为绿茶制作技艺"非遗"项目的主管部门,国家机关、党群组织重视绿茶制作技艺的技术价值利用和经济价值开发,而对"非遗"的历史文化、精神内涵、艺术审美等价值关注度不高,存在"重经济,轻文化"的现实问题。

通过不同维度的认知数据分析,大致可以形成如下结论:

年轻群体作为"非遗"传承和发展的生力军,提升他们对绿茶制作技艺的传承和保护意识至关重要。因此,相关部门需要提升年轻人对绿茶制作技艺的"非遗"价值认识,并加强对年轻人的绿茶制作技艺知识的普及和技术的传承力度,进而提高他们对此项"非遗"重要性的认识和保护传承的自觉意识。

"非遗"的"物质文明"和"精神文明"两手都要硬,应注重"非遗"文化价值和经济价值的平衡发展。主管部门在发挥绿茶制作技艺"非遗"的经济效益、注重生产制作和技术传承的同时,更要重视历史文化、精神内涵和审美艺术等价值理性的传播和弘扬,应调整和转变绿茶制作技艺传承和发展的观念和思路,注重"文化效应"和"经济价值"的平衡。

十八、对徽州目连戏(祁门县)的认知数据分析

(一) 对徽州目连戏(祁门县)的价值认知情况赋值表

对徽州目连戏(祁门县)的价值认知情况赋值表如表5.18所示。

表5.18 对徽州目连戏(祁门县)的价值认知情况赋值表

	历史文化价值	精神文化价值	科学技术价值	艺术审美价值	经济开发价值	社会和谐价值	保护利用现状	保护利用前景
全体	8.50	8.30	7.02	7.95	7.36	7.64	7.18	7.95
男	8.47	8.24	6.95	7.84	7.29	7.62	7.20	7.91
女	8.64	8.55	7.33	8.36	7.64	7.70	7.09	8.09
<30岁	6.83	6.50	4.83	6.33	5.33	5.50	6.00	6.50
30~49岁	8.53	8.30	6.82	7.97	7.37	7.69	7.07	7.83
50~69岁	9.00	8.81	8.20	8.52	8.10	8.38	7.90	8.67
>69岁	10.00	10.00	7.00	7.00	8.00	7.00	8.00	8.00
初中及以下	10.00	10.00	10.00	10.00	10.00	10.00	10.00	10.00
高中、中职或中专	9.67	9.00	8.50	9.00	7.83	8.67	7.83	9.00
高职或大专	8.11	8.33	6.14	8.11	7.44	7.63	7.78	8.11
大学本科	8.55	8.21	7.25	7.97	7.48	7.69	7.62	8.07
硕士及以上	8.23	8.15	6.46	7.31	6.92	7.15	5.69	7.15

续表

	历史文化价值	精神文化价值	科学技术价值	艺术审美价值	经济开发价值	社会和谐价值	保护利用现状	保护利用前景
国家机关、党群组织	8.29	7.86	6.71	7.71	7.14	7.57	7.50	7.93
学校及研究机构	8.00	7.94	6.00	7.44	6.94	7.11	6.00	7.28
其他企事业单位	9.18	8.88	8.73	8.65	8.24	8.44	8.41	8.88
离退休	10.00	9.33	8.50	8.67	7.33	8.33	8.00	8.67
其他	8.40	8.20	6.40	7.80	6.80	7.00	6.40	7.20
无技术职称	7.50	6.92	5.67	7.00	6.00	6.50	6.67	7.08
初级	10.00	8.00	9.00	8.00	9.00	9.00	10.00	9.00
中级	8.38	8.38	6.31	7.69	7.06	7.27	6.50	7.75
副高	8.85	8.60	8.00	8.50	8.10	8.15	7.60	8.40
正高	9.50	9.50	6.00	8.25	7.25	8.50	7.50	8.25

(二) 对徽州目连戏(祁门县)的认知数据解读

调查结果显示,西片区全体被调查者对徽州目连戏非物质文化遗产的价值评价,按重要性排序依次为:历史文化价值、精神文化价值、艺术审美价值、社会和谐价值、经济开发价值和科学技术价值。目连戏的历史文化价值和精神文化价值是被调查者认为最重要的两个要素。目连戏作为徽州地区经典的戏剧,具有较为悠久的历史,反映了徽州的风土人情和浓郁的地方文化色彩,其历史、文化和艺术价值不言而喻。全体被调查者对保护利用前景的评价高于保护利用现状,保护利用现状赋值不高。

从不同性别来看,男性和女性均对徽州目连戏的历史文化价值、精神文化价值和艺术审美价值评价较高,这与全体样本的整体评价相一致。除了对保护利用现状的赋值男性高于女性外,对其他各类价值赋值女性均高于男性。

从年龄来看,被调查者中30岁以下样本对徽州目连戏的"非遗"价值赋值均低于30岁以上群体,且差异较为显著,表明徽州西片区年轻群体对徽州目连戏的价值认知度较低。在历史文化价值和精神文化价值的赋值中,年龄越高者对于目连戏的赋值越高,两者呈现明显的正相关。30~49岁群体对目连戏的科学技术价值、艺术审美价值、经济开发价值和社会和谐价值赋值均低于50~69岁群体。目连戏作为徽州地区历史较为悠久的戏曲之一,传唱人员以中老年群体为主,加上唱腔古老、曲调难懂和难以学习,年轻群体对目连戏的认识和了解不足,传承问题面临着后继乏人的困境。

从学历来看,在各项徽州目连戏的价值评价中,高中、中职或中专及以下学历者的赋值高于高职或大专、大学本科和硕士及以上学历的被调查者。在保护利用现状和保护利用前景上,学历越高者对其赋值越低,两者负相关,且不同学历者对保护利用现状的赋值均低于保护利用前景。

从被调查者的单位性质来看,其他企事业单位对徽州目连戏各项价值赋值均高于国家机关、党群组织和学校及研究机构。在历史文化价值和艺术审美价值评价上,国家机关、党群组织的赋值高于学校及研究机构,而在精神文化价值上,学校及研究机构的赋值高于国家机关、党群组织。在保护利用现状的评价中,国家机关、党群组织和学校及研究机构的赋值都较低,反映出目连戏的保护利用现状不是很理想。

从职称来看,无技术职称的被调查者对目连戏各项"非遗"价值的赋值基本低于其他职称者,且差距明显,表明普通民众对目连戏的价值认知不强,需要增强目连戏的社会认知度和传播范围。

由相关数据分析可知,在对目连戏的价值评价上,西片区的被调查者比较看重此项"非遗"的历史文化价值、精神文化价值和艺术审美价值,其保护利用现状并不太好。从年龄层次看,30岁以下的年轻群体对目连戏"非遗"价值评价和认知度不及中老年群体,目连戏的表演和传唱以中老年群体为主,目连戏的传承和发扬面临"传承"问题。作为知识性、文化性和表演性较强的徽文化戏曲,普通人员与高级职称人员对目连戏的价值认知差异较大,目连戏的社会传播范围和大众认知程度有限。

通过不同维度的认知数据分析,大致可以形成如下结论:

应加大目连戏的大众普及和传播范围,提升公众对优秀戏曲历史、文化、艺术和价值等认知度,进而营造社会关注历史传统、重视目连戏"非遗"文化保护和传承的良好氛围。

需要加强目连戏的抢救保护力度,积极动员和激励年轻群体参与到目连戏的传承保护工作中。政府相关部门应加大资金投入和保护力度,通过职业教育、建立传习所、提供演出市场和空间等多种方式激起目连戏的传唱和传承活力,建立较为完善的传承体系,提高年轻人对目连戏的学习热情和传习意愿。

十九、对祁门傩舞(祁门县)的认知数据分析

(一) 对祁门傩舞(祁门县)的价值认知情况赋值表

对祁门傩舞(祁门县)的价值认知情况赋值表如表5.19所示。

表5.19 对祁门傩舞(祁门县)的价值认知情况赋值表

	历史文化价值	精神文化价值	科学技术价值	艺术审美价值	经济开发价值	社会和谐价值	保护利用现状	保护利用前景
全体	8.65	8.15	6.96	7.90	7.06	7.50	6.94	7.69
男	8.56	8.12	7.00	7.90	7.02	7.50	7.07	7.74
女	9.00	8.30	6.75	7.90	7.20	7.50	6.40	7.50
<30岁	6.60	6.20	4.20	5.80	5.00	5.00	5.60	5.20
30~49岁	8.96	8.18	6.73	7.93	7.00	7.71	7.04	7.68
50~69岁	8.85	8.55	8.16	8.60	7.80	7.95	7.45	8.30
>69岁		10.00	8.00	8.00	10.00	9.00	5.00	10.00
初中及以下	10.00	10.00	10.00	10.00	10.00	10.00	10.00	10.00
高中、中职或中专	9.75	9.25	7.50	8.75	6.00	8.25	8.25	8.50
高职或大专	8.75	8.50	7.33	8.00	7.00	7.38	7.38	7.75
大学本科	8.67	7.96	7.26	8.07	7.54	7.68	7.29	7.71
硕士及以上	8.31	7.92	6.08	7.38	6.62	7.08	5.62	7.31
国家机关、党群组织	8.29	7.86	6.93	7.71	7.00	7.43	7.29	7.57
学校及研究机构	8.17	7.56	5.89	7.22	6.56	6.94	5.72	7.11
其他企事业单位	9.38	8.56	8.79	8.81	8.25	8.31	8.13	8.56
离退休	10.00	10.00	8.00	9.00	7.00	7.50	5.50	8.00
其他	9.33	9.33	5.33	8.33	5.00	7.33	7.67	7.33
无技术职称	7.36	7.00	5.55	6.91	6.00	6.55	6.64	6.55
初级	10.00	7.00	8.00	10.00	10.00	9.00	8.00	7.00
中级	8.43	8.00	5.91	7.43	6.21	6.71	5.79	7.21
副高	9.28	8.47	8.16	8.53	8.16	8.16	7.37	8.47
正高	9.00	9.00	5.50	8.25	6.00	8.25	7.50	8.00

(二) 对祁门傩舞(祁门县)的认知数据解读

调查结果显示,全体被调查者对祁门傩舞非物质文化遗产的评价中,历史文化价值最高(8.65),其次为精神文化价值(8.15),艺术审美价值(7.90)、保护利用前景(7.69)和社会和谐价值(7.50)处于中等水平,经济开发价值(7.06)、科学技术价值(6.96)和保护利用现状(6.94)赋值较低。祁门傩舞作为一种传统民俗祭祀舞蹈,集武术、舞蹈、音乐、美学、雕刻于一体,是独具特色的传统艺术,形象地凝聚着傩文化所体现的宗教意识、民俗意识和审美意识,本身就具有较高的历史文化价值、精神文化价值和艺术审美价值,这与受众的价值认知相一致。

从不同性别来看,对祁门傩舞的历史文化价值、精神文化价值和经济开发价值评价中,女性的赋值高于男性;而男性对于其科学技术价值、保护利用现状和保护利用前景的评价高于女性。在艺术审美价值和社会和谐价值上,男性的赋值与女性相同。这反映出保护区西片区女性群体更加关注祁门傩舞的历史文化、精神文化和经济利用价值,男性则更关注其科学技术价值、保护利用现状和前景。

从年龄来看,被调查者中30岁以下样本对祁门傩舞"非遗"的价值赋值最低;除了在历史文化价值上,30~49岁群体的赋值高于50~69岁之外,在对其他"非遗"价值的评价上,50~69岁被调查者的赋值高于30~49岁。从分项价值评价来看,30~49岁群体比较重视祁门傩舞的历史文化价值、精神文化价值和艺术审美价值,50~69岁群体在此基础上,也重视祁门傩舞的科学技术价值和保护利用前景,两者在艺术审美价值和保护利用前景评价上差异较大。祁门傩舞作为不可再生的民族文化遗产，展现着我国多民族不同历史阶段的文化风貌和民风民俗，然而年轻群体对其认识程度很低，反映出祁门傩舞在年轻群体中接受程度较低。

从学历来看，在对祁门傩舞的价值评价中，除了经济开发价值外，高中、中职或中专及以下学历者对各项价值的赋值均高于高职或大专、大学本科和硕士及以上学历的被调查者。在历史文化价值、精神文化价值、科学技术价值和艺术审美价值上，学历呈现一定的规律性：学历越高者，对于祁门傩舞的价值赋值越低，表明高学历者对其价值认知程度不及低学历者。在保护利用现状和保护利用前景上，亦呈现出学历越高者赋值越低的现象，两者负相关。

从被调查者的单位性质来看，其他企事业单位对祁门傩舞各项价值赋值均高于国家机关、党群组织与学校及研究机构，其中学校及研究机构的价值赋值最低。在保护利用现状和保护利用前景上，国家机关、党群组织赋值高于学校及研究机构，但低于其他企事业单位。离退休和其他企事业单位的样本对历史文化价值、精神文化价值和艺术审美价值的评价较高。

从职称来看，在历史文化价值、精神文化价值、艺术审美价值和社会和谐价值评价上，无技术职称的被调查者对祁门傩舞的赋值均低于中级及以上职称者，且差距明显，表明高职称者对祁门傩舞的价值认知更为客观和准确。

由相关数据分析可知，祁门傩舞作为地方特色的民俗舞蹈，对其历史文化价值、精神文化价值和艺术审美价值的评价较高。祁门傩舞在发展中也面临着若干现实问题，具体表现为：年轻群体对祁门傩舞的认识程度较低，对其独有的价值重视度不高；祁门傩舞作为地方性的舞蹈，表演空间和场地都有一定的地域性和条件性限制，对它的保护和传承由政府相关部门主导，其他企事业单位也较为重视，而学校及研究机构的认知程度不高。

通过不同维度的认知数据分析，大致可以形成如下结论：

祁门傩舞在保持地域性特色的同时,加强社会性的文化展演和文化传播也十分必要。当前祁门傩舞在学校及研究机构中"遇冷",且低职称者对其价值认知不全面,祁门傩舞的传承保护由政府部门主导,而普通人员和研究人员等对其认识较少。因此,通过社会性的文化展演方式提升公众的认知度很有必要。

年轻群体对祁门傩舞的价值认知和接受度较低,这不利于祁门傩舞的传承和后续发展。因此,增强青年群体对祁门傩舞的认识和保护意识,提升他们对祁门傩舞的重视度和传承积极性十分关键。

二十、对祁门红茶制作技艺(祁门县)的认知数据分析

(一) 对祁门红茶制作技艺(祁门县)的价值认知情况赋值表

对祁门红茶制作技艺(祁门县)的价值认知情况赋值表如表5.20所示。

表5.20　对祁门红茶制作技艺(祁门县)的价值认知情况赋值表

	历史文化价值	精神文化价值	科学技术价值	艺术审美价值	经济开发价值	社会和谐价值	保护利用现状	保护利用前景
全体	8.76	8.08	8.25	7.84	8.70	7.78	8.03	8.58
男	8.62	7.98	8.25	7.81	8.56	7.71	8.04	8.40
女	9.20	8.40	8.27	7.93	9.13	8.00	8.00	9.13

续表

	历史文化价值	精神文化价值	科学技术价值	艺术审美价值	经济开发价值	社会和谐价值	保护利用现状	保护利用前景
<30岁	7.86	5.86	6.29	6.14	7.29	6.00	7.00	7.86
30~49岁	8.95	8.22	8.49	7.92	9.00	8.00	8.14	8.78
50~69岁	8.80	8.60	8.70	8.50	8.85	8.35	8.55	8.70
>69岁	9.50	9.00	7.50	7.00	8.00	6.00	6.50	6.50
初中及以下	10.00	10.00	10.00	10.00	10.00	10.00	10.00	10.00
高中、中职或中专	9.00	8.57	8.57	8.14	9.57	8.71	8.43	9.00
高职或大专	8.67	7.83	8.25	7.83	8.58	8.08	8.00	8.18
大学本科	8.74	7.91	8.22	7.69	8.63	7.44	8.25	8.31
硕士及以上	8.86	8.43	8.21	8.07	8.64	7.93	7.50	9.21
国家机关、党群组织	8.44	7.56	8.13	7.38	8.50	7.44	8.19	8.63
学校及研究机构	8.72	8.16	8.16	7.84	8.68	7.68	7.68	8.84
其他企事业单位	8.91	8.18	8.41	8.23	8.91	8.18	8.41	8.43
离退休	9.67	9.33	8.33	8.00	8.67	7.33	7.67	7.67
其他	9.00	8.20	8.80	7.60	9.00	8.00	7.80	8.80
无技术职称	7.86	6.64	7.14	6.64	7.79	6.36	7.64	8.21
初级	10.00	7.00	8.00	7.00	10.00	8.00	9.00	6.00
中级	8.65	8.31	8.50	8.19	9.06	8.06	7.75	8.94
副高	9.00	8.41	8.64	8.23	8.77	7.95	8.23	8.55
正高	9.60	9.00	8.80	8.20	9.20	8.60	8.80	9.00

（二）对祁门红茶制作技艺（祁门县）的认知数据解读

调查结果显示，西片区全体被调查者对祁门红茶制作技艺非物质文化遗产的评价中,最高为历史文化价值(8.76),其次为经济开发价值(8.70),科学技术价值(8.25)和精神文化价值(8.08)相对较高,对保护利用前景的赋值较高(8.58),保护利用现状的赋值最低(8.03)。祁门红茶制作技艺作为生产性和生活融入性高的"非遗"文化,被调查者注重它的历史传统和文化价值,也高度评价其经济开发价值,普遍认为其保护利用前景较好。

从不同性别表现来看,女性被调查者对祁门红茶制作技艺"非遗"的历史文化价值、精神文化价值、科学技术价值、艺术审美价值、经济开发价值和社会和谐价值认同度均高于男性被调查者,尤其在"非遗"的历史文化价值和经济开发价值上,差异最为显著。在祁门红茶制作技艺保护利用现状方面,男性赋值稍高于女性,而在其保护利用前景上,女性赋值高于男性。

从年龄层面来看,被调查者中30~69岁群体样本对祁门红茶制作技艺的六类"非遗"价值的赋值均高于30岁以下群体,表明徽州文化生态保护区西片区年轻群体对祁门红茶制作技艺的价值认知度不高。不同年龄层对于祁门红茶制作技艺的保护利用现状和前景的赋值存在差异,30岁以下群体对它们的赋值低于30~69岁群体。这在一定程度上反映出:年轻群体对祁门红茶的价值评价较低,对保护前景态度支持度不高。

从学历来看,在对祁门红茶制作技艺的价值评价中,高中、中职或中专及以下学历者对各项价值的赋值均高于高职或大专、大学本科和硕士及以上学历的被调查者。在学历层面上,对科学技术价值的赋值呈现一定的规律性:学历越高者,对祁门红茶制作技艺的价值赋值越低。

从被调查者的单位性质来看,对祁门红茶制作技艺的价值评价呈现出一定的规律性:六类价值评价的赋值,国家机关、党群组织＜学校及研究机构＜其他企事业单位,表明祁门红茶制作技艺的主管部门对其价值认知不及学校及研究机构和其他企事业单位。

从职称来看，无技术职称的被调查者对各项"非遗"价值的赋值均低于初级及以上职称者。精神文化价值、科学技术价值和艺术审美价值上的赋值，无技术职称＜初级＜中级＜副高。

由相关数据分析可知，在对祁门红茶制作技艺的价值评价上，西片区的被调查者比较看重此项"非遗"的历史文化价值和经济开发价值，对它的保护利用前景评价较好。从年龄层次来看，30岁以下的年轻群体对祁门红茶制作技艺的"非遗"价值评价和认知程度不及中老年群体。年轻群体对祁门红茶制作技艺"非遗"价值认知不高，这不利于"非遗"的有力传承和后续发展，需要在此方面进行发力。

二十一、对徽州祠祭（祁门县）的认知数据分析

（一）对徽州祠祭（祁门县）的价值认知情况赋值表

对徽州祠祭（祁门县）的价值认知情况赋值表如表5.21所示。

表5.21 对徽州祠祭（祁门县）的价值认知情况赋值表

	历史文化价值	精神文化价值	科学技术价值	艺术审美价值	经济开发价值	社会和谐价值	保护利用现状	保护利用前景
全体	8.44	8.26	6.80	7.48	6.67	7.78	6.93	7.20
男	8.36	8.10	6.76	7.50	6.52	7.67	6.93	7.05
女	8.75	8.83	7.00	7.42	7.17	8.17	6.92	7.75

续表

	历史文化价值	精神文化价值	科学技术价值	艺术审美价值	经济开发价值	社会和谐价值	保护利用现状	保护利用前景
<30岁	6.00	6.40	4.60	5.20	5.20	5.80	4.80	5.40
30~49岁	8.68	8.19	6.61	7.32	6.57	7.97	7.16	7.32
50~69岁	8.85	8.85	7.89	8.30	7.45	8.15	7.45	7.75
>69岁	10.00	10.00	8.00	10.00	8.00	10.00	6.00	5.00
初中及以下	10.00	10.00	10.00	10.00	10.00	10.00	10.00	10.00
高中、中职或中专	8.60	8.20	7.00	7.00	5.75	8.60	7.60	7.60
高职或大专	8.56	8.89	7.00	8.22	7.56	8.78	7.22	8.00
大学本科	8.72	8.34	7.11	7.62	7.10	7.86	7.38	7.21
硕士及以上	7.92	7.69	6.15	6.85	5.62	6.85	5.69	6.54
国家机关、党群组织	8.33	8.13	6.93	7.67	7.13	7.93	7.53	8.00
学校及研究机构	8.00	7.94	5.67	6.72	5.78	7.28	5.89	6.56
其他企事业单位	9.17	8.67	8.20	8.33	7.88	8.28	7.89	7.83
离退休	10.00	10.00	8.00	8.00	5.00	9.00	5.00	4.50
其他	7.67	7.33	6.33	6.00	5.00	7.33	6.67	5.33
无技术职称	7.42	7.17	5.75	6.42	6.00	6.83	6.42	6.83
初级	10.00	7.00	9.00	7.00	10.00	9.00	10.00	5.00
中级	8.00	8.13	5.45	6.93	5.64	7.47	5.87	6.87
副高	9.37	8.89	7.84	8.47	7.32	8.26	7.68	7.58
正高	8.25	8.00	6.00	6.75	6.00	8.25	6.75	6.00

(二) 对徽州祠祭(祁门县)的认知数据解读

调查结果显示,在全体被调查者对徽州祠祭非物质文化遗产的评价中,历史文化价值最高(8.44),精神文化价值(8.26)、社会和谐价值(7.78)和艺术审美价值(7.48)处于中等水平,经济开发价值(6.67)、科学技术价值(6.8)和保护利用现状(6.93)赋值较低。

从不同性别来看,女性对徽州祠祭历史文化价值、精神文化价值和社会和谐价值的赋值显著高于男性,且女性对此三项的价值赋值较高。在保护利用现状上,男性赋值稍高于女性,而在保护利用前景上,女性显著高于男性,这反映出徽州文化生态保护区西片区的女性被调查者更加关注徽州祠祭的历史文化、精神文化和社会和谐价值,并对它的发展前景持积极态度,而男性群体只在保护利用现状的评价上稍高一些。

从年龄来看,被调查者中30~69岁样本对徽州祠祭的历史文化价值、精神文化价值、科学技术价值、艺术审美价值、经济开发价值、社会和谐价值的赋值均高于30岁以下群体,对各项价值的评价呈现出一般性的规律:年龄越大者,对各项徽州祠祭的价值赋值越高,两者呈现明显的正相关。这在一定程度上反映出徽州祠祭价值认知上的年龄结构差异和特征,生态保护区西片区的年轻群体对徽州祠祭的价值重视度很低。在保护利用现状和保护利用前景上,30~69岁群体的赋值也显著高于30岁以下群体。

从学历来看,对徽州祠祭的各项价值评价上,硕士及以上学历者的赋值低于大学本科及以下学历者。从分项价值评价来看,在精神文化价值、艺术审美价值和社会和谐价值上,高职或大专学历者的赋值均高于大学本科学历者,具体数据为:在对精神文化价值的赋值上,高职或大专为8.89,大学本科为8.34;在艺术审美价值上,高职或大专为8.22,大学本科为7.62;在对社会和谐价值的赋值上,高职或大专为8.78,大学本科为7.86。而在历史文化价值上,大学本科学历者赋值高于高职或大专学历者。在对保护利用前景的赋值上,大学本科及以上学历者低于高职或大专及以下学历者。这表明高学历者对徽州祠祭的价值认知度较低。

从被调查者的单位性质来看,由各单位对徽州祠祭价值的均值可知,国家机关、党群组织7.71,学校及研究机构6.73,其他企事业单位8.28,说明学校及研究机构对徽州祠祭的赋值整体偏低,赋值最高的是其他企事业单位,其次是国家机关、党群组织。

从职称来看,历史文化价值、精神文化价值和社会和谐价值的赋值,无技术职称＜中级职称＜高级职称,说明职称越高者对此类价值的重要性认识越高。

由相关数据分析可知,在对徽州祠祭的价值评价上,西片区的被调查者重视此项"非遗"的历史文化价值、精神文化价值、社会和谐价值和艺术审美价值。与其他"非遗"现状相似,30岁以下的年轻群体对徽州祠祭的价值重要性认知度不高。这在一定程度上反映了徽州祠祭的传承和发展现状,即中老年群体作为"非遗"项目传承和参与的主体,不利于传统礼仪和民俗文化的发扬和传承。此外,职称越高者对徽州祠祭的历史、文化和社会和谐价值重要性评价越高,而基层工作者对徽州祠祭的重要性认识不足。

通过不同维度的认知数据分析,大致可以形成如下结论:

年轻群体对徽州祠祭的价值重要性认知度很低,对此需要加强青少年群体的徽州祠祭"非遗"文化教育和普及工作,提升他们对于徽州祠祭的重要性认知和对"非遗"的保护和传承意识。

基层工作者或普通大众对于徽州祠祭的历史文化、精神文化和艺术审美价值的重要性认知不足,他们的认识水平要低于高职称群体。对此,需要自上而下扩大徽州祠祭的大众传播范围和对象,提升社会大众的认知度和接受度。

二十二、对徽州手工瓷制作技艺（祁门县）的认知数据分析

（一）对徽州手工瓷制作技艺（祁门县）的价值认知情况赋值表

对徽州手工瓷制作技艺（祁门县）的价值认知情况赋值表如表5.22所示。

表5.22 对徽州手工瓷制作技艺（祁门县）的价值认知情况赋值表

	历史文化价值	精神文化价值	科学技术价值	艺术审美价值	经济开发价值	社会和谐价值	保护利用现状	保护利用前景
全体	8.26	7.66	7.75	7.80	7.77	6.89	6.96	7.71
男	8.18	7.58	7.60	7.67	7.56	6.72	6.93	7.48
女	8.58	8.00	8.40	8.36	8.64	7.55	7.09	8.64
<30岁	7.17	6.67	6.50	6.50	7.00	5.17	5.83	6.67
30~49岁	8.41	7.58	7.81	8.09	7.91	7.22	7.28	7.97
50~69岁	8.58	8.26	8.11	7.84	8.05	7.33	7.05	7.89
>69岁	7.00	10.00	10.00	10.00	6.00	6.00	9.00	8.00
初中及以下	10.00	10.00	10.00	10.00	10.00	10.00	10.00	10.00
高中、中职或中专	8.63	8.29	8.14	8.86	8.29	7.71	7.86	8.00
高职或大专	8.20	7.60	7.67	7.30	7.90	7.25	6.33	7.89
大学本科	8.48	7.76	7.93	8.00	7.83	6.86	7.45	7.86
硕士及以上	7.67	7.33	7.25	7.33	7.33	6.58	6.08	7.33

续表

	历史文化价值	精神文化价值	科学技术价值	艺术审美价值	经济开发价值	社会和谐价值	保护利用现状	保护利用前景
国家机关、党群组织	8.29	7.36	8.07	8.14	8.14	6.79	7.50	8.07
学校及研究机构	7.71	7.06	7.35	7.41	7.35	6.24	5.76	7.41
其他企事业单位	8.76	8.40	7.74	8.00	8.05	7.89	7.74	8.11
离退休	8.50	10.00	9.00	8.00	7.00	6.00	7.50	8.00
其他	8.20	7.20	8.00	7.80	7.60	6.60	7.20	7.20
无技术职称	7.69	6.77	7.15	7.38	7.54	6.00	7.08	7.62
初级	9.00	9.00	8.00	9.00	8.00	9.00	9.00	9.00
中级	8.06	7.47	7.71	7.40	7.80	6.93	5.87	7.60
副高	8.60	7.95	8.15	8.10	7.75	7.05	7.35	7.90
正高	8.60	8.40	7.40	8.20	7.60	7.00	7.25	7.00

（二）对徽州手工瓷制作技艺（祁门县）的认知数据解读

调查结果显示，全体被调查者对徽州手工瓷制作技艺非物质文化遗产的评价中，历史文化价值最高（8.26），其次为艺术审美价值（7.8）和经济开发价值（7.77），保护利用前景（7.71）赋值较高。

从不同性别来看，女性对徽州手工瓷制作技艺的六类"非遗"价值的赋值均高于男性，且在保护利用现状和保护利用前景的赋值高于男性。

从年龄来看，被调查者中30～69岁群体样本对徽州手工瓷制作技艺的历史文化价值、精神文化价值、科学技术价值、艺术审美价值、经济开发价值、社会和谐价值的赋值均高于30岁以下群体。除艺术审美价值外，被调查者对各项价值的评价呈现出一般性的规律：年龄越大者，对各项徽州手工瓷制作技艺的价值赋值越高，两者呈现明显的正相关。这在一定程度上反映出徽州手工瓷制作技艺价值认知上的年龄结构特征,徽州文化生态保护区西片区的年轻群体对徽州手工瓷制作技艺的价值重视度较低。在保护利用现状和保护利用前景上,30~69岁群体的赋值也显著高于30岁以下群体。

从学历来看,对徽州手工瓷制作技艺的各项价值评价上,硕士及以上学历者的赋值低于大学本科及以下学历者。在保护利用前景的赋值上,高职或大专及以上学历者的赋值低于高中、中职或中专及以下学历者,这说明学历越高者,对徽州手工瓷制作技艺的保护利用前景赋值越低。

从被调查者的单位性质来看,学校及研究机构对徽州手工瓷制作技艺的各项价值的赋值低于国家机关、党群组织和其他企事业单位。从分项价值评价来看,其他企事业单位对历史文化价值、精神文化价值和社会和谐价值的赋值高于国家机关、党群组织,而国家机关、党群组织对于徽州手工瓷制作技艺的科学技术价值、艺术审美价值和经济开发价值的赋值高于其他企事业单位。在保护利用现状和保护利用前景上,其他企事业单位的赋值也高于国家机关、党群组织。

从职称来看,在六类徽州手工瓷制作技艺的价值评价中,无技术职称的被调查者赋值最低,无技术职称工作者对其价值重要性认识度不高。

由相关数据分析可知,在对徽州手工瓷制作技艺的价值评价上,西片区的被调查者重视此项"非遗"的历史文化价值、艺术审美价值和经济开发价值。30岁以下的年轻群体对徽州手工瓷制作技艺的价值重视度较低,这不利于其后续传承和发展。此外,无技术职称者对徽州手工瓷制作技艺的各项价值重要性评价不高,表明普通工作者对徽州手工瓷制作技艺的重要性认识不足。

通过不同维度的认知数据分析,大致可以形成如下结论:

年轻群体作为徽州手工瓷制作技艺的未来传承主体,增强他们对其认识水平和价值重要性感知度格外重要。

无技术职称者对于徽州手工瓷制作技艺历史文化、精神文化和艺术审美价值等重要性认知不足，对此加大对他们的普及和教育力度，让他们在实际工作中真正感知其独特价值和文化内涵，进而提升普通大众对徽州手工瓷制作技艺"非遗"的认知水平和保护意识。

二十三、对利源手工制麻技艺（黟县）的认知数据分析

（一）对利源手工制麻技艺（黟县）的价值认知情况赋值表

对利源手工制麻技艺（黟县）的价值认知情况赋值表如表5.23所示。

表5.23 对利源手工制麻技艺（黟县）的价值认知情况赋值表

	历史文化价值	精神文化价值	科学技术价值	艺术审美价值	经济开发价值	社会和谐价值	保护利用现状	保护利用前景
全体	7.87	7.11	7.00	6.85	7.19	6.78	6.38	6.85
男	7.72	6.91	6.83	6.61	6.92	6.46	6.31	6.56
女	8.36	7.73	7.60	7.70	8.09	7.90	6.64	7.82
<30岁	5.60	4.80	5.20	4.20	5.00	4.80	4.80	5.00
30~49岁	7.85	7.15	6.58	6.77	7.19	6.85	6.48	6.89
50~69岁	8.71	7.94	8.35	8.12	8.06	7.44	6.88	7.47
>69岁	10.00	10.00	10.00	6.00	8.00	10.00	9.00	10.00

续表

	历史文化价值	精神文化价值	科学技术价值	艺术审美价值	经济开发价值	社会和谐价值	保护利用现状	保护利用前景
初中及以下	10.00	10.00	10.00	10.00	10.00	10.00	10.00	10.00
高中、中职或中专	6.75	6.25	5.50	5.50	6.50	6.25	6.00	6.00
高职或大专	8.56	7.75	8.50	8.00	7.67	7.57	6.89	7.89
大学本科	8.27	7.38	7.27	7.04	7.73	7.00	6.81	6.85
硕士及以上	6.90	6.50	6.00	6.20	5.80	6.10	5.20	6.50
国家机关、党群组织	8.50	8.00	8.17	7.75	8.42	7.58	7.83	8.25
学校及研究机构	7.07	6.50	6.29	6.36	6.21	6.21	5.36	6.64
其他企事业单位	8.11	7.32	6.94	7.11	7.74	6.89	6.63	6.47
离退休	10.00	10.00	10.00	8.00	6.00	10.00	6.50	8.00
其他	7.00	5.00	5.50	4.00	4.50	5.50	4.50	4.50
无技术职称	7.42	7.17	6.83	6.42	7.17	6.83	7.08	7.25
初级	10.00	9.00	9.00	8.00	8.00	8.00	7.00	8.00
中级	7.33	6.55	7.00	6.55	6.33	6.10	5.33	6.58
副高	8.60	7.40	7.53	7.20	7.73	7.00	6.60	6.73
正高	6.75	5.25	4.00	5.25	5.75	5.00	5.00	5.25

（二）对利源手工制麻技艺（黟县）的认知数据解读

从与利源手工制麻相关的指标数据总体情况来看，被调查者对八个指标的重要性大小排序分别为：历史文化价值、经济开发价值、精神文化价值、科学技术价值、艺术审美价值、保护利用前景、社会和谐价值、保护利用现状。手工制麻技艺在早期就作为重要的经济来源，而现在的制麻工艺大多被机器所取代，缺乏大批量生产的能力，对其经济价值的再开发需要保护和传承完整的手工制麻工艺，保留发扬工艺的特点，将其塑造成独特的手工产业。

从年龄层次来看,30岁以下的群体对于利源手工制麻的各项指标评价低于其他年龄段的群体。手工制麻技艺作为一项具有专业性的传统手艺,在失去市场和经济价值后,很容易出现手艺传承的"断层"。由于手工艺的经济效益低下,当地的年轻人往往选择外出务工,而掌握传统手工艺的老一辈人由于思想观念或者社交封闭等,难以找到可以继承传统技艺的后生。这就可能导致手工制麻技艺在年轻一辈中缺乏认知。69岁以上的群体大多对这一传统技艺有所接触和了解,对手工技艺的认同度自然也较高,但是老一辈人多注重技艺的技术性和传承性,对传统手工艺的艺术审美价值缺乏认识。

从职称来看,职称级别最高的群体反而对利源手工制麻技术的认可度最低。这其中可能存在手工制麻技艺作为技术性较高的"非遗"项目的尴尬,如何利用这门技艺形成独特的手工产业,让它走出去才能活起来。如果仅仅像文化附加值较高的"非遗"项目一样囿于文化层面的代际传承,而不是充分研究、利用、发展这门技艺,那么对于技术附加值较高的手工艺"非遗"项目来说只会是死水微澜。

通过不同维度的认知数据分析,大致可以形成如下结论:

当地的年轻人往往由于手工艺的经济效益低下,选择外出务工,这就可能导致手工制麻技艺在年轻一辈中缺乏认知,因此要增强年轻人对于手工制麻技艺的保护意识,加大手工制麻技艺在年轻人中的宣传力度。

职称级别最高的群体反而对利源手工制麻技术的认可度最低,这说明其对手工技艺的专业性要求使得传承这门技艺的门槛变高,因此要加大利源手工制麻技术的宣传力度,使更多的群体,尤其是职称较高的群体参与到其中来。

二十四、对余香石笛制作技艺(黟县)的认知数据分析

(一) 对余香石笛制作技艺(黟县)的价值认知情况赋值表

对余香石笛制作技艺(黟县)的价值认知情况赋值表如表5.24所示。

表5.24 对余香石笛制作技艺(黟县)的价值认知情况赋值表

	历史文化价值	精神文化价值	科学技术价值	艺术审美价值	经济开发价值	社会和谐价值	保护利用现状	保护利用前景
全体	7.58	7.33	7.11	7.38	6.67	6.83	6.16	6.56
男	7.36	7.11	6.92	7.14	6.50	6.59	6.06	6.25
女	8.44	8.22	8.00	8.33	7.33	7.88	6.56	7.78
<30岁	5.40	5.20	5.60	4.80	4.60	4.60	4.80	5.20
30~49岁	7.69	7.31	6.72	7.35	6.88	6.92	6.42	6.77
50~69岁	8.19	8.25	8.44	8.50	7.25	7.79	6.81	7.13
>69岁	10.00	10.00	8.00	7.00	8.00	8.00	5.00	7.00
初中及以下	10.00	10.00	10.00	10.00	10.00	10.00	10.00	10.00
高中、中职或中专	7.20	7.40	6.80	7.00	6.60	6.60	6.40	6.60
高职或大专	7.89	7.89	8.50	8.56	6.78	7.43	6.89	7.22
大学本科	7.88	7.56	7.32	7.56	7.28	7.13	6.48	6.84
硕士及以上	6.75	6.38	5.50	5.88	5.00	5.88	4.88	5.50

续表

	历史文化价值	精神文化价值	科学技术价值	艺术审美价值	经济开发价值	社会和谐价值	保护利用现状	保护利用前景
国家机关、党群组织	8.00	7.92	8.08	8.67	7.92	7.58	8.00	7.83
学校及研究机构	6.92	6.58	6.00	6.58	5.67	5.92	5.00	6.00
其他企事业单位	7.71	7.53	7.19	7.29	7.12	7.40	6.47	6.76
离退休	10.00	10.00	9.00	8.50	5.00	8.00	3.50	4.50
其他	7.00	6.50	6.75	6.50	5.75	5.75	5.75	5.75
无技术职称	7.18	7.09	6.82	7.36	7.00	6.55	6.91	6.82
初级	9.00	10.00	8.00	8.00	8.00	8.00	10.00	10.00
中级	7.00	6.83	6.91	7.08	5.75	5.80	5.33	5.58
副高	8.43	7.64	7.57	7.64	6.86	7.69	6.14	6.79
正高	5.50	5.75	4.75	5.25	5.25	5.00	4.25	5.00

(二) 对余香石笛制作技艺(黟县)的认知数据解读

在被调查者心目中,余香石笛制作技艺的各项指标按照重要性大小排序分别为:历史文化价值、艺术审美价值、精神文化价值、科学技术价值、社会和谐价值、经济开发价值、保护利用前景和保护利用现状。位列第二位的艺术审美价值充分体现了石笛作为乐器的艺术特点。值得注意的是,石笛制作技艺的保护利用现状是所有指标里评价最低的。

30岁以下的群体对于余香石笛制作技艺的认知度普遍低于其他年龄段的群体,分别为历史文化价值5.40、精神文化价值5.20、科学技术价值5.60、艺术审美价值4.80、经济开发价值4.60、社会和谐价值4.60、保护利用现状4.80和保护利用前景5.20。这一现象说明年轻人对于余香石笛制作技艺这项"非遗"的认识和了解非常有限，从侧面暴露出石笛制作技艺目前所面临的尴尬境地，对年轻一辈缺乏"非遗"文化和技艺传承性的宣传，文化传承并没有落到实处。

总体来说，国家机关、党群组织中工作的群体对余香石笛制作技艺认同度较高，事实上，这部分群体是保护和传承"非遗"、制定政策性文件的重要力量。这部分群体虽然普遍对"非遗"的认可度较高，但在落实"非遗"保护和传承上并非十分有效，仍然需要其他社会力量的协助。值得注意的是，学校及研究机构工作的被调查者对石笛制作技艺的认可度在几类群体中处于较低的位置。

正高职称的群体对余香石笛制作技艺的认可度比其他职称群体低得多。与利源手工制麻技艺的传承类似，余香石笛制作也是一门具有较高专业技艺要求的传统手工艺。它的传承需要老一辈手艺人的言传身教，需要年轻一辈花费较多的时间和精力去完成，较高的传承成本和较低的收益使得其很难做到可持续的继承发展。

通过不同维度的认知数据分析，大致可以形成如下结论：

年轻人对于余香石笛制作技艺这项"非遗"的认识和了解非常有限，从侧面暴露出石笛制作技艺目前所面临的尴尬境地，对年轻一辈缺乏"非遗"文化和技艺传承性的宣传，文化传承并没有落到实处。因此要增强年轻人对于余香石笛制作技艺的保护意识，加大余香石笛制作技艺在年轻人中的宣传力度。

作为政策制定者的政府相关部门应当考虑到技艺性"非遗"项目传承的可持续发展，以"用"带"传"，只有将这门传统手工艺充分开发利用起来，才能真正实现对它的保护和传承。

二十五、对美溪唢呐(黟县)的认知数据分析

(一) 对美溪唢呐(黟县)的价值认知情况赋值表

对美溪唢呐(黟县)的价值认知情况赋值表如表5.25所示。

表5.25 对美溪唢呐(黟县)的价值认知情况赋值表

	历史文化价值	精神文化价值	科学技术价值	艺术审美价值	经济开发价值	社会和谐价值	保护利用现状	保护利用前景
全体	7.59	7.50	6.56	7.20	6.54	7.18	6.35	6.85
男	7.50	7.44	6.46	7.08	6.33	7.09	6.25	6.58
女	7.90	7.70	7.00	7.60	7.30	7.56	6.70	7.80
<30岁	6.20	5.80	4.80	5.00	4.40	5.40	5.40	5.20
30~49岁	7.52	7.12	6.17	6.88	6.60	6.88	6.36	6.92
50~69岁	8.18	8.71	7.75	8.35	7.18	8.25	7.00	7.53
>69岁	10.00	10.00	10.00	10.00	10.00	10.00	7.00	8.00
初中及以下	10.00	10.00	10.00	10.00	10.00	10.00	10.00	10.00
高中、中职或中专	6.33	6.67	5.33	6.33	5.00	8.00	5.33	5.33
高职或大专	8.25	7.88	6.83	8.13	6.50	7.83	7.38	7.75
大学本科	7.84	7.92	7.04	7.32	7.00	7.36	6.72	6.92
硕士及以上	7.00	6.73	5.82	6.55	6.09	6.27	5.36	6.73
国家机关、党群组织	8.58	8.75	7.50	8.42	7.67	7.83	8.17	8.50
学校及研究机构	7.07	6.60	5.60	6.53	6.13	6.53	5.47	6.80
其他企事业单位	7.20	7.40	7.08	7.00	6.73	7.14	6.40	6.40
离退休	10.00	10.00	9.00	9.67	6.67	10.00	6.00	6.33
其他	5.50	5.00	3.50	4.50	2.50	6.00	4.00	4.00

续表

	历史文化价值	精神文化价值	科学技术价值	艺术审美价值	经济开发价值	社会和谐价值	保护利用现状	保护利用前景
无技术职称	7.82	7.64	6.55	7.18	6.55	6.73	7.09	7.36
初级	9.00	10.00	8.00	8.00	8.00	8.00	10.00	10.00
中级	7.38	7.08	5.70	7.08	5.92	6.64	5.62	6.69
副高	8.07	7.79	7.50	7.79	7.21	7.79	6.21	6.79
正高	5.00	6.00	3.00	4.75	4.50	6.25	4.25	4.25

（二）对美溪唢呐（黟县）的认知数据解读

对于美溪唢呐的各项指标，被调查者的评价呈现出较大的波动。首先，评价最高的是其历史文化价值（7.59）和精神文化价值（7.50）；其次，美溪唢呐的艺术审美价值（7.20），社会和谐价值（7.18）和保护利用前景（6.85）也得到了肯定；最后，被调查者对于美溪唢呐的科学技术价值（6.56）、经济开发价值（6.54）和保护利用现状（6.35）评价较低。美溪唢呐作为皖南地区一种传统的文化习俗，它的艺术审美价值不言而喻。同时，作为当地人民喜闻乐见的娱乐方式和婚丧嫁娶、传统节日等场合不可或缺的一部分，它的生存现状也受到现代生活习俗变迁的剧烈冲击。

对于美溪唢呐各项指标的评价，不同年龄段的群体差距较为明显。首先，对美溪唢呐价值评价最高的是69岁以上的群体。推测原因是在这部分群体生活的年代，生活中一般少不了唢呐的参与。但是随着社会环境的发展变化，生活习俗也随之改变，唢呐开始逐渐淡出人们的日常生活，只在重要的传统节日或者场合出现。这使得年轻一代对于美溪唢呐的认识非常有限，与30岁以下群体对于美溪唢呐整体评价较低相吻合。

对于美溪唢呐普遍评价较高的是离退休群体,学校及研究机构工作群体对唢呐的评价在几类群体中处于较低的水平,在国家机关、党群组织工作的群体对各项指标的评价均稳定在较高的水平,正高职称的群体对于美溪唢呐的评价在不同职称几类群体中最低。作为一种曾经常见的日常文化习俗,美溪唢呐体现的更多的是一种维系传统精神的纽带和标志,它的精神文化价值和社会和谐价值也更加突出。随着生活习俗的改变,依托传统的节日场合出现的美溪唢呐恐怕很难继续维系。

通过不同维度的认知数据分析,大致可以形成如下结论:

发掘美溪唢呐的艺术价值,使其从生活走向艺术,是激发美溪唢呐传承发展的关键。对此,政府部门要继续加大对于美溪唢呐的保护力度,并且加大宣传力度,同时要发动社会和民间组织的力量,共同来发展美溪唢呐文化。

年轻一代对于美溪唢呐的认识非常有限,因此要增强年轻人对于美溪唢呐的保护意识,加大美溪唢呐在年轻人中的宣传力度。

二十六、对徽州楹联匾额传统制作技艺(黟县)的认知数据分析

(一) 对徽州楹联匾额传统制作技艺(黟县)的价值认知情况赋值表

对徽州楹联匾额传统制作技艺(黟县)的价值认知情况赋值表如表5.26所示。

表5.26　对徽州楹联匾额传统制作技艺（黟县）的价值认知情况赋值表

	历史文化价值	精神文化价值	科学技术价值	艺术审美价值	经济开发价值	社会和谐价值	保护利用现状	保护利用前景
全体	7.89	7.59	7.41	7.68	7.09	7.04	6.82	7.43
男	7.75	7.34	7.25	7.48	6.91	6.84	6.77	7.18
女	8.42	8.50	8.00	8.42	7.75	7.82	7.00	8.33
<30岁	6.40	6.00	5.40	6.00	6.00	5.40	5.60	6.20
30~49岁	8.00	7.91	7.44	7.82	7.00	7.18	6.94	7.56
50~69岁	8.26	7.74	7.95	7.95	7.74	7.53	7.37	7.84
>69岁	8.00	8.00	8.00	8.00	8.00	7.00	6.00	7.00
初中及以下	10.00	10.00	10.00	10.00	10.00	10.00	10.00	10.00
高中、中职或中专	8.20	8.40	7.80	8.00	5.60	5.80	7.20	7.40
高职或大专	8.00	7.64	7.64	7.73	7.64	7.70	7.55	7.64
大学本科	7.71	7.43	7.39	7.75	7.64	7.07	7.21	7.68
硕士及以上	8.14	7.86	7.07	7.36	6.21	7.14	5.64	7.00
国家机关、党群组织	7.50	7.36	7.50	8.14	8.00	7.36	7.57	7.86
学校及研究机构	7.84	7.47	6.95	7.21	6.42	6.95	5.89	7.16
其他企事业单位	8.00	7.79	7.58	7.63	7.63	7.50	7.42	7.68
离退休	9.00	9.00	9.00	9.00	6.00	7.50	7.00	6.50
其他	8.75	8.25	7.50	7.75	5.50	4.75	6.75	7.25
无技术职称	6.83	6.75	6.58	7.25	7.00	6.50	6.75	7.08
初级	8.00	10.00	7.00	8.00	9.00	9.00	10.00	10.00
中级	7.73	7.33	6.87	7.00	6.47	6.50	6.20	7.20
副高	8.30	7.70	7.85	8.05	7.35	7.40	6.90	7.35
正高	8.00	8.40	7.20	7.80	6.40	6.60	6.80	7.40

(二) 对徽州楹联匾额传统制作技艺(黟县)的认知数据解读

被调查者对徽州楹联匾额传统制作技艺各指标的评价呈现较大的差异，重要性大小排序依次为：历史文化价值、艺术审美价值、精神文化价值、保护利用前景、科学技术价值、经济开发价值、社会和谐价值和保护利用现状。数据表明被调查者对于徽州楹联匾额传统制作技艺的历史文化价值和艺术审美价值有较高的认可度。但对楹联匾额制作技艺的保护利用现状，被调查者大多表达了不太乐观的态度。

30岁以下群体对于徽州楹联匾额传统制作技艺的各项价值指标认可度较低，也对它的保护利用现状和利用前景表达了担忧。对于这项传统技艺价值评价的状况反映了不同年龄段群体对传统技艺的认知情况和传承意愿。

不同学历和职业背景的被调查者对这一传统技艺的赋值比较一致，都对楹联匾额传统制作技艺的各项价值指标评价相当高，但也对技艺现在的保护利用状况表示担忧。这些数据较为有力地证明了徽州楹联匾额传统制作技艺的生存现状，需要引起各方的重视，不论是政策制定者还是实施者都应当寻找更加有效、可持续的办法更好地保护和传承这一传统技艺。

通过不同维度的认知数据分析后，大致可以形成如下结论：

年轻人表现出的较低的价值评价既反映了青年群体对传统技艺缺乏深刻的认识，也体现出他们传承传统文化技艺的意识和意愿还不够强烈。政府和社会可以通过设立培训班、相关的展览激发年轻人对徽州楹联匾额文化的热情。

二十七、对徽州漆器制作技艺(屯溪区)的认知数据分析

(一) 对徽州漆器制作技艺(屯溪区)的价值认知情况赋值表

对徽州漆器制作技艺(屯溪区)的价值认知情况赋值表如表5.27所示。

表5.27 对徽州漆器制作技艺(屯溪区)的价值认知情况赋值表

	历史文化价值	精神文化价值	科学技术价值	艺术审美价值	经济开发价值	社会和谐价值	保护利用现状	保护利用前景
全体	8.68	8.26	8.41	8.54	8.25	7.93	7.75	8.49
男	8.53	8.02	8.28	8.38	8.11	7.81	7.81	8.45
女	9.13	9.07	8.86	9.07	8.71	8.38	7.57	8.64
<30岁	7.00	6.17	7.17	7.33	6.67	5.67	6.33	7.67
30~49岁	8.84	8.25	8.42	8.53	8.42	8.00	7.81	8.53
50~69岁	9.05	9.10	8.90	9.05	8.67	8.75	8.29	8.71
>69岁	8.00	7.00	8.00	7.00	8.00	8.00	7.00	10.00
初中及以下	10.00	10.00	10.00	10.00	10.00	10.00	10.00	10.00
高中、中职或中专	9.00	9.33	9.17	9.50	9.33	9.00	8.83	9.33
高职或大专	8.36	8.09	8.73	8.36	8.55	8.45	8.45	8.91
大学本科	8.70	8.18	8.42	8.64	8.12	7.75	7.70	8.36
硕士及以上	8.85	8.23	7.85	8.00	8.08	7.69	6.92	8.15

续表

	历史文化价值	精神文化价值	科学技术价值	艺术审美价值	经济开发价值	社会和谐价值	保护利用现状	保护利用前景
国家机关、党群组织	8.81	8.13	8.44	8.56	8.38	7.63	8.38	8.56
学校及研究机构	8.67	8.00	8.00	8.00	8.22	7.56	7.17	8.22
其他企事业单位	8.61	8.64	8.64	8.86	8.05	8.43	7.64	8.41
离退休	9.00	8.50	9.00	8.50	9.00	9.00	8.50	10.00
其他	8.80	8.20	9.00	9.00	9.20	8.40	8.40	9.20
无技术职称	7.86	6.93	7.71	7.86	7.14	6.38	7.00	7.71
初级	9.00	8.00	8.00	7.00	10.00	9.00	8.00	8.00
中级	8.88	8.47	8.67	8.13	8.73	8.33	7.67	8.53
副高	9.14	8.81	9.10	9.33	8.71	8.62	8.33	9.14
正高	8.20	8.20	7.80	8.80	8.60	8.00	8.60	9.00

(二) 对徽州漆器制作技艺(屯溪区)的认知数据解读

按照被调查者赋值的高低,六项价值指标赋值从高到低分别是:历史文化价值、艺术审美价值、科学技术价值、精神文化价值、经济开发价值和社会和谐价值。同时,被调查者对徽州漆器制作技艺的保护利用现状给出了7.75的赋值,对这一技艺的保护利用前景给出了8.49的评价。从总体数据中可以看出,徽州漆器制作技艺的保护利用现状仍然有一定的欠缺,但由于其精美的形态和极高的技术要求,被调查者普遍看好它在未来的保护利用前景。徽州漆器在历史上就有着极高的地位,其中技艺最为复杂的菠萝漆更是南宋时期皇家的御用品,这一工艺在之后的历史长河中几乎断代失传,直至2003年才由徽州漆器髹饰技艺国家级非物质文化遗产项目代表性传承人甘而可先生再度复原。历史上的非凡地位使得漆器制作技艺本身受到极大的重视,但因其极为繁琐的制作工艺和极高的技术要求,难以得到普遍性的传播。

30岁以下的群体对于徽州漆器制作技艺的六项价值指标赋值要略低于其他年龄段的群体。评价较高的是年龄处于50~69岁阶段的群体,这个年龄段的群体作为传承主体,与徽州漆器制作技艺在21世纪初期的复兴相吻合。

不同学历背景和不同职业状态的群体在徽州漆器制作技艺价值评价上十分相近,六项价值指标的赋值都处在8.00与10.00之间,各项指标的赋值水平较高。不同群体在保护利用现状上的赋值虽有一定差别,但差异非常有限。总体而言,徽州漆器制作技艺的保护利用现状赋值为7.75,相较其保护利用前景,分数较低。这可能与漆器制作复杂的工序和严苛的要求有关,但漆器因极高的艺术审美价值一直受到人们的重视,所以它的技艺传承与发展具有较好的前景。

不同职称群体对于漆器制作技艺的价值评价较为相近,并且较高的职称在赋值上也稳定在较高的水平。

通过不同维度的认知数据分析,大致可以形成如下结论:

徽州漆器在历史上拥有很高的艺术地位,受到上流社会和阶层的青睐,这种光环对漆器制作技艺的保护和传承有着较为积极的影响。同时,近年来漆器制作技艺的复原和进一步发展也为其赢得了更好的机遇。徽州漆器制作技艺的保护利用现状仍然有一定的欠缺,政府要制定和引导完善的保护条例,充分动员社会力量、民间力量来保护徽州漆器的文化。

二十八、对程大位珠算法(屯溪区)的认知数据分析

(一) 对程大位珠算法(屯溪区)的价值认知情况赋值表

对程大位珠算法(屯溪区)的价值认知情况赋值表如表5.28所示。

表5.28 对程大位珠算法(屯溪区)的价值认知情况赋值表

	历史文化价值	精神文化价值	科学技术价值	艺术审美价值	经济开发价值	社会和谐价值	保护利用现状	保护利用前景
全体	8.90	8.27	8.39	7.39	6.95	7.61	7.17	7.78
男	8.87	8.24	8.28	7.30	6.74	7.50	7.09	7.57
女	9.00	8.38	8.77	7.69	7.75	8.00	7.46	8.54
<30岁	7.40	5.20	7.20	4.00	4.20	5.40	5.20	5.60
30~49岁	8.97	8.22	8.31	7.17	6.97	7.47	7.14	7.81
50~69岁	9.16	9.16	8.89	8.84	7.79	8.47	7.89	8.47
>69岁	10.00	10.00	9.00	7.00	10.00	10.00	8.00	7.00
初中及以下	10.00	10.00	10.00	10.00	10.00	10.00	10.00	10.00
高中、中职或中专	8.60	8.40	9.00	7.60	7.20	7.00	7.20	8.20
高职或大专	9.09	8.36	8.73	7.64	8.27	8.09	7.91	8.45
大学本科	8.81	8.29	8.32	7.35	6.53	7.58	7.32	7.52
硕士及以上	9.08	8.08	8.00	7.15	6.92	7.54	6.23	7.69

续表

	历史文化价值	精神文化价值	科学技术价值	艺术审美价值	经济开发价值	社会和谐价值	保护利用现状	保护利用前景
国家机关、党群组织	8.81	8.44	8.38	7.38	7.13	7.63	8.00	8.25
学校及研究机构	8.83	8.00	8.22	6.89	6.89	7.28	6.00	7.56
其他企事业单位	8.95	8.47	8.32	8.05	7.00	8.05	7.58	7.68
离退休	10.00	10.00	9.50	8.50	10.00	10.00	9.00	8.50
其他	8.80	7.40	8.80	6.60	6.40	6.20	6.80	7.20
无技术职称	8.08	7.00	7.75	6.00	6.17	6.33	6.92	7.08
初级	8.50	9.00	8.50	7.00	7.50	8.00	7.00	7.50
中级	8.86	8.21	8.57	7.50	7.69	7.57	6.79	8.14
副高	9.60	8.95	8.70	8.20	7.50	8.50	7.80	7.95
正高	9.00	8.40	9.20	7.40	5.60	6.40	6.20	7.40

（二）对程大位珠算法（屯溪区）的认知数据解读

按照重要性大小排序，八项指标的赋值情况依次为：历史文化价值、科学技术价值、精神文化价值、保护利用前景、社会和谐价值、保护利用现状、经济开发价值。

30岁以下群体对于程大位珠算法的评价低于其他年龄段的群体，各项指标赋值分别为：历史文化价值（7.40）、精神文化价值（5.20）、科学技术价值（7.20）、艺术审美价值（4.00）、经济开发价值（4.20）、社会和谐价值（5.40）、保护利用现状（5.20）、保护利用前景（5.60）。69岁以上的群体对于程大位珠算法的评价最高。

不同学历背景的群体对于程大位珠算法的评价态度趋向于一致。

离退休群体对于程大位珠算法的六项价值指标赋值最高,对它的保护利用现状和保护利用前景也有着较高的赋值。

无技术职称群体赋值最低,副高职称的群体赋值最高。初级职称和中级职称的群体的赋值接近。

程大位珠算法作为一种高效的计算方法,在历史上对数学的发展起到了不容忽视的推动作用。同时,这种计算方法的作用也在逐步被人们忽视。现在的学校教育很少会向孩子们讲授珠算法,但仍然有一部分人通过各类珠心算兴趣班学习珠算法。总体而言,虽然珠算法不是如今数学教育的主流,但它也并没有完全淡出人们的视野。如何更好地传承程大位珠算法这份先人留下的智慧结晶,可能需要政府相关部门和教育行业合作,在学生中推广珠算法。从本质上来说,推广珠算法就是让更多的人在生活中运用珠算法,在大量的运用之后体会到其中所包含的传统文化的智慧。

通过不同维度的认知数据分析,大致可以形成如下结论:

30岁以下群体对于程大位珠算法的评价低于其他年龄段的群体,年轻人作为程大位珠算法传承的主体,对程大位珠算法发挥着重要的作用,因此要增强年轻人对于程大位珠算法的保护意识,增强程大位珠算法在年轻人中的宣传力度。

离退休群体对于程大位珠算法的六项价值指标赋值最高,对它的保护利用现状和保护利用前景也有着较高的赋值,可以充分动员社会力量、民间力量来保护程大位珠算法的文化。

二十九、对黎阳仗鼓(屯溪区)的认知数据分析

(一) 对黎阳仗鼓(屯溪区)的价值认知情况赋值表

对黎阳仗鼓(屯溪区)的价值认知情况赋值表如表5.29所示。

表5.29 对黎阳仗鼓(屯溪区)的价值认知情况赋值表

	历史文化价值	精神文化价值	科学技术价值	艺术审美价值	经济开发价值	社会和谐价值	保护利用现状	保护利用前景
全体	7.94	7.81	6.82	7.75	6.87	7.12	6.63	7.54
男	7.74	7.71	6.66	7.60	6.83	7.00	6.60	7.40
女	8.80	8.20	7.63	8.40	7.00	7.67	6.80	8.10
<30岁	6.40	6.00	4.60	6.80	5.20	5.20	4.60	5.80
30~49岁	7.93	7.83	7.00	7.48	6.83	6.86	6.55	7.41
50~69岁	8.47	8.32	7.33	8.47	7.47	7.95	7.47	8.11
>69岁	8.00	10.00	10.00	10.00	8.00	10.00	6.00	10.00
初中及以下	10.00	10.00	10.00	10.00	10.00	10.00	10.00	10.00
高中、中职或中专	8.50	8.75	8.25	8.50	6.25	8.00	7.50	7.75
高职或大专	8.50	8.70	7.38	8.60	7.60	7.67	6.90	8.60
大学本科	7.97	7.72	6.64	7.83	7.03	7.14	6.86	7.45
硕士及以上	7.10	6.90	6.60	6.50	5.90	6.10	5.30	6.50

续表

	历史文化价值	精神文化价值	科学技术价值	艺术审美价值	经济开发价值	社会和谐价值	保护利用现状	保护利用前景
国家机关、党群组织	8.36	8.29	7.14	8.50	8.14	7.50	7.71	8.50
学校及研究机构	7.27	7.07	6.13	6.60	5.93	6.47	5.20	6.73
其他企事业单位	7.89	7.78	6.94	7.89	7.28	7.29	7.06	7.50
离退休	9.00	10.00	10.00	10.00	5.00	7.00	5.00	8.00
其他	8.75	8.75	8.00	8.25	5.50	7.75	7.50	7.00
无技术职称	7.25	7.25	5.92	7.33	6.75	6.17	6.33	7.08
初级	8.00	9.00	10.00	9.00	7.00	6.00	6.00	6.00
中级	7.25	7.42	6.11	6.67	5.75	6.09	5.08	6.67
副高	8.78	8.44	7.50	8.56	7.78	8.06	7.50	8.39
正高	8.00	7.75	6.75	8.00	5.50	7.50	6.75	7.25

(二) 对黎阳仗鼓(屯溪区)的认知数据解读

调查数据显示,西片区被调查者对黎阳仗鼓的价值认知,按重要性大小排序依次为:历史文化价值、精神文化价值、艺术审美价值、社会和谐价值、经济开发价值、科学技术价值。由此可见,历史文化价值是黎阳仗鼓最重要的价值认知,而它的科学技术价值的重要性没有那么高。

从性别来看,在男性和女性对黎阳仗鼓的价值认知上,各项指标的排序比较一致,女性在每一项的赋值上都明显高于男性。这说明女性比男性更看重黎阳仗鼓的价值。

从年龄分布来看,西片区的被调查者对黎阳仗鼓的价值认知与年龄基本正相关。在69岁以上的被调查者中,只有历史文化价值这一项的赋值排在并列第二位,其他指标均远远高于其他年龄段被调查者。30岁以下的被调查者对黎阳仗鼓的价值的重要性认知程度远不及30岁以上群体的认知,即30岁以下的被调查者对历史文化价值、精神文化价值、科学技术价值、艺术审美价值等指标重要性的赋值较低。这在一定程度上反映出黎阳仗鼓传承状况和传承人的结构特征,30岁以上的中老年群体作为黎阳仗鼓传承和保护利用的主体,他们对黎阳仗鼓价值的认识和理念更强,而年轻群体对黎阳仗鼓的价值认知和保护意识还不够。

值得关注的是,初中及以下学历的被调查者对黎阳仗鼓的价值认知的赋值都很高,各项价值指标重要性赋值均达到10.00。除个别特殊数据外,被调查者对黎阳仗鼓的价值认知与学历明显负相关,包括历史文化价值、精神文化价值、科学技术价值、艺术审美价值和社会和谐价值等各项重要指标。

从被调查者的单位性质来看,在黎阳仗鼓的各项指标的重要性判断上,国家机关、党群组织的评估赋值均明显高于学校及研究机构和其他企事业单位。学校及研究机构对历史文化价值、精神文化价值、科学技术价值、艺术审美价值和社会和谐价值的重要性赋值均处于末位,而离退休者对历史文化价值、精神文化价值、科学技术价值和艺术审美价值的重要性赋值均最高。

从职称来看,副高职称的被调查者较为重视黎阳仗鼓的历史文化价值,而无技术职称和中级职称的被调查者对此项赋值较低。具体数据为:无技术职称赋值7.25,初级8.00,中级7.25,副高8.78,正高8.00,重要性赋值与职称没有显著相关性。在科学技术价值和艺术审美价值重要性判断上,初级职称的被调查者的赋值均明显高于其他职称的赋值。

通过不同维度的认知数据分析,大致可以形成如下结论:

在对黎阳仗鼓的价值认知上,被调查者更加重视黎阳仗鼓的历史文化价值、精神文化价值和艺术审美价值,而对科学技术价值、经济开发价值和社会和谐价值的重要性赋值不高,各价值要素的评估权重并不平衡。黎阳仗鼓的意义更多地体现在"历史的、精神的、艺术的、审美的、社会的文化价值"中,特别是对中老年人来说意义重大,而年轻人对其兴趣寥寥。黎阳仗鼓赖以生存的文化空间正在逐渐消失,因此保护其生存和发展也是一个值得重视的问题。

三十、对徽州烧饼制作技艺(屯溪区)的认知数据分析

(一)对徽州烧饼制作技艺(屯溪区)的价值认知情况赋值表

对徽州烧饼制作技艺(屯溪区)的价值认知情况赋值表如表5.30所示。

表5.30 对徽州烧饼制作技艺(屯溪区)的价值认知情况赋值表

	历史文化价值	精神文化价值	科学技术价值	艺术审美价值	经济开发价值	社会和谐价值	保护利用现状	保护利用前景
全体	7.67	7.12	6.97	6.64	7.93	7.28	7.53	8.08
男	7.80	7.19	6.95	6.66	7.77	7.23	7.64	8.02
女	7.31	6.93	7.00	6.60	8.40	7.40	7.20	8.27
<30岁	6.00	5.33	5.50	4.50	6.33	5.17	6.33	6.33
30~49岁	7.73	7.28	6.78	6.89	7.94	7.47	7.86	8.33
50~69岁	8.56	8.06	8.44	7.44	8.83	8.12	7.67	8.61
>69岁	6.00	5.00	4.50	5.50	6.50	5.00	6.50	6.00

续表

	历史文化价值	精神文化价值	科学技术价值	艺术审美价值	经济开发价值	社会和谐价值	保护利用现状	保护利用前景
初中及以下	10.00	10.00	10.00	10.00	10.00	10.00	10.00	10.00
高中、中职或中专	7.43	6.67	5.67	6.17	7.83	8.33	8.50	8.67
高职或大专	7.55	7.00	7.27	6.27	7.73	7.30	7.36	7.45
大学本科	7.70	7.13	6.97	6.77	8.10	7.07	7.53	8.17
硕士及以上	8.00	7.64	7.50	7.21	7.93	7.36	7.43	8.29
国家机关、党群组织	8.00	7.13	7.47	6.80	8.40	7.40	8.33	8.60
学校及研究机构	7.79	7.42	7.16	6.84	7.89	7.16	7.58	8.21
其他企事业单位	7.95	7.89	7.53	7.63	8.32	7.84	7.21	8.11
离退休	7.33	5.00	5.67	4.33	7.00	5.00	6.33	6.00
其他	6.20	5.20	4.60	4.60	6.80	7.00	8.00	8.20
无技术职称	7.42	6.75	6.92	6.42	7.83	6.92	8.08	8.08
初级	7.00	7.00	6.50	7.00	7.50	6.00	7.50	9.00
中级	7.75	7.07	7.20	6.40	8.13	7.57	7.60	8.07
副高	8.14	7.71	7.38	7.33	8.24	7.52	7.52	8.43
正高	6.50	5.75	5.25	5.75	6.00	7.00	7.50	8.00

（二）对徽州烧饼制作技艺（屯溪区）的认知数据解读

调查数据显示，西片区被调查者对徽州烧饼制作技艺的价值认知，按重要性大小排序依次为：经济开发价值、历史文化价值、社会和谐价值、精神文化价值、科学技术价值、艺术审美价值。由此可见，经济开发价值是徽州烧饼制作技艺最重要的价值认知，而它的艺术审美价值的重要性并没有那么高。

从性别来看，对于历史文化价值、精神文化价值和艺术审美价值，男性的认知赋值都要高于女性，而对科学技术价值、经济开发价值和社会和谐价值的认知赋值中，女性高于男性。

从年龄分布来看，西片区的被调查者对徽州烧饼制作技艺的价值认知与年龄无明显相关性。除保护利用现状外,50~69岁的被调查者对每项指标的认知赋值都排在第一位。而30岁以下和69岁以上的被调查者对徽州烧饼制作技艺的价值的重要性认知程度远远不及其他群体的认知,即30岁以下和69岁以上的被调查者对历史文化价值、精神文化价值、科学技术价值、艺术审美价值等指标重要性的赋值较低。

值得关注的是,初中及以下学历的被调查者对徽州烧饼制作技艺的价值认知的赋值都很高,各项价值指标重要性赋值均达10.00。其他学历的被调查者对各项指标的赋值则与学历无明显相关性。

从被调查者的单位性质来看,在徽州烧饼制作技艺的各项指标的重要性判断上,国家机关、党群组织、学校及研究机构和其他企事业单位的评估赋值较高,而离退休者和其他的赋值却明显偏低。

从职称来看,副高职称的被调查者较为重视徽州烧饼制作技艺的历史文化价值,而正高职称的被调查者对此项的赋值最低。具体数据为:无技术职称7.42,初级7.00,中级7.75,副高8.14,正高6.50,重要性赋值与职称没有显著相关性。此外,在精神文化价值、科学技术价值、艺术审美价值、经济开发价值和社会和谐价值重要性判断上,副高职称的被调查者的赋值都是最高的。

通过不同维度的认知数据分析,大致可以形成如下结论:

在徽州烧饼制作技艺的价值认知上,被调查者更加重视徽州烧饼制作技艺的历史文化价值、经济开发价值和社会和谐价值,而对精神文化价值、科学技术价值和艺术审美价值的重要性评判不高,各价值要素的评估权重并不平衡。30~69的中老年群体作为徽州烧饼制作技艺的主要传承人,对它在各方面的价值认知都比30岁以内的年轻人和69岁以上的老年人要重视,这也从侧面反映了徽州烧饼制作技艺可能存在着年轻人不愿意了解和学习,以至于无人传承的问题,这一点值得重视。

三十一、对"非遗"保护利用问题的认知数据分析

(一) 对"非遗"保护利用问题的认知频次表(西片区)

对"非遗"保护利用问题的认知频次表(西片区)如表5.31所示。表中数据为西片区被调查者对目前黄山市及所辖县(区)"非遗"保护利用存在的主要问题的选择率(限选三项)。表中横轴序号分别代表:问题1. 缺少"非遗"整体性保护利用规划;问题2. 政府"非遗"保护利用投入太少或政策落实不到位;问题3. "非遗"保护、利用制度规范不健全;问题4. "非遗"有关原材料短缺;问题5. "非遗"生产性保护不力或产品市场前景不好;问题6. "非遗"过度开发或过度商业化;问题7. 公众保护意识不强或年轻人不愿意继承"非遗"工作;问题8. 其他。

表5.31 对"非遗"保护利用问题的认知频次表(西片区)

	1	2	3	4	5	6	7	8
全体	41	41	27	13	29	21	30	1
男	29	33	21	8	21	15	21	1
女	12	8	6	5	8	6	9	0
<30岁	4	4	3	2	4	1	3	0
30~49岁	22	25	12	5	17	13	24	1
50~69岁	17	13	11	6	8	7	4	0
>69岁	1	2	2	0	0	1	0	0

续表

	1	2	3	4	5	6	7	8
初中及以下	1	1	1	0	0	0	0	0
高中、中职或中专	5	5	4	1	2	3	5	0
高职或大专	8	10	3	2	5	2	6	0
大学本科	23	18	18	9	15	15	8	1
硕士及以上	7	10	2	1	7	2	12	0
国家机关、党群组织	12	11	8	3	5	3	9	0
学校及研究机构	8	12	5	5	9	5	12	0
其他企事业单位	19	13	10	3	12	11	6	1
离退休	3	3	3	0	0	2	1	0
其他	2	4	1	1	3	1	3	0
无技术职称	11	10	9	2	6	2	6	0
初级	1	1	2	0	0	1	1	0
中级	10	13	3	3	6	7	10	0
副高	12	12	7	5	14	7	8	1
正高	2	3	3	1	1	2	3	0

（二）对"非遗"保护利用问题的认知数据解读

调查数据显示，西片区被调查者中男性多于女性。男性对"非遗"保护利用问题的认知主要集中于问题1和问题2，女性则集中于问题2。

从年龄分布来看，30~49岁的被调查者对"非遗"保护利用问题的认知集中于问题2和问题7。

西片区大学本科学历的被调查者占比最高，他们对"非遗"保护利用问题的认知集中于问题1。硕士及以上学历的被调查者多数认同问题7。其他学历的被调查者则倾向于问题2。

从单位性质来看,其他企事业单位的被调查者的认知集中于问题1。来自国家机关、党群组织的被调查者大多关注问题1和问题2。来自学校及研究机构的被调查者的认同问题2和问题7。

从职称来看,副高职称的被调查者集中关注问题5,中级职称的被调查者大多关注问题2,无技术职称的被调查者持问题1观点的较多。

通过不同维度的认知数据分析,大致可以形成如下结论:

在"非遗"保护利用问题的认知上,被调查者集中反映问题1和问题2,持问题4意见的人较少。此外,问题5和问题7的反响也较为强烈。在"非遗"保护的道路上,政府必须进行科学的规划和有力的领导,确保各项政策落实到位,维护良好的生产环境和市场前景,组织和引导年轻人继承"非遗"工作,任重而道远。

三十二、对"非遗"保护措施的建议

(一) 对"非遗"保护措施的建议情况频次表(西片区)

对"非遗"保护措施的建议情况频次表(西片区)如表5.32所示。表中数据为被调查者对政府应当出台哪些"非遗"保护措施的选择率(限选三项)。表中横轴序号分别代表:建议1. 资助"非遗"传承人参加展会;建议2. 鼓励"非遗"项目与现代技术融合发展;建议3. 政府加大"非遗"保护传承的资金扶持力度;

建议4. 出资建立并完善"非遗"传习所等机构;建议5. 奖励艺术家拍摄"非遗"专题宣传片;建议6. 支持和鼓励"非遗"生产性保护;建议7. 其他。

表5.32 对"非遗"保护措施的建议情况频次表(西片区)

	1	2	3	4	5	6	7
全体	25	36	46	40	7	41	5
男	23	25	31	29	6	31	3
女	2	11	15	11	1	10	2
<30岁	3	5	3	5	0	4	0
30~49岁	15	19	28	26	4	24	3
50~69岁	9	13	16	10	3	11	2
>69岁	0	2	2	0	0	2	0
初中及以下	1	0	1	0	0	1	0
高中、中职或中专	6	3	9	4	0	4	0
高职或大专	5	7	9	5	3	5	1
大学本科	11	20	22	22	3	22	4
硕士及以上	4	9	8	10	1	9	0
国家机关、党群组织	10	9	10	7	3	10	1
学校及研究机构	6	11	11	15	2	11	0
其他企事业单位	5	13	20	16	0	15	4
离退休	1	3	4	1	1	2	0
其他	5	2	4	1	1	2	0
无技术职称	8	7	11	8	2	6	2
初级	0	3	2	0	0	1	0
中级	6	11	12	12	2	9	1
副高	9	10	12	13	3	17	1
正高	1	2	5	4	0	3	0

(二) 对"非遗"保护措施的建议的认知数据解读

调查数据显示,西片区被调查者中男性多于女性。男性对"非遗"保护措施的建议主要集中于建议3和建议6,女性则集中于建议3。

从年龄分布来看,30~49岁的被调查者对"非遗"保护措施的建议集中于建议3和建议4。

从学历维度来看,大学本科学历的被调查者对"非遗"保护措施的建议集中于建议3、建议4和建议6。硕士及以上学历的被调查者多数倾向于建议4。其他学历的被调查者则倾向于建议3。

从单位性质来看,其他企事业单位的被调查者的建议集中于建议3。来自国家机关、党群组织的被调查者大多关注建议1、建议3和建议6。来自学校及研究机构的被调查者的建议集中于建议4。

从职称来看,副高职称的被调查者人数最多,他们集中关注建议6。中级职称的被调查者大多关注建议3和建议4,无技术职称的被调查者持建议3观点的较多。

通过不同维度的认知数据分析,大致可以形成如下结论:

在"非遗"保护措施的建议上,被调查者集中关注建议3、建议4和建议6,提出建议5观点的人较少。此外,建议1和建议2的反响也较为强烈。这些建议与前面所述的被调查者的认知是一脉相承的。

第六章
徽州文化生态保护实验区南片区"非遗"活态保护评估的实证分析

徽州文化生态保护区实验区南片区指的是今江西省上饶市的婺源县(古徽州一府六县之一),南片区被评估的"非遗"项目共计22项,被评估的"非遗"项目包括黄山市的12项"非遗"项目。本研究共采集了南片区32份专家调查问卷。因问卷填写的不完整性,南片区统计数据存在部分缺失,其中性别栏有1人未填写,年龄栏有1人未填写,学历栏有1人未填写,单位栏有1人未填写,职称栏有2人未填写。从被调查者人口学信息看,在年龄上,以30~49岁为主(17人,占53.1%);在单位性质上,以学校及研究机构为主(18人,占56.3%),其次为其他企事业单位(7人,占21.9%);在学历层次上,以硕士及以上学历为主(15人,占46.9%),其次为大学本科(9人,占28.1%);在职称上,以中级职称为主(10人,占31.3%),其次为副高职称(9人,占28.1%)。就"非遗"在徽州文化生态保护价值的认知看,六项价值指标(历史文化价值、精神文化价值、科学技术价值、艺术审美价值、经济开发价值和社会和谐价值)分值区间为0~10.00,分值大小代表被调查者对其保护价值重要性的判断,数值越大表示越重要,越小表示越不重要。在对南片区部分国家和省级"非遗"的价值评价时,除六项价值指标外,增加保护利用现状保护利用前景两项指标,每项指标满分为10.00,分值越高说明该指标反映的价值越高,或现状与前景越好。南片区部分

"非遗"活态保护评估调查结果如下。

一、对"非遗"在徽州文化生态保护价值上的认知数据分析

(一)对"非遗"在徽州文化生态保护价值上的价值认知情况赋值表

对"非遗"在徽州文化生态保护价值上的价值认知情况赋值表如表6.1所示。

表6.1 对"非遗"在徽州文化生态保护价值上的价值认知情况赋值表

	历史文化价值	精神文化价值	科学技术价值	艺术审美价值	经济开发价值	社会和谐价值
全体	8.76	8.21	6.83	8.14	7.41	7.38
男	8.80	8.28	6.84	8.12	7.48	7.48
女	8.50	7.75	6.75	8.25	7.00	6.75
<30岁	9.00	7.00	6.00	6.50	8.00	6.50
30~49岁	8.60	8.00	6.13	8.07	7.33	7.07
50~69岁	8.91	8.64	7.82	8.45	7.64	7.91
>69岁	9.00	9.00	8.00	9.00	5.00	8.00
初中及以下						
高中、中职或中专	9.00	9.00	6.00	8.00	7.00	8.00
高职或大专	8.80	8.80	7.60	8.40	7.20	8.00
大学本科	8.78	8.56	7.11	7.89	7.67	7.44
硕士及以上	8.71	7.71	6.43	8.21	7.36	7.07

续表

	历史文化价值	精神文化价值	科学技术价值	艺术审美价值	经济开发价值	社会和谐价值
国家机关、党群组织	9.00	9.00	8.00	8.00	7.00	7.00
学校及研究机构	8.76	7.88	6.47	8.24	7.29	7.06
其他企事业单位	8.67	8.83	7.50	8.33	7.67	8.33
离退休	8.75	8.75	7.75	8.25	7.25	7.75
其他	9.00	7.00	4.00	5.00	9.00	6.00
无技术职称	8.67	8.17	6.83	7.50	7.33	7.17
初级						
中级	8.67	8.11	6.00	8.00	6.56	6.89
副高	8.89	8.56	7.89	8.67	8.67	8.33
正高	9.00	7.75	6.50	8.50	6.50	6.75

(二) 对"非遗"在徽州文化生态保护价值的认知数据解读

调查结果显示,在全体被调查者中,对各种价值指标重要性的判断如下:

历史文化价值赋值最高,达到8.76;精神文化价值、艺术审美价值赋值均达8.00以上,分别为8.21,8.14;赋值在7.00~7.99之间的为经济开发价值和社会和谐价值,分别为7.41和7.38;科学技术价值赋值最低,为6.83。

从数据上分析,被调查者认为各项价值指标都不可或缺,各项指标赋值均达到6.00以上,"非遗"在徽州文化生态保护中,历史文化价值、精神文化价值和艺术审美价值则被认为特别重要;而对"非遗"的科学技术价值,被调查者认为其重要程度最低,这或许与"非遗"本身科学技术成分不高或技术内涵不为人熟知有关;至于经济开发价值和社会和谐价值方面,被调查者认为其重要程度稍次。

值得关注的是,历史文化价值、精神文化价值、科学技术价值和艺术审美价值是"非遗"的内在价值,除科学技术价值确实在"非遗"中占比不高外,其他三类价值都受到被调查者的高度重视。这反映出,被调查者认为"非遗"在徽州文化生态保护中,自身价值指标最为重要,而"非遗"的经济开发价值和社会和谐价值则偏重于其外在功能,并不太为公众所看重。

从性别角度来看,历史文化价值、精神文化价值和艺术审美价值在不同性别间赋值均高于其他单项价值,男女赋值分别为8.80,8.50;8.28,7.75;8.12,8.25。各单项赋值差值均不大,除了社会和谐价值方面,双方赋值差达到了0.73外,其他各项不同性别赋值差值均低于0.6。由此可见,男性与女性被调查者对"非遗"在徽州文化生态保护价值认知上基本相同。从性别角度来看,历史文化价值、精神文化价值和艺术审美价值也被认为是"非遗"在徽州文化生态保护中的重要价值。值得注意的是,在艺术审美价值赋值上,女性赋值高于男性赋值,反映出女性认为"非遗"艺术审美价值的重要程度高于男性所认为的程度,说明女性在对"非遗"艺术审美价值上的追求高于男性。

从年龄结构角度来看,30岁以下和69岁以上这两个群体整体认知价值的均值分别为7.17,8.00,但样本量分别为2,1,不具有代表性。30~49岁、50~69岁这两个群体样本总数占总样本数的87.5%,两个群体对"非遗"在徽州文化生态保护价值的认知赋值均值分别为7.53,8.23,无论是单项赋值还是整体价值认知的均值,30~49岁的赋值均小于50~69岁,可见年龄长者对"非遗"在徽州文化生态保护价值的积极认知普遍高于中青年群体。从两个年龄段各单项赋值趋势来看,30~49岁与50~69岁在各单项赋值趋势上趋于一致,即两类群体在各单项价值对"非遗"在徽州文化生态保护中的重要性上基本持一致态度,历史文化价值、精神文化价值、艺术审美价值双方赋值高于其他单项赋值,可见在这两类群体看来,这三类价值对"非遗"在徽州文化生态保护中具有较为重要的地位。同时,30～49岁与50～69岁群体均认为科学技术价值的重要性稍次,但双方对其赋值差别较大,50～69岁为7.82,30～49岁为6.13。

从学历结构这一视角来看,初中及以下样本量为零,故不做分析,"高中、中职或中专和高职或大专、大学本科、硕士及以上四个群体的整体认知赋值均值分别为7.83,8.13,7.91,7.58,最低值也高于7.50,可见不同学历群体各单项价值对"非遗"在徽州文化生态保护中的重要性认知度很高。单项赋值上,各学历结构群体的赋值趋势基本一致,历史文化价值、精神文化价值、艺术审美价值三个维度的赋值较高,赋值均值都达到了8.00以上(8.82,8.52,8.13),可见不同学历群体也都认为,这三类价值对"非遗"在徽州文化生态保护中具有较为重要的地位。

从单位视角来看,国家机关、党群组织和其他这两个群体样本量均为1,故不具有有效代表性,在此忽略不计。在单项赋值上,与总体无异,历史文化价值、精神文化价值、艺术审美价值三个维度赋值均值仍然相对较高,分别为8.73,8.49,8.27,均达到8.00以上,反映出在不同单位群体看来,这三类价值在"非遗"的徽州文化生态保护中具有较为重要的地位,科学技术价值赋值均值最低,仅为7.24;同时,学校及研究机构群体在精神文化价值科学技术价值和社会和谐价值方面赋值小于其他企事业单位和离退休群体,分别为7.88,6.47,7.06。

从不同职称结构来看,初级职称群体样本量为1,不具有有效代表性,在此忽略不计。副高职称的被调查者对"非遗"在徽州文化生态保护价值的认知较高,均值达到8.50;单项赋值上,历史文化价值、精神文化价值、艺术审美价值较高,均值达到8.00以上,分别为8.81,8.15,8.17,科学技术价值赋值均值最低,为6.81,其他价值适中,均在7.00～7.99这个区间,经济开发价值、社会和谐价值分别为7.27,7.29。

由此可见，与整体样本一致，历史文化价值、精神文化价值科学技术价值和艺术审美价值四类"非遗"内在价值受到不同职称群众的重视。这反映出，公众认为"非遗"在徽州文化生态保护中，自身价值指标最为重要，而"非遗"的经济开发价值和社会和谐价值则偏重于其外在功能，在不同职称群体中并不太被看重。

二、对徽州民歌（黄山市）的认知数据分析

（一）对徽州民歌（黄山市）的价值认知情况赋值表

对徽州民歌（黄山市）的价值认知情况赋值表如表6.2所示。

表6.2 对徽州民歌（黄山市）的价值认知情况赋值表

	历史文化价值	精神文化价值	科学技术价值	艺术审美价值	经济开发价值	社会和谐价值	保护利用现状	保护利用前景
全体	8.23	8.23	5.95	7.36	6.23	7.36	6.41	7.00
男	8.26	8.32	6.06	7.47	6.37	7.53	6.84	7.11
女	8.00	7.67	5.33	6.67	5.33	6.33	3.67	6.33
<30岁	9.00	10.00	9.00	10.00	10.00	9.00	10.00	9.00
30～49岁	7.73	7.36	4.82	6.73	5.91	6.64	5.64	6.64
50～69岁	8.67	9.00	7.13	7.78	6.22	8.11	6.78	7.22
>69岁	9.00	9.00	6.00	8.00	6.00	7.00	8.00	7.00

续表

	历史文化价值	精神文化价值	科学技术价值	艺术审美价值	经济开发价值	社会和谐价值	保护利用现状	保护利用前景
初中及以下								
高中、中职或中专	8.50	7.50	6.00	7.50	7.50	7.50	8.00	7.50
高职或大专	9.00	9.67	6.50	7.33	5.00	8.33	6.00	6.33
大学本科	8.83	9.17	7.83	8.50	7.67	9.00	8.67	8.17
硕士及以上	7.64	7.45	4.82	6.73	5.55	6.18	5.00	6.45
国家机关、党群组织								
学校及研究机构	7.69	7.69	5.08	6.77	5.85	6.38	5.31	6.69
其他企事业单位	8.83	8.67	7.33	8.50	7.00	9.17	8.50	8.00
离退休	9.50	9.50	6.00	6.50	4.50	7.50	5.50	5.00
其他	9.00	10.00	9.00	10.00	10.00	9.00	10.00	9.00
无技术职称	9.50	9.50	9.00	9.00	9.00	9.00	9.50	8.50
初级	7.00	6.00	3.00	7.00	7.00	6.00	7.00	7.00
中级	8.00	8.29	5.00	7.00	5.57	6.86	5.00	6.71
副高	8.50	8.25	7.29	7.63	5.88	8.00	6.50	6.63
正高	7.75	8.00	4.50	6.75	6.50	6.50	7.00	7.50

(二) 对徽州民歌（黄山市）的认知数据解读

调查结果显示,徽州民歌在全体被调查者中的整体价值认知情况如下：

历史文化价值和精神文化价值赋值最高,均为8.23,艺术审美价值和社会和谐价值均为7.36,保护利用现状和前景赋值分别为6.41和7.00,经济开发价值为6.23,科学技术价值赋值最低,为5.95。从数据上分析,徽州民歌具有深厚的历史人文积淀,公众对其历史文化和精神艺术层面都能够做出较高的评价；

徽州民歌作为民间社会自发形成的文化形态，对社会和谐起到重要的作用；作为人文艺术的产物，科学技术含量低，其赋值也最低。民歌是一种记忆型"非遗"事项，以人为载体，自身具有的产业因素弱，很难能够做到有效的经济开发；由于社会生态、自然生态的改变，徽州民歌的生存、保护利用情况也不容乐观。

从性别角度来看，女性对徽州民歌的整体价值认知的均值是6.17，男性为7.25。无论是单项价值赋值还是整体价值认知的均值，女性的认知分值均小于男性。在保护利用现状方面，性别间的差异显著，男性为6.84，女性赋值则低至3.67。在单项价值中，历史文化价值、精神文化价值在八类价值中赋值最高（男性为8.26,8.32；女性为8.00,7.67），科学技术价值、经济开发价值、保护利用现状赋值相对较低，表明徽州民歌在文化层面的价值较高，具有一定的传播与传承价值，但在经济价值转化方面能力较低，这也是所有的记忆型"非遗"的弱点所在。

从年龄结构角度来看，30岁以下、69岁以上这两个群体的整体认知价值的均值分别是9.50,7.50，但样本量分别是2和1，不具有有效代表性。30~49岁、50~69岁这两个群体占总样本的87.5%，两个群体对徽州民歌整体价值认知均值分别是6.43和7.61，差异较为明显。总体上，50~69岁这个群体对徽州民歌认知价值较高。但在历史文化价值、精神文化价值、艺术审美价值和社会和谐价值维度上这两个群体赋值具有一致性——在本群体内部，分值都较高（7.73,8.67；7.36,9.00；6.73,7.78；6.64,8.11）；在经济开发价值科学技术价值和保护利用现状方面赋值较低（5.91,6.22；4.82,7.13；5.64,6.78）。从年龄来看，年长者对徽州民歌的认知程度较高，这可能与他们接触和接收徽州民歌信息较多有关；随着社会结构的变迁和经济社会的发展，徽州民歌的生存质量和条件日益弱化，年轻群体对徽州民歌的文化记忆日益淡漠，导致30~49岁群体赋值比

50~69岁低1.18。

从学历结构这一视角来看,赋值趋势与总体赋值较一致,即历史文化价值、精神文化价值、艺术审美价值和社会和谐价值维度赋值较高,科学技术价值、经济开发价值、保护利用现状赋值相对较低。高中、中职或中专和高职或大专两个群体的整体价值认知的赋值均值分别是7.50,7.27;大学本科、硕士及以上两个群体的均值是8.48,6.23。在样本结构上,大学本科、硕士及以上的样本量占总样本量的75%左右,具有典型的代表意义,能够更加真实地反映徽州民歌的整体价值,这两个群体的总均值均为7.36,该值与高中、中职或中专和高职或大专两个群体的均值大体相当。

从单位视角来看,国家机关、党群组织和其他这两个群体的样本量均为1,故不具有有效代表性,在此忽略不计。其他企事业单位对徽州民歌总体性赋值最高,均值为8.25,学校及研究机构离退休两个群体赋值均值没有明显差距,分别是6.43,6.75。在单项赋值中,与总体无异,历史文化价值、精神文化价值、艺术审美价值和社会和谐价值四个维度赋值相对较高,经济开发价值、科学技术价值二者赋值最低,均值分别是6.84,6.85,保护利用现状、保护利用前景适中,分别是7.33,7.17。

从不同职称结构来看,无技术职称被调查者对徽州民歌的整体价值认知度较高,均值达到9.13;其次是副高,均值是7.34;初级、中级、正高分别是6.25,6.55,6.81。在单项价值赋值中,历史文化价值、精神文化价值相对较高,均值分别为8.15,8.01,科学技术价值经济开发价值则相对较低,其均值分别是5.76,6.79,其他价值项适中,均在7.00~7.90这个区间。这与总体赋值趋势一致。

通过不同维度的认知数据分析,大致可以形成如下结论:

总体而言,徽州民歌的整体认知价值均值为7.10("全体"各单项价值赋值均分)。徽州民歌是"从日常生活中提炼的民歌、小曲、小调",与日常生活息息相关,伴随着传统社会生活而产生、存活,诸如民歌、小曲、小调的生活类音乐的产生,通常要经过一个较长的渐变积累过程,并随着时代的不同产生新的曲调和唱词。但随着城市化进程的加快,会唱原生态民歌的人越来越少,年轻人甚至不知道当地有民歌,更无法创造新时代的徽州民歌。作为记忆型非物质文化遗产,其本身的意义在于"历史的、精神的、艺术的、审美的、社会的文化价值",科学技术价值含量极低,自身又不具有产业开发的因素,故而在调研中其文化价值、艺术价值、社会价值赋值相对较高,分别为8.23,7.36,7.36,科技价值和产业经济价值则赋值最低,分别为5.95,6.23。

在徽州民歌的保护利用方面,十余年来国家及各级政府高度重视传统文化("非遗"),出台了相关文件政策,付诸了相应的实际行动,设立了徽州文化生态保护区。然而民众对徽州民歌的保护现状较不满意,总体赋值为6.41,保护利用前景较为适中,为7.00,这表明民众对政府、民间的保护利用行为还有期待。城镇化、商业化、产业化割裂了人与自然长期互动形成的和谐关系,破坏了"非遗"的生态环境,其赖以生存的文化空间也在逐渐消失,不少非物质文化遗产面临着严峻的生存危机。非物质文化遗产的生存与发展成为摆在世人面前的一个重要课题。

三、对婺源板龙灯(婺源县)的认知数据分析

(一) 对婺源板龙灯(婺源县)的价值认知情况赋值表

对婺源板龙灯(婺源县)的价值认知情况赋值表如表6.3所示。

表6.3 对婺源板龙灯(婺源县)的价值认知情况赋值表

	历史文化价值	精神文化价值	科学技术价值	艺术审美价值	经济开发价值	社会和谐价值	保护利用现状	保护利用前景
全体	7.71	7.54	6.30	7.50	6.46	6.92	6.54	7.00
男	7.71	7.52	6.25	7.57	6.48	7.00	6.71	7.05
女	7.67	7.67	6.67	7.00	6.33	6.33	5.33	6.67
<30岁	9.00	7.50	8.00	8.50	8.00	8.50	7.50	8.00
30~49岁	7.00	6.92	5.67	6.75	5.75	6.17	5.50	6.00
50~69岁	8.30	8.30	6.78	8.20	7.00	7.50	7.60	8.00
>69岁								
初中及以下								
高中、中职或中专	8.00	8.00	9.00	9.00	8.00	10.0	9.00	8.00
高职或大专	8.50	8.75	5.00	8.00	6.75	7.75	8.25	8.25
大学本科	8.38	8.00	7.75	8.25	7.13	7.75	7.13	7.75
硕士及以上	6.91	6.73	5.36	6.64	5.73	5.73	5.27	5.91

续表

	历史文化价值	精神文化价值	科学技术价值	艺术审美价值	经济开发价值	社会和谐价值	保护利用现状	保护利用前景
国家机关、党群组织	8.00	8.00	7.00	8.00	7.00	8.00	8.00	9.00
学校及研究机构	7.08	6.92	5.62	6.85	5.77	5.85	5.38	6.00
其他企事业单位	8.17	8.33	7.83	8.50	7.33	8.50	8.00	8.17
离退休	8.67	8.33	4.00	7.67	6.67	7.00	7.67	7.67
其他	10.00	8.00	10.00	9.00	9.00	10.00	8.00	9.00
无技术职称初级	8.50	8.00	7.50	8.50	7.50	8.17	7.50	7.83
中级	6.86	7.14	5.71	6.86	5.43	6.00	5.14	6.00
副高	7.71	7.43	6.00	7.14	6.43	6.71	6.71	7.14
正高	8.00	8.00	6.00	7.67	6.67	6.67	6.67	7.00

（二）对婺源板龙灯（婺源县）的认知数据解读

调查结果显示，婺源板龙灯在全体被调查者中的整体价值认知情况如下，历史文化价值赋值最高，为7.71；精神文化价值次高，为7.54；艺术审美价值为7.50。这三项赋值位列前三，说明公众对婺源板龙灯在历史、精神、艺术审美层面的价值具有较为一致的评价。婺源板龙灯的科学技术价值、经济开发价值、社会和谐价值均低于总体赋值均值，可能与婺源板龙灯自身科学价值低，不具备产业开发因素有关，作为一种人文艺术产品，婺源板龙灯对社会和谐的价值较小，因此赋值相对较低。在保护利用现状和保护利用前景方面，保护利用现状赋值低于保护利用前景，说明公众对婺源板龙灯的保护利用现状不满，但对其保护利用前景具有较高的期待。

调查数据显示，从性别角度来看，女性和男性对婺源板龙灯价值认知差异不大,两类群体的赋值均值分别为6.71和7.04。从单项赋值的比较来看,除精神文化价值、科学技术价值两项外,女性被调查者在其他项均给出了比男性被调查者低的赋值,尤其是保护利用现状差异最大,女性被调查者的赋值比男性被调查者的赋值低1.38,两者赋值相差最小的为历史文化价值,差值0.04。从以上数据可以看出,女性和男性被调查者对婺源板龙灯在历史文化价值方面的贡献给予了较高的评价,具有相似的价值认同感。

对于婺源板龙灯的保护利用现状,女性被调查者相较于男性被调查者持更消极的态度;从单项赋值均值上来看,男性被调查者和女性被调查者在历史文化价值、艺术审美价值、精神文化价值方面给予较高评价,说明男性和女性被调查者对于婺源板龙灯在历史文化、艺术审美、精神文化传承方面具有较高的认同感;保护利用现状在八项维度中均值最低,为6.02,可以看出,不管男性还是女性被调查者,对于目前婺源板龙灯保护利用现状并不满意。这与总体赋值趋势较为一致。

从年龄结构角度来看,30岁以下、69岁以上这两个群体的样本量分别是2,1,不具有有效代表性,故忽略。30~49岁、50~69岁两个群体占总样本的90.6%,两个群体对婺源板龙灯价值认知均值分别为6.22,7.71,差异较明显。从整体上看,50~69岁以上群体对婺源板龙灯的价值认知最高。从单项赋值来看,50~69岁以上群体的八项维度赋值均高于30~49岁群体。两个年龄群体在艺术审美价值、保护利用现状的赋值中差值最大,分别为1.45(8.20,6.75)、2.10(7.60,5.50);在科学技术价值的赋值差值最小,为1.11(6.78,5.67)。由此可以看出两个群体对于婺源板龙灯具有的艺术审美价值及保护利用现状存在较大差异。从八个维度的单项赋值均值来看,三个年龄段被调查者对历史文化价值、艺术审美价值的赋值最高,为8.10,7.82,科学技术价值赋值最低,为6.82。

从学历结构视角来看,大学本科、硕士及以上样本量占总样本量的75%,具有典型的代表意义,能够更加真实反映婺源板龙灯的整体价值。这两个群体的价值认知均值为7.77,6.04,两者对比,大学本科群体对婺源板龙灯价值认知最高;另外,这两个群体比较可知,大学本科群体在八个维度的赋值均高于硕士及以上群体,其中在科学技术价值方面的分差最高,为2.39,精神文化价值的赋值差异最小,可以看出两个群体在婺源板龙灯的科学技术价值方面持较大差异,而对其所具有的精神文化价值赋值较为一致。高中、中职或中专和高职或大专两个群体占总样本量的21.8%左右,对婺源板龙灯的价值认知均值为8.63,7.66。从八个维度的单项均值来看,四个学历群体对于婺源板龙灯的艺术审美价值赋值最高,为7.97;科学技术价值赋值最低,为6.78。由此可以看出四个学历群体对婺源板龙灯的艺术审美价值均有较高评价,而对其科学技术价值则持保留态度。

从工作单位视角来看,国家机关、党群组织和其他这两个群体的样本量均为1,故不具有有效代表性,在此忽略不计。剩下的三个职业群体中,其他企事业单位对婺源板龙灯的价值认知最高,均值为8.10;学校及研究机构、离退休两个群体的价值认知均值分别为6.18,7.21。对比赋值最高的其他企事业单位和赋值最低的学校及研究机构可发现,其他企事业单位对婺源板龙灯八个维度的赋值均高于学校及研究机构的赋值,说明其他企事业单位的被调查者对婺源板龙灯整体价值认知高于学校及研究机构的被调查者。两个群体赋值差异最大的为社会和谐价值,相差2.65,赋值差异最小的为历史文化价值,说明两个群体对婺源板龙灯的社会和谐价值存在较大分歧,而对婺源板龙灯的历史文化价值所持态度较为一致。从单向维度评价均值来看,不同单位的被调查者对婺源板龙灯的历史文化价值、艺术审美价值持较高评价,分别为8.38,8.00,而对徽派民居营造技艺的科学技术价值赋值最低,均值为6.89。

从不同职称结构来看,无技术职称群体对婺源板龙灯的整体价值认知最高,为7.94,正高、副高、中级群体赋值分别为7.09,6.91,6.14,其中中级职称群体赋值最低。比较赋值最高的"无技术职称群体"和赋值最低的中级群体可知,两个群体对婺源板龙灯的保护利用现状赋值均值相差较大,相差2.36。相差最小的为精神文化价值,说明两个群体对婺源板龙灯所具有的精神文化价值认同度较高,而对于保护利用现状方面存在较大的态度差异。从单项维度来看,不同职称群体对婺源板龙灯的历史文化价值赋值最高,为7.77,与总体赋值趋势一致,科学技术价值赋值最低,为6.30,精神文化价值、艺术审美价值、经济开发价值、社会和谐价值、保护利用前景赋值均值分别为7.64,7.54,6.51,6.89,6.51,6.99。

通过不同维度的认知数据分析,大致可以形成如下结论:

公众对婺源板龙灯的整体价值认知均值为7.00。作为一种具有地方特色的传统民俗活动,婺源板龙灯自身具有的历史文化价值、精神文化价值以及艺术审美价值较高,这也表明,公众在历史文化审美层面对婺源板龙灯给予了高度评价。作为一种以手工生产为主的民俗产品,婺源板龙灯自身缺少科技因素,因此公众对其科学技术价值赋值最低。随着社会发展、经济进步,手工类艺术产品不可避免地呈现衰落之势,加上其自身具有的产业化因素不高,很难达到量产,因此其经济开发价值相对较低。在保护利用现状上,赋值较低,说明婺源板龙灯在保护利用现状上仍有提高空间。公众对婺源板龙灯保护利用前景赋值高于保护利用现状,说明公众对其保护利用前景仍抱有期待。

四、对婺源抬阁(婺源县)的认知数据分析

(一) 对婺源抬阁(婺源县)的价值认知情况赋值表

对婺源抬阁(婺源县)的价值认知情况赋值表如表6.4所示。

表6.4 被调查者对婺源抬阁价值认知情况赋值表

	历史文化价值	精神文化价值	科学技术价值	艺术审美价值	经济开发价值	社会和谐价值	保护利用现状	保护利用前景
全体	7.79	7.63	6.13	7.08	6.17	6.79	6.42	6.83
男	7.80	7.55	6.21	7.20	6.20	6.90	6.60	6.80
女	7.75	8.00	5.75	6.50	6.00	6.25	5.50	7.00
<30岁	8.50	8.00	7.50	9.00	8.00	8.00	8.50	7.50
30~49岁	7.00	6.92	5.42	6.17	5.33	5.92	5.42	5.92
50~69岁	8.60	8.40	6.78	7.80	6.80	7.60	7.20	7.80
>69岁								
初中及以下								
高中、中职或中专	8.00	8.00	9.00	8.00	8.00	9.00	8.00	8.00
高职或大专	9.00	8.75	5.00	7.50	6.50	7.75	7.50	7.75
大学本科	8.25	8.13	7.75	8.38	6.88	7.75	7.38	7.50
硕士或以上	7.00	6.82	5.00	5.91	5.36	5.55	5.18	5.91

续表

	历史文化价值	精神文化价值	科学技术价值	艺术审美价值	经济开发价值	社会和谐价值	保护利用现状	保护利用前景
国家机关、党群组织	8.00	8.00	7.00	8.00	7.00	9.00	8.00	8.00
学校及研究机构	7.15	7.00	5.31	6.23	5.38	5.77	5.31	5.92
其他企事业单位	8.50	8.33	8.00	8.33	7.00	8.33	7.67	8.00
离退休	8.67	8.33	4.00	7.00	6.67	7.00	7.00	7.33
其他	9.00	9.00	9.00	10.00	9.00	9.00	10.00	8.00
无技术职称初级	8.33	8.17	7.50	8.17	7.33	7.83	7.67	7.67
中级	7.14	7.14	5.29	6.00	4.86	6.00	5.14	5.71
副高	7.71	7.43	5.86	7.14	6.29	6.43	6.57	7.14
正高	8.33	8.33	6.00	7.00	6.33	7.00	6.33	7.00

（二）对婺源抬阁（婺源县）的认知数据解读

调查数据显示，南片区被调查者对"非遗"——"抬阁"项目在徽州文化生态保护价值的认知，按重要性大小排序依次为：历史文化价值、精神文化价值、艺术审美价值、保护利用前景、社会和谐价值、保护利用现状、经济开发价值和、科学技术价值。由此可见，抬阁在婺源地区人们心中的历史存在感和艺术价值性具有很高的认可度，但它在保护利用现状以及经济性和科技性等方面的潜力未得到大多数被调查者的认可。

从性别来看，婺源地区男性与女性之间对于"抬阁"文化的不同特性认可度不同。其中，在精神文化价值、保护利用前景上女性的认可度高于男性，其他方面男性认可度高于女性。男性与女性群体在每项内容之间的认可程度差距并不大，除了保护利用现状，男性给予的认可度赋值为6.60，女性为5.50，这可能与从事这项工作的性别属性有关。

从年龄分布来看,30~49岁群体普遍对于"抬阁"的认可程度较低,除了历史文化价值选项获得7.00外,其他皆在5.00~7.00这个区间。相反,30岁以下和49岁以上群体对于"抬阁"文化生态现状认可度较高,尤其是30岁以下群体。抬阁是一种参与群体年龄段分布差异较大的活动,因此30岁以下群体作为参加者之一对于抬阁的相关文化生态认可程度较高,尤其在保护利用现状方面,相较于30~49岁群体给予的5.42,50~69岁群体的7.20,30岁以下却给出8.50的认可分数。

从学历层次来看,南片区硕士及以上学历的被调查者对抬阁的文化生态认可程度与上述年龄层段中30~49岁呈现出相似的结果。除了历史文化价值达到7.00,其他各项所得到的认可分值均在5.00~7.00这个区间,而高职或大专和大学本科对于抬阁现状的认可程度较高,平均分值分别为8.25和7.75。值得注意的是,高职或大专和硕士及以上群体对于抬阁科学技术价值的认可赋值均为5.00,而大学本科给出的赋值却为7.75,与此相似的结果还表现在艺术审美价值上,高职或大专和硕士及以上在该项给出的赋值分别为7.50和5.91,而大学本科的被调查者赋值为8.38。

从被调查者的单位性质来看,在抬阁的历史文化价值和艺术审美价值的重要性判断上,国家机关、党群组织和其他这两个群体的评估赋值要高于其他单位,这与不同单位下被调查对象的分布不均有关,其他和国家机关、党群组织的被调查者仅1人,故不列入下述讨论范围。其他企事业单位的被调查者对于抬阁的文化生态认可程度最高,各项平均赋值约8.02,而学校及研究机构则对其认可程度最低,仅有历史文化价值和精神文化价值赋值达到7.00,同时二者也是所有性质单位最认可的选项,其他选项均在5.00~6.50这个区间。值得注意的是,抬阁的科学技术价值是文化生态各项指标中认可度较低的选项,但是其他企事业单位却给出8.00的赋值,相较于学校及研究机构和离退休这两个群体给出的5.31与4.00,差距较大。

从职称来看,无技术职称的被调查者对于"抬阁"的文化生态现状认可度较高,而其他职称类别则随着中级职称向正高职称的递增而提高,其认可平均赋值依次为5.91,6.82和7.04(中级、副高和正高)。值得注意的是,中级职称的被调查者对于抬阁的经济开发价值和保护利用前景的认可度低于其他职称,并且差距较大,分别为4.86和5.71,其他有职称群体给予该项的平均赋值为6.31和7.07。

由相关数据分析可知,关于抬阁在徽州文化生态保护的价值认知上,被调查者更加重视"非遗"的历史文化、精神文化和艺术审美价值,而对保护利用前景、经济开发价值和科学技术价值的认可度较低。

通过不同维度的认知数据分析,大致可以形成如下结论:

抬阁是一项参与群体年龄段分布较广的活动,在过程中一位表演人员需站在可供抬起的木质四方形小阁里,另一位表演人员站在下方表演人员肩处或肩处的木板上,由四人或八人抬着游行。由于考虑到重心平衡性和重量可行性,表演人员一般倾向于选择儿童,而抬行人员则是经验丰富的较为年长人员,所以相较于傩舞等其他传统性表演,抬阁的表演人员的年龄构成较为多元化和两极化,因此多项指标的认可程度也呈现两极化分布。

抬阁起源于南宋年间,为旧时民间迎神赛会中的一项游艺项目,目前在婺源地区保存较为完好的当属甲路村。旧时许多有钱有势人家也通过"抬阁"宣扬自家盛况,因此抬阁得到大户人家的青睐。而面向其他企事业单位的被调查者中,当地企业也多给予抬阁赞助作为宣传自己的窗口,事业单位尤其是"非遗"管理的文化部分,对于自身管理项目的认知程度自然高于别人。

抬阁是一项集绘画、戏曲、彩扎、纸塑、杂技、舞蹈为一体的传统民间艺术,其背后需要多项传统艺术的支撑和积淀,这也是其保存至今的原因之一。同时,抬阁的发展可为保存或发展这些艺术形式提供契机,因此各部门可以通过"不同艺术形式之间的相互寄存和协同发展"获得启发,可选择性地将抬阁与其他可行的流行艺术形式相融合,相互依托或相互共存,为抬阁和其他艺术形式注入新的活力。此外可利用抬阁吸引更多的艺术形式作为支撑,丰富抬阁表演形式。

注重不同艺术形式之间的相互依存和协同发展,将抬阁与其他艺术形式融合,或者吸引更多艺术形式作为支撑;同时扩大抬阁表演人员在年龄、学历、职业等方面的范围,吸引不同背景的人们对抬阁进行关注。

五、对婺源傩舞(婺源县)的认知数据分析

(一) 对婺源傩舞(婺源县)的价值认知情况赋值表

对婺源傩舞(婺源县)的价值认知情况赋值表如表6.5所示。

表6.5 对婺源傩舞(婺源县)的价值认知情况赋值表

	历史文化价值	精神文化价值	科学技术价值	艺术审美价值	经济开发价值	社会和谐价值	保护利用现状	保护利用前景
全体	8.69	8.59	6.67	8.24	6.86	7.69	6.55	7.45
男	8.75	8.67	6.68	8.46	6.96	7.75	6.88	7.54
女	8.40	8.20	6.60	7.20	6.40	7.40	5.00	7.00

续表

	历史文化价值	精神文化价值	科学技术价值	艺术审美价值	经济开发价值	社会和谐价值	保护利用现状	保护利用前景
<30岁	9.00	9.50	8.50	9.00	8.00	9.00	8.00	9.00
30~49岁	8.19	7.94	5.67	7.31	6.25	6.94	5.63	6.81
>49岁	9.36	9.36	7.80	9.45	7.55	8.55	7.64	8.09
初中及以下								
高中、中职或中专	9.00	10.00	8.00	9.00	8.00	10.00	9.00	8.00
高职或大专	9.75	9.50	6.00	9.75	7.25	8.50	7.00	8.25
大学本科	9.11	9.33	7.89	9.11	7.56	8.00	7.67	7.89
硕士及以上	8.13	7.80	5.93	7.27	6.27	7.13	5.60	6.93
国家机关、党群组织	10.00	10.00	7.00	9.00	7.00	8.00	8.00	8.00
学校及研究机构	8.28	8.00	6.12	7.61	6.50	7.28	6.00	7.11
其他企事业单位	9.17	9.50	8.17	9.17	7.33	8.50	7.50	8.00
离退休	9.67	9.33	5.00	9.67	7.33	8.00	7.00	7.67
其他	9.00	10.00	10.00	9.00	9.00	9.00	8.00	9.00
无技术职称	9.17	9.50	7.83	8.83	7.50	8.33	7.67	8.33
初级								
中级	8.22	8.00	6.00	7.11	5.89	6.89	4.78	6.56
副高	9.00	8.89	6.88	9.00	7.00	8.00	6.56	7.56
正高	8.25	8.00	6.00	8.00	7.50	7.75	8.50	7.75

(二) 对婺源傩舞(婺源县)的认识数据解读

调查数据显示,南片区被调查者对"非遗"——"傩舞"在徽州文化生态保护价值的认知,按重要性大小排序依次为:历史文化价值、精神文化价值、艺术审美价值、社会和谐价值、经济开发价值、科学技术价值。由此可见,傩舞的历史底蕴、艺术价值被认可度较高,而它在科技性、经济性等方面的价值尚未得到公众的认可。

从性别来看,男性对每项价值给予的赋值均高于女性,并认为历史文化价值重要性最高,男性8.75,女性8.40。在保护利用现状方面,不同性别对其认可度最低,男性6.88,女性5.00。不同性别在艺术审美价值上的认识有较大差异,男性赋值为8.46,女性仅为7.20。

从年龄分布来看,傩舞的历史文化价值、精神文化价值为婺源地区各年龄层赋值较高的选项,保护利用现状和科学技术价值在各年龄层的认可程度较低,南片区30岁以下的被调查者对于各项认可度明显高于其他年龄层,与仅有2人分布于该年龄段所致使的较大偶像性因素有一定关系。30~49岁年龄段群体对于各项指标的认识低于49岁以上年龄段,其中在保护利用现状、社会和谐价值、科学技术价值三项指标中差异最明显。49岁以上被调查者对上述三项的认知赋值分别为7.64,8.55,7.80,30~49岁被调查者的认知赋值为5.63,6.94,5.67。

从学历层次来看,南片区高中、中职或中专的被调查者对"傩舞"在徽州文化生态保护中价值认知的赋值都很高,各项价值指标重要性赋值均达到8.00,而硕士及以上被调查者对于各项的认可程度最低,平均赋值仅为6.88。除大学本科认为傩舞的精神文化价值最高,其余学历水平被调查者均对傩舞的历史文化价值认可度最高,同时,高中、中职或中专和大学本科学历被调查者对于傩舞的艺术审美价值与历史文化价值赋值持平。在认可度较低的选项上,硕士及以上对于傩舞的保护利用现状工作最不认可,而其他学历则对科学技术价值赋值较低。值得注意的是,傩舞的艺术审美价值的认可度在婺源地区硕士及以上学历被调查者与其他学历被调查者之间存在较大差异,硕士及以上赋值为7.27,其他赋值皆达9.00。

从被调查者的单位性质来看,婺源地区的被调查者在傩舞的历史文化价值和艺术审美价值重要性判断上,国家机关、党群组织和其他这两个群体的评估赋值要高于其他单位,这与不同单位被调查者规模不平均分布有关。其他和国家机关、党群组织的被调查者均为1人,不列入下述讨论范围。其他企事业单位被调查者对于傩舞的文化生态认可程度最高,平均赋值约为8.42,学校及研究机构对其认可程度最低,仅历史文化价值和精神文化价值赋值高于8.00,二者也是所有性质单位最认可的选项。傩舞的保护利用现状在文化生态中认可度较低。值得注意的是,其他企事业单位被调查者对于科学技术价值的认可程度明显高于其他性质单位,赋值为8.17,学校及研究机构、离退休的赋值分别为6.12和5.00。

从职称来看,中级职称被调查者相较于其他职称类别对婺源傩舞的"非遗"文化现状明显不乐观。傩舞的保护利用现状在中级职称和正高职称被调查者上呈现明显差异,正高职称被调查者赋值为8.50,中级职称被调查者赋值为4.78。中级职称在许多项的赋值明显低于其他职称类别,例如经济开发价值(其他职称类别7.00或7.50),中级赋值仅为5.89,艺术审美价值赋值仅为7.11(其他职称类别在此项的平均赋值为8.61),保护利用前景赋值为6.56(其他职称类别在此项的平均赋值为7.88),社会和谐价值赋值为6.89(其他职称类别在此项给予平均赋值为7.88)。

通过不同维度的认知数据分析,大致可以形成如下结论:

在徽州文化生态保护价值认知上,被调查者更加重视"非遗"傩舞的历史文化、精神文化和艺术审美价值,而对科学技术价值、经济开发价值和保护利用现状的认可度较低。这可能与当前傩舞的自身特征和发展现状有关。

(1)傩舞表演区别于其他"非遗"文化,它是一种集舞蹈、戏曲、木雕、宗教、音乐、传说为一体的表演形式,其存在涵盖了多项文化与艺术形式,同时也助于传达和保存这些不同形式的文化和艺术,因此其艺术审美和精神文化价值不言而喻。

（2）最早记载傩戏的朝代是明朝，但是其历史最早可以追溯至春秋战国时期，被誉为中国舞蹈届的"活化石"。中国传统的历史传说《孟姜女》《后羿射日》《开天辟地》等如今都是傩舞表演的主要剧目，因此无论本身艺术形式还是表演内容傩戏皆具有历史悠久性。

（3）傩舞主要用于驱邪祭祀等宗教活动，这与科学技术所强调的特性背道而驰。

（4）婺源地区的长径村是傩舞保存最为完好的村落，以前傩舞的表演场地是在开放的室外街道或进入每家每户进行表演，"程氏祠堂"为其重要的表演场所。每年恰逢祭祀先祖，当地的村民们需在祠堂内部为逝去的先人以及前来祭祀的本村德高望重的村民进行表演，这一直是傩舞表演的重要内容。但2003年程氏祠堂倒塌，致使这项表演所处的重要语境不复存在，而祭祀又是当地特别重视的风俗，所以这对民众心中傩舞的保护现状的认知存在一定的影响。

（5）傩舞的表演主要集中于农历正月初二以及景区式体验旅游，一次表演大约所赚取的费用在19000元左右，除去设备费用等成本开支，平均分给个人的费用不足1000元，再加上每年表演的次数不多，因此傩舞对于表演者来说渐渐从经济支柱变为兴趣爱好，同时当地的村民也不鼓励自己的儿女从事这项表演，表明傩舞的经济开发价值在当地村民心中认可度并不高。但是近年来该情况得到改善，傩舞成为一种文化产品被引入电影、舞台剧或纪录片中，通过另一种形式传达给观众，提高了傩舞表演者的收入。

傩舞在30～49岁、硕士及以上学历、学校及研究机构以及中级职称被调查者群体中认可程度较低，这主要与其接触傩舞的频率有关。傩舞的表演者多属于49岁以上、无职业者或者离退休群体，硕士及以上学历、学校及研究机构群体与其接触较少且缺乏对傩舞完全的认识,同时有关傩舞的封建迷信又不被这类群体认可,因此其所给分数较低。

将傩舞传统的表演形式与现代的艺术元素融合是其融入当代语境的一个重要的探索方向,例如通过电影推广和拓宽傩舞的传播渠道,同时应继续保存傩舞在祭祀活动中的价值发挥。

六、对徽派传统民居营造技艺(黄山市)的认知数据分析

(一) 对徽派传统民居营造技艺(黄山市)的价值认知情况赋值表

对徽派传统民居营造技艺(黄山市)的价值认知情况赋值表如表6.6所示。

表6.6　对徽派传统民居营造技艺(黄山市)的价值认知情况赋值表

	历史文化价值	精神文化价值	科学技术价值	艺术审美价值	经济开发价值	社会和谐价值	保护利用现状	保护利用前景
全体	8.96	8.48	8.12	8.52	7.96	7.56	7.15	8.22
男	8.95	8.50	8.24	8.55	7.86	7.59	7.41	8.32
女	9.00	8.40	7.60	8.40	8.40	7.40	6.00	7.80
<30岁	9.00	9.00	10.00	10.00	10.00	9.00	10.00	9.00
30~49岁	8.33	7.80	7.21	7.87	7.60	6.93	6.40	7.73
50~69岁	9.80	9.40	9.10	9.20	8.20	8.30	7.80	8.80
>69岁	10.00	9.00	9.00	10.00	9.00	8.00	9.00	9.00

续表

	历史文化价值	精神文化价值	科学技术价值	艺术审美价值	经济开发价值	社会和谐价值	保护利用现状	保护利用前景
初中及以下								
高中、中职或中专	9.00	8.00	8.50	8.50	8.00	7.00	7.00	8.50
高职或大专	10.00	9.75	9.25	9.50	8.00	8.25	8.00	8.50
大学本科	9.57	8.86	9.14	9.29	8.43	8.29	8.43	8.86
硕士及以上	8.36	8.00	7.15	7.86	7.71	7.07	6.29	7.79
国家机关、党群组织								
学校及研究机构	8.56	8.06	7.40	7.94	7.75	7.06	6.56	7.81
其他企事业单位	9.43	8.86	9.00	9.29	8.43	8.43	8.00	9.14
离退休	10.00	9.67	9.00	9.33	7.33	7.67	7.33	8.00
其他	9.00	9.00	10.00	10.00	10.00	9.00	10.00	9.00
无技术职称	9.25	9.00	9.25	9.50	8.75	8.00	8.50	9.25
初级	8.00	6.00	7.00	7.00	6.00	5.00	4.00	7.00
中级	8.78	8.11	7.67	8.11	7.89	7.11	6.22	7.56
副高	9.00	8.89	8.25	8.78	7.89	8.33	7.56	8.56
正高	9.25	8.50	8.00	8.25	8.00	7.00	7.75	8.25

（二）对徽派传统民居营造技艺（黄山市）的认知数据解读

调查结果显示，徽派传统民居营造技艺在全体被调查者中的整体价值认知情况如下：其历史文化价值赋值最高，为8.96，艺术审美价值次之，为8.52，精神文化价值和保护利用前景分别为8.48、8.22，科学技术价值为8.12，经济开发价值为7.96，社会和谐价值为7.56，保护利用现状赋值最低，为7.15。

从数据上分析，徽派传统民居营造技艺具有深厚的历史人文沉淀，公众对其历史文化价值给予较高的评价;作为极富地方特色的传统木结构营造技艺,公众对于徽派传统民居营造技艺具有的精神文化价值、艺术审美价值均给予较高评价;作为国务院批准列入的第二批国家级非物质文化遗产,徽派传统民居营造技艺的保护利用前景也得到较高的赋值;作为传统民居建筑技艺,自身具有的产业要素较弱,很难做到有效的经济开发;在社会和谐方面,徽派传统民居营造技艺作为一种技艺,对社会和谐影响较其他维度来说,相对较低;由于社会发展,现代建筑技艺的普及,徽派传统民居营造技艺的保护利用现状不容乐观,公众对其赋值最低。

从性别角度来看,女性和男性对徽派传统民居营造技艺的价值认知差异不大,两类群体的赋值均值分别为7.88和8.18。从单项赋值比较来看,除历史文化价值、经济开发价值两项外,女性被调查者在其他项均给出了比男性被调查者低的赋值,尤其是保护利用现状项差异最大,女性被调查者的赋值比男性被调查者的赋值低1.41,两者赋值相差最小的为历史文化价值项。女性和男性被调查者对于徽派传统民居营造技艺在历史文化价值方面的贡献给予了较高的评价,具有同样的价值认同感,对于徽派传统民居营造技艺的保护利用现状方面,女性被调查者相较于男性被调查者来说,持较消极的态度;从单项来看,男性被调查者和女性被调查者在历史文化价值、艺术审美价值、精神文化价值方面给予较高评价,说明不同性别被调查者对于徽派传统民居营造技艺在历史文化、艺术审美、精神文化传承方面具有较高的认同感;保护利用现状在八项维度中均值赋值最低,为6.71,可以看出,不管是男性还是女性被调查者,对于目前徽派传统民居营造技艺的保护利用现状并不满意。

从年龄结构角度来看,30岁以下、69岁以上这两个群体的整体认知价值均值分别为9.50,9.13,但两个群体的样本量分别是2,1,不具有有效代表性。30~49岁、50~69岁两个群体对徽派传统民居营造技艺价值认知均值分别为

7.48、8.83，差异较明显。从整体上看，50～69岁群体对于徽派传统民居营造技艺的价值认知最高。从单项赋值来看，50～69岁群体的八项维度赋值均高于30～49岁群体，其中两个年龄群体在科学技术价值、精神文化价值的赋值中相差最大，分别为1.89、1.60，两个年龄群体在经济开发价值的赋值差异最小，为0.60，由此可以看出两个群体对于徽派传统民居营造技艺具有的科学技术及精神文化价值认知存在较大差异；从八个维度的单项赋值均值来看，四个年龄段被调查者对历史文化价值、艺术审美价值的赋值最高，分别为9.28、9.27，精神文化价值、科学技术价值、经济开发价值的赋值分别为8.80、8.83、8.70，保护利用现状、保护利用前景的赋值分别为8.30、8.63，社会和谐价值的赋值最低，为8.06。

从学历结构视角来看，大学本科、硕士及以上两个群体的价值认知均值为8.86、7.53，大学本科群体对徽派传统民居营造技艺的价值认知最高。此外，大学本科群体在八个维度的赋值均高于硕士及以上群体，其中在保护利用现状方面的分差最大，为2.14，经济开发价值项的赋值差异最小。由此可以看出两个群体对徽派传统民居营造技艺的保护利用现状持较大差异，而在徽派传统民居营造技艺的经济开发价值方面意见较为一致。高中、中职或中专和高职或大专这两个群体对徽派传统民居营造技艺的价值认知均值为8.06、8.91。

从八个维度的单项均值来看，四个学历群体对于徽派传统民居营造技艺的历史文化价值赋值最高，达9.23，保护利用现状赋值最低，为7.43，可以看出四个学历群体对于徽派传统民居营造技艺历史文化价值均有较高评价，而对其保护利用现状则持保留态度。

从职业视角来看，国家机关、党群组织和其他这两个群体的样本量均为1，不具有有效代表性，在此忽略不计。剩下的三个职业群体中，其他企事业单位被调查者对徽派传统民居营造技艺价值认知最高，均值为8.82；学校及研究机构、离退休这两个群体的价值认知均值分别为7.64,8.54。对比赋值最高的其他企事业单位和赋值最低的学校及研究机构可发现,其他企事业单位对徽派传统民居营造技艺八个维度的赋值均高于学校及研究机构的赋值,说明其他企事业单位被调查者对徽派传统民居营造技艺的整体价值认知高于学校及研究机构群体。两个群体赋值差异最大的为科学技术价值,相差分值1.60,赋值差异最小的为经济开发价值,说明两个群体在徽派传统民居营造技艺的科学技术价值的意见上存在较大分歧,而对徽派传统民居营造技艺的经济开发价值所持态度较为一致。从单向维度评价均值来看,不同单位的被调查者对徽派传统民居营造技艺的历史文化价值、艺术审美价值持较高评价,分别为9.25,9.14,而对徽派民居营造技艺的保护利用现状赋值最低,均值为7.97。

从不同职称结构来看,无技术职称群体对徽派民居营造技艺的整体价值认知最高,为8.94,正高、副高、中级其次,分别为8.13,8.41,7.68,初级赋值最低,仅为6.25。比较赋值最高的"无技术职称群体"和赋值最低的初级群体可知,两个群体对于徽派民居营造技艺整体价值赋值均值相差较大,为2.69。两个群体单项赋值差异最大的为保护利用现状,相差4.5,相差最小的为历史文化价值,说明两个群体对徽派民居营造技艺的历史文化价值认同度较高,而对徽派民居营造技艺保护利用现状方面存在较大的态度差异。从单项维度来看,不同职称群体对于徽派民居营造技艺的历史文化价值赋值最高,为8.86,与总体赋值趋势一致,保护利用现状赋值最低,为6.81,精神文化价值、科学技术价值、艺术审美价值、经济开发价值、社会和谐价值、保护利用前景赋值均值分别为8.10,8.03,8.33,7.71,7.09,8.12。

通过不同维度的认知数据分析,大致可以形成如下结论:

通过分析调查数据,徽派民居营造技艺的价值评判总体良好。徽派传统民居营造技艺是极富地方特色的传统木结构营造技艺,"作为中国传统民居建筑的一朵奇葩,是徽商文化范畴的遗存",公众对其历史文化价值、精神文化价值赋予高度的评价;作为一门民居建筑技艺,徽派建筑逐渐分散至国内外,虽然暂未进行大规模的产业开发,但其作为一种活态存在方式,具有一定的经济开发价值和保护利用前景。

随着社会发展,审美方式及现代建筑技艺的发展,徽派传统民居营造技艺的保护利用现状面临一定问题,在此方面还需进一步努力。

七、对徽州民谣(黄山市)的认知数据分析

(一) 对徽州民谣(黄山市)的价值认知情况赋值表

对徽州民谣(黄山市)的价值认知情况赋值表如表6.7所示。

表6.7 对徽州民谣(黄山市)的价值认知情况赋值表

	历史文化价值	精神文化价值	科学技术价值	艺术审美价值	经济开发价值	社会和谐价值	保护利用现状	保护利用前景
全体	8.30	8.35	6.23	7.48	5.91	7.35	6.09	7.26
男	8.32	8.47	6.33	7.58	5.95	7.42	6.47	7.32
女	8.25	7.75	5.75	7.00	5.75	7.00	4.25	7.00
<30岁	9.00	9.00	9.00	8.00	9.00	9.00	9.00	9.00
30~49岁	8.00	7.75	5.36	7.00	5.42	6.83	5.25	6.67
50~69岁	8.67	9.22	7.00	8.00	6.22	8.00	6.67	7.78
>69岁	8.00	7.00	6.00	8.00	6.00	6.00	8.00	8.00

续表

	历史文化价值	精神文化价值	科学技术价值	艺术审美价值	经济开发价值	社会和谐价值	保护利用现状	保护利用前景
初中及以下								
高中、中职或中专	10.00	9.00	8.00	9.00	8.00	9.00	9.00	8.00
高职或大专	8.67	9.00	4.33	7.33	4.67	7.33	6.00	6.67
大学本科	8.83	9.33	8.50	8.33	8.00	8.83	8.33	9.00
硕士及以上	7.85	7.69	5.42	7.00	5.08	6.54	4.85	6.54
国家机关、党群组织								
学校及研究机构	7.87	7.87	5.64	7.00	5.40	6.73	5.13	6.73
其他企事业单位	9.20	9.60	8.60	9.20	7.60	9.40	8.60	9.20
离退休	9.00	8.50	3.00	6.50	4.00	6.00	5.50	5.50
其他	9.00	9.00	9.00	8.00	9.00	9.00	9.00	9.00
无技术职称	9.50	9.00	8.50	8.50	8.50	9.00	9.00	8.50
初级								
中级	8.00	8.00	5.50	6.88	5.13	6.75	4.75	6.75
副高	8.56	8.67	6.75	8.00	5.89	7.67	6.33	7.44
正高	7.75	8.00	5.50	7.00	6.25	7.00	6.75	7.25

(二) 对徽州民谣(黄山市)的认知数据解读

调查结果显示,徽州民谣在全体被调查者中的整体价值认知情况如下:其精神文化价值赋值最高,为8.35,历史文化价值次之,为8.30,艺术审美价值和社会和谐价值分别为7.48,7.35,保护利用前景为7.26,科学技术价值为6.23,经济开发价值赋值最低,为5.91。

从数据分析上可以看出,徽州民谣具有深厚的历史人文沉淀,公众对其历史文化和精神文化层面所具有的价值给予较高评价;徽州民谣作为民间社会自发形成的文化形态,具有一定的艺术审美价值及社会和谐作用;徽州民谣作为一种人文艺术产物,科学技术含量低,赋值也较低;民谣是一种口传心记的传统民间口头艺术,以人为载体,自身具有的产业因素较弱,很难做到有效的经济开发,因而其经济开发价值赋值最低;由于社会生态、自然生态的改变,徽州民谣的保护现状不容乐观,但公众对其保护利用前景仍存在一定期待,因此其赋值高于保护利用现状。

从性别角度来看,女性对徽州民谣的整体价值认知为6.59,男性为7.23,女性整体赋值低于男性,说明相较于男性来说,女性对徽州民谣的整体态度较为悲观。不仅如此,从单项赋值来看,女性被调查者在八个维度的赋值均低于男性,差异最大的为两者对于保护利用现状的赋值,相差2.22;对于历史文化价值的赋值差异最小,为0.07,这说明不同性别的被调查者对徽州民谣的历史文化价值具有相似的价值认知;两个群体对于徽州民谣的保护利用现状存在较大的意见分歧。从八个维度的单项赋值来看,不同性别被调查者对徽州民谣的历史文化价值、精神文化价值赋值最高,分别为8.29,8.11,艺术审美价值、社会和谐价值、保护利用前景次之,分别为7.29,7.21,7.16,对徽州民谣的科学技术价值、经济开发价值赋值较低,分别为6.04,5.85,其中徽州民谣的保护利用现状赋值最低,为5.36。以上单项维度赋值均值与总体趋势相近。

从年龄结构角度来看,30岁以下、69岁以上这两个群体的整体认知价值均值分别为8.88,7.13,但由于这两个群体的样本量分别为2,1,不具有有效代表性,故忽略不计。30~49岁、50~69岁这两个群体对徽州民谣的整体价值认知均值分别为6.54,7.70,差异较为明显,其中50~69岁群体对徽州民谣整体价值认知较高。在对徽州民谣历史文化价值、经济开发价值方面的赋值,两个群体的赋值趋于一致,差异最大的为对科学技术价值的赋值,分别为5.36和7.00,两者相差1.64,说明关于徽州民谣的科学技术价值,两者存在较大的分歧。从单项维度赋值均值来看,不同年龄被调查者在历史文化价值、精神文化价值方面的赋值最高,分别为8.42,8.24,对徽州民谣的科学技术价值、经济开发价值赋值最低,分别为6.84,6.66。

从样本结构来看,大学本科、硕士及以上这两个群体的整体价值认知赋值分别为8.64,6.37,大学本科群体赋值高于硕士及以上群体。高中、中职或中专和高职或大专的群体对徽州民谣的整体价值认知分别为8.75,6.75。从单项赋值来看,不同学历被调查者对徽州民谣的历史文化价值、精神文化价值赋值最高,分别为8.84,8.76,经济开发价值赋值最低,为6.44,这与整体赋值趋势相同。

从单位视角来看,国家机关、党群组织和其他这两个群体的样本量均为1,不具有有效代表性,故在此忽略不计。其他企事业单位被调查者对徽州民谣的整体价值认知最高,为8.93,学校及研究机构次之,为6.55,离退休群体整体赋值最低,为6.00。比较赋值最高的其他企事业单位群体与赋值最低的离退休群体,两个群体在历史文化价值方面的赋值最接近,而关于徽州民谣的科学技术价值赋值相差最大,为5.60,说明两个群体关于徽州民谣所具有的科学技术价值存在较大的意见分歧。从单项赋值来看,不同单位被调查者对徽州民谣的历史文化价值、精神文化价值赋值最高,分别为8.77,8.74,科学技术价值、经济开发价值赋值最低,分别为6.56,6.50。

从不同职称结构来看,无技术职称被调查者对徽州民谣的整体价值认知赋值最高,为8.81,中级、副高、正高群体对徽州民谣的整体价值认知赋值分别为6.47,7.41,6.94,相差不大。从单项价值赋值来看,历史文化价值、精神文化价值赋值最高,为8.45,8.42,科学技术价值经济开发价值、保护利用现状赋值最低,分别为6.56,6.44,6.71。其他项适中,均在7.00~7.90这个区间。

通过不同维度的认知数据分析,大致可以形成如下结论:

徽州民谣是古徽州地区人民创作、吟诵、口传心记的传统民间口头艺术,反映了古徽州人劳动、生活、习俗、时政和思想感情,是博大精深的徽州文化宝库中独具特色的珍宝,具有鲜明的地域性、题材多样性和艺术独创性等特点,因此公众对徽州民谣的历史文化价值、精神文化价值赋值较高,表明其对徽州民谣在历史文化精神文化层面所具有的艺术价值。

作为自发形成的口耳相传的民间原生态艺术,徽州民谣自身的产业因素较弱,所以徽州民谣的科学技术价值和经济开发价值赋值较低。

随着城市化的加快,传统民间口头艺术面临生存危机,在保护利用方面也遇到与徽州民歌一样尴尬的境地,民众对徽州民谣的保护现状不满,赋值较低,但对保护利用前景赋值较高,说明民众对徽州民谣的保护利用仍有期待。

八、对徽州根雕(黄山市)的认知数据分析

(一) 对徽州根雕(黄山市)的价值认知情况赋值表

对徽州根雕(黄山市)的价值认知情况赋值表如表6.8所示。

表6.8 对徽州根雕(黄山市)的价值认知情况赋值表

	历史文化价值	精神文化价值	科学技术价值	艺术审美价值	经济开发价值	社会和谐价值	保护利用现状	保护利用前景
全体	8.50	8.67	7.46	8.42	7.75	7.54	7.21	7.67
男	8.45	8.70	7.25	8.35	7.65	7.55	7.50	7.75
女	8.75	8.50	8.50	8.75	8.25	7.50	5.75	7.25

续表

	历史文化价值	精神文化价值	科学技术价值	艺术审美价值	经济开发价值	社会和谐价值	保护利用现状	保护利用前景
<30岁	8.00	10.00	9.00	10.00	9.00	9.00	10.00	8.00
30~49岁	8.08	8.00	7.42	7.83	7.17	7.08	6.50	7.42
50~69岁	9.20	9.50	7.50	8.90	8.30	8.00	7.70	7.90
>69岁	7.00	7.00	6.00	9.00	8.00	7.00	8.00	8.00
初中及以下								
高中、中职或中专	8.00	8.50	7.50	7.50	7.50	7.50	8.00	7.50
高职或大专	8.50	9.00	5.75	9.25	8.50	8.25	8.00	8.50
大学本科	9.17	9.67	8.50	9.17	8.33	7.83	8.17	8.00
硕士及以上	8.25	8.08	7.50	7.92	7.25	7.17	6.33	7.25
国家机关、党群组织								
学校及研究机构	8.29	8.21	7.57	8.07	7.50	7.29	6.64	7.50
其他企事业单位	9.00	9.50	8.00	8.67	8.00	7.83	7.83	7.83
离退休	8.67	8.67	5.33	9.00	8.00	7.67	7.67	8.00
其他	8.00	10.00	9.00	10.00	9.00	9.00	10.00	8.00
无技术职称	8.67	9.67	9.33	9.33	8.33	8.33	9.00	8.00
初级	8.00	8.00	6.00	7.00	7.00	7.00	7.00	7.00
中级	8.13	8.25	7.13	8.25	7.38	7.25	6.38	7.25
副高	9.13	9.00	7.38	8.50	7.75	7.50	7.13	7.75
正高	8.00	8.25	7.25	8.25	8.25	7.75	7.75	8.25

(二) 对徽州根雕(黄山市)的认知数据解读

调查结果显示,徽州根雕在全体被调查者中的整体价值认知情况如下:其精神文化价值赋值最高,为8.67,历史文化价值为8.50,艺术审美价值为8.42,

科学技术价值和经济开发价值分别为7.46、7.75,社会和谐价值为7.54,保护利用现状、保护利用前景分别为7.21、7.67,赋值最低的为保护利用现状。

从数据上分析,徽州根雕具有深厚的历史文化价值、精神文化价值及艺术审美价值,公众对于徽州根雕的这三项赋值最高。作为一种历史文化产物,徽州根雕对社会和谐起到一定作用;作为人文艺术产物,徽州根雕本身的科学技术价值、经济开发价值等较低,很难做到有效开发;公众对徽州根雕的生存保护情况赋值较低,其生存和保护现状不容乐观。

调查数据显示,从性别角度来看,女性对徽州根雕的整体价值认知均值为7.91,男性对徽州根雕的整体价值认知均值为7.90,两者对徽州根雕的整体价值认知赋值相差无几。对比男性被调查者和女性被调查者的各项赋值可以看出,在历史文化价值、艺术审美价值、经济文化价值、科学技术价值等四项的赋值,女性被调查者的赋值高于男性;精神文化价值、社会和谐价值、保护利用现状、保护利用前景等四项赋值男性高于女性。这说明女性对徽州根雕所具有的历史文化价值、艺术审美价值、经济文化价值、科学技术价值的评价高于男性,而对徽州根雕所具有的精神文化价值、社会和谐价值、保护利用现状、保护利用前景的赋值低于男性。从单项赋值均值来看,历史文化价值、精神文化价值、艺术审美价值赋值最高,分别为8.60、8.60、8.55,科学技术价值、经济开发价值、社会和谐价值、保护利用前景居中,保护利用现状赋值最低,为6.63。这与整体赋值趋势相同。

从年龄结构角度来看,30岁以下、69岁以上这两个群体的整体认知价值均值分别是9.13、7.50,但样本量分别是2、1,不具有有效的代表性。30~49岁、50~69岁这两个群体对徽州根雕整体价值认知均值是7.44、8.38,差异较为明显,总体上50~69岁这个群体对徽州根雕认知价值较高。比较两个群体的单项赋值可以看出,两个群体在精神文化价值项的赋值差异较大,为1.5,对科学技术价值的赋值差异最小,为0.08,说明这两个群体对徽州根雕所具有的精神文化价值存在较大差异,而对徽州根雕所具有的科学技术价值具有较为一致的意见。从单项维度赋值均值来看,精神文化价值、艺术审美价值具有较高评价,分别为8.63,8.93,其次为历史文化价值、经济开发价值、保护利用现状,分别为8.07,8.12,8.05,科学技术价值和保护利用前景较低,分别为7.48,7.83。

从学历结构视角来看,大学本科、硕士及以上这两个群体的赋值均值分别为8.61,7.47,"高中、中职或中专以及高职或大专这两个样本的均值分别为7.75,8.22。从单项维度均值来看,精神文化价值、历史文化价值、艺术审美价值赋值较高,分别为8.81,8.48,8.46,科学技术价值、经济开发价值、社会和谐价值、保护利用现状、保护利用前景赋值分别为7.31,7.90,7.69,7.63,7.81,其中科学技术价值赋值最低。

从单位视角来看,国家机关、党群组织和其他这两个群体的样本量均为1,不具有有效代表性,故忽略不计。其他企事业单位对徽州根雕的总体赋值最高,均值为8.33,学校及研究机构离退休这两个群体对徽州根雕的总体赋值分别为7.63,7.88。在单项赋值中,精神文化价值、艺术审美价值、历史文化价值赋值最高,分别为9.10,8.94,8.49,科学技术价值赋值最低,为7.48,经济开发价值、保护利用现状、保护利用前景处于中间位置,分别为8.13,8.04,7.83。

从不同职称结构来看,无技术职称被调查者对徽州根雕的总体赋值最高,为8.83,副高群体总体赋值其次,为8.02,初级、中级、正高群体总体赋值分别为7.13,7.50,7.97,其中初级群体总体赋值最低。从单项维度赋值来看,历史文化价值、精神文化价值、艺术审美价值赋值最高,科学技术价值赋值最低,这与总体赋值趋势一致。

通过不同维度的认知数据分析,大致可以形成如下结论:

徽州根雕发源地在黄山市,明清时期是徽州根雕技艺发展的成熟期,民国时期根艺制作和生产日渐衰落,根雕技艺濒临灭绝,20世纪70年代末,根艺在全国复苏并蓬勃发展。作为一种人文艺术性非物质文化遗产,公众对于徽州根雕的历史文化价值、精神文化价值、艺术审美价值予以高度的评价,说明公众对徽州根雕在历史精神文化层面的价值具有较强的认同感。

然而,在科学技术价值和经济开发价值方面,公众给予的赋值不高,或许与徽州根雕自身的产业化能力不强等因素有关,作为一种手工艺品,无法做到产业化批量生产。

在保护利用现状和保护利用前景方面,公众对徽州根雕的保护利用现状不满,给予最低的赋值,但在保护利用前景方面,分值大于对保护利用现状的赋值,说明公众对徽州根雕的保护利用前景仍有较高的期待。

九、对徽州楹联匾额(黄山市)的认知数据分析

(一) 对徽州楹联匾额(黄山市)的价值认知情况赋值表

对徽州楹联匾额(黄山市)的价值认知情况赋值表如表6.9所示。

表6.9 对徽州楹联匾额(黄山市)的价值认知情况赋值表

	历史文化价值	精神文化价值	科学技术价值	艺术审美价值	经济开发价值	社会和谐价值	保护利用现状	保护利用前景
全体	8.63	8.59	6.85	8.07	6.59	8.04	6.37	7.85
男	8.68	8.68	6.90	8.05	6.59	8.05	6.59	7.82
女	8.40	8.20	6.60	8.20	6.60	8.00	5.40	8.00
<30岁	10.00	10.00	10.00	9.00	9.00	10.00	10.00	9.00
30~49岁	8.07	7.87	5.86	7.53	5.93	7.60	5.67	7.20
50~69岁	9.20	9.50	7.80	8.60	7.20	8.50	7.00	8.60
>69岁	10.00	9.00	8.00	10.00	8.00	8.00	7.00	9.00
初中及以下								
高中、中职或中专	7.00	7.50	8.00	8.50	6.50	6.50	6.00	7.00
高职或大专	9.00	9.50	6.50	8.25	6.50	8.25	6.25	8.25
大学本科	9.43	9.43	8.29	8.86	7.86	8.57	8.14	8.43
硕士及以上	8.36	8.07	6.00	7.57	6.00	7.93	5.57	7.57
国家机关、党群组织								
学校及研究机构	8.41	8.18	6.19	7.71	6.18	7.94	5.88	7.65
其他企事业单位	8.67	9.17	8.33	9.00	7.33	8.17	7.33	8.17
离退休	9.33	9.33	6.33	8.00	6.67	7.67	6.00	8.00
其他	10.00	10.00	10.00	9.00	9.00	10.00	10.00	9.00
无技术职称	9.50	9.50	9.50	9.50	9.00	9.50	9.50	9.00
初级	5.00	6.00	7.00	7.00	4.00	4.00	3.00	5.00
中级	8.20	8.20	6.20	7.80	5.90	7.80	5.20	7.10
副高	9.33	9.22	7.25	8.11	6.67	8.44	6.78	8.44
正高	8.75	8.25	6.00	8.00	7.50	8.25	7.75	8.75

(二) 对徽州楹联匾额(黄山市)的认知数据解读

调查结果显示,徽州楹联匾额在全体被调查者中的整体价值认知情况如下:其历史文化价值和精神文化价值赋值最高,分别为8.63,8.59,艺术审美价值和社会和谐价值分别为8.07,8.04,科学技术价值和经济开发价值赋值较低,分别为6.85,6.59,保护利用现状和保护利用前景分别为6.37,7.85,其中被调查者对徽州楹联匾额的保护利用现状赋值最低,为6.37。

调查数据显示,从性别角度来看,女性对徽州楹联匾额的整体价值认知为7.43,男性为7.67,男性赋值高于女性。其中,女性被调查者对徽州楹联匾额的艺术审美价值、经济开发价值、保护利用前景赋值超过男性被调查者,而对历史文化价值、精神文化价值、科学技术价值、社会和谐价值、保护利用现状的赋值低于男性。男性与女性被调查者关于徽州楹联匾额的保护利用现状赋值相差最多,为1.19,说明两者在此方面的意见分歧最大。从单项维度均值来看,不同性别被调查者对徽州楹联匾额的历史文化价值、精神文化价值赋值最高,对于其科学技术价值、经济开发价值的赋值最低,其他居中,这与总体赋值趋于一致。

从年龄结构角度来看,30岁以下、69岁以上这两个群体的整体认知价值均值分别为9.63,8.63,但样本量分别是2,1,不具有有效的代表性。30～49岁、50～69岁这两个群体对徽州楹联匾额整体价值认知均值是6.97,8.30,差异较为明显,总体上50～69岁这个群体对徽州楹联匾额认知价值较高。另外,比较两个群体的单项赋值可以看出,50～69岁群体的单项赋值均高于30～49岁群体的赋值,其中关于徽州楹联匾额的科学技术价值赋值差异最大,关于社会和谐价值的赋值差异最小,说明这两个群体被调查者对徽州楹联匾额的科学技术价值存在较大分歧,对其社会和谐价值的意见较为一致。从单项维度赋值均值来说,不同年龄被调查者对于徽州楹联匾额的历史文化价值和精神文化价值赋值最高,分别为9.32,9.09,对于保护利用现状赋值最低,为7.42,不过与其他"非遗"项目相比,此项赋值已经相对较高。

从学历结构来看,大学本科、硕士及以上这两个群体的总赋值均分为8.63,7.13,该值与高中、中职或中专和高职或大专群体的均值大体相当。从单项维度赋值均值来看,赋值趋势与总体赋值较为一致,即历史文化价值、精神文化价值、艺术审美价值赋值较高,其他维度赋值相对较低,其中保护利用现状维度最低,为6.49。

从单位视角来看,其他企事业单位对于徽州楹联匾额的整体认知最高,为8.27,学校及研究机构、离退休这两群体的整体认知分别为7.27,7.67,相差不大。比较赋值最高的其他企事业单位与赋值最低的学校及研究机构可知,两个群体被调查者在历史文化价值、社会和谐价值两项差异最小,而对于科学技术价值的赋值相差最大,为2.14,说明两个群体被调查者对徽州楹联匾额所具有的历史文化价值、社会和谐价值存在较为一致的看法,而对徽州楹联匾额的科学技术价值存在较大的分歧。从单项维度均值来看,不同职业的被调查者对历史文化价值、精神文化价值的赋值最高,对经济开发价值、保护利用价值的赋值最低,这与总体赋值趋于一致。

从不同职称结构来看,无技术职称群体对徽州楹联匾额的价值认知均值最高,为9.38,中级、副高、正高群体赋值均值居中,分别为7.05,8.03,7.91,初级职称群体赋值最低,仅为5.13。单从初级群体各项赋值来看,该群体的赋值在3.00~7.00这个区间,最低赋值为保护利用现状,最高赋值为科学技术价值、艺术审美价值。与整体赋值不同的是,该群体对徽州楹联匾额的历史文化价值、精神文化价值赋值在八个单项维度中仅处在中部位置。从单项维度的整体赋值来看,不同技术职称的被调查者对历史文化价值、精神文化价值的赋值最高,对经济开发价值、保护利用现状的赋值最低,其他居中,这与总体赋值趋势一致。

通过不同维度的认知数据分析,大致可以形成如下结论:

徽州楹联匾额是徽州地区的地方传统文化,"见证了徽商形成、发展到逐步衰落的过程",作为一种代表性的地方文化,楹联匾额所具有的历史文化价值、精神文化价值、艺术审美价值赋值较高,从侧面印证了楹联匾额在公众心中所具有的历史、精神、艺术审美层面的价值。

楹联匾额作为一种艺术性产品,其所具有的科学技术价值相对较低。由于其本身的产业化开发量产的能力较弱,因此其经济开发价值较低;虽然地方政府出具相关政策并付诸相应实际行动进行保护,但公众对徽州楹联匾额的保护现状较为不满,由于公众对政府、民间的保护利用行为仍有期待,因此保护利用前景得到了较为适中的赋值。

随着城市化、商业化、产业化进程的加快,传统文化艺术产品的生存状态及空间逐渐被压缩,这也是徽州楹联匾额面临的问题。

十、对婺源"三雕"(婺源县)的认知数据分析

(一)对婺源"三雕"(婺源县)的价值认知情况赋值表

对婺源"三雕"(婺源县)的价值认知情况赋值表如表6.10所示。

表6.10 对婺源"三雕"(婺源县)的价值认知情况赋值表

	历史文化价值	精神文化价值	科学技术价值	艺术审美价值	经济开发价值	社会和谐价值	保护利用现状	保护利用前景
全体	8.69	8.59	7.64	8.50	8.21	7.69	7.10	8.17
男	8.71	8.63	7.70	8.65	8.38	7.83	7.50	8.29
女	8.60	8.40	7.40	7.80	7.40	7.00	5.20	7.60
<30岁	9.00	9.00	8.50	9.50	9.00	8.50	8.00	9.00
30~49岁	8.31	8.00	7.00	8.00	7.63	6.81	6.63	7.69
50~69岁	9.18	9.36	8.50	9.10	8.91	8.82	7.64	8.73
>69岁								
初中及以下								
高中、中职或中专	9.00	8.00	7.00	9.00	8.50	7.50	8.00	8.50
高职或大专	9.75	9.75	7.67	9.33	9.25	8.75	7.75	9.00
大学本科	9.11	9.11	8.11	9.00	8.67	8.11	7.67	8.44
硕士及以上	8.07	8.00	7.43	7.93	7.57	7.14	6.43	7.71
国家机关、党群组织	10.00	10.00	9.00	9.00	9.00	8.00	9.00	9.00
学校及研究机构	8.24	8.12	7.35	8.00	7.76	7.12	6.47	7.71
其他企事业单位	9.14	8.86	8.00	9.29	8.71	8.57	8.29	8.86
离退休	9.67	9.67	7.50	9.00	9.00	8.33	7.00	8.67
其他	9.00	10.00	9.00	10.00	9.00	9.00	8.00	9.00
无技术职称	9.33	9.00	8.50	9.33	9.33	8.33	8.33	9.33
初级	8.00	7.00	4.00	8.00	7.00	6.00	6.00	7.00
中级	8.33	8.22	7.00	7.89	7.33	7.00	5.89	7.33
副高	8.88	8.88	8.25	8.75	8.38	8.25	7.25	8.38
正高	8.25	8.50	7.50	8.25	8.50	7.50	7.75	8.25

(二) 对婺源"三雕"(婺源县)的认知数据解读

调查结果显示,婺源"三雕"在全体被调查者中的整体价值认知情况如下:

其历史文化价值和精神文化价值的赋值分别为8.69,8.59,艺术审美价值其次,为8.50,科学技术价值和经济开发价值分别为7.64,8.21,社会和和谐价值为7.69,保护利用现状和保护利用前景分别为7.10,8.17。从数据上分析,婺源"三雕"具有深厚的历史人文沉淀,公众对其历史文化、精神文化层面所具有的价值给予较高评价;作为徽州代表性文化艺术,婺源"三雕"对于社会和谐具有一定的价值;因为婺源"三雕"是人文艺术产物,科学技术含量较低,公众对其赋值也较低。

随着社会发展和自然生态改变,婺源"三雕"的生存保护利用情况不容乐观,赋值最低。不过,与其他人文艺术相比,婺源"三雕"的经济开发价值赋值较高,说明公众对其所具有的经济开发价值有较高的期待。

调查数据显示,从性别角度来看,男性被调查者对婺源"三雕"的整体价值认知为8.21,女性被调查者对婺源"三雕"的整体价值认知为7.43,两者差异较大。比较两个群体赋值可以发现,男性被调查者的八项赋值均高于女性被调查者。其中两个群体关于婺源"三雕"的保护利用现状差异最大,相差2.30,说明两者对婺源"三雕"的保护利用现状存在较大分歧,历史文化价值的赋值差异最小,说明两者对婺源"三雕"的历史文化价值具有相似的认同感。从两个群体的单项维度赋值均值来看,不同性别被调查者在历史文化价值、精神文化价值两方面的赋值最高,保护利用现状赋值最低,其他维度赋值居中,说明不同性别被调查者对婺源"三雕"所具有的历史文化价值、精神文化价值具有较高评价,而对婺源"三雕"的保护利用现状较为不满。

从年龄结构角度来看,30岁以下、69岁以上这两个群体的整体认知价值均值分别是8.81,0,但样本量分别是2,1,不具有有效的代表性。30～49岁、50～69岁这两个群体对婺源"三雕"整体价值认知均值分别为7.51,8.78,差异较为明显,总体上50～69岁这个群体对婺源"三雕"认知价值较高。比较这两个群体可知,50~69岁群体八个单项赋值均高于30~49岁群体,其中两个年龄段群体的社会和谐价值赋值相差最多,相差2.01,历史文化价值相差最小,相差0.87,说明两个年龄段关于婺源"三雕"的社会和谐价值存在较大分歧,而对于婺源"三雕"的历史文化价值则具有较为相近的意见。

从学历结构这一视角来看,在样本结构上,大学本科、硕士及以上这两个群体的赋值分别为8.53,7.54,整体上,大学本科被调查者对婺源"三雕"的整体价值认知赋值最高。高中、中职或中专以及高职或大专这两个群体整体价值认知赋值分别为8.19,8.91。从单项维度赋值均值来看,历史文化价值、精神文化价值、艺术审美价值三项赋值最高,分别为8.98,8.72,8.82,科学技术价值保护利用现状赋值最低,分别为7.55,7.46,说明不同学历被调查者对婺源"三雕"在历史文化、精神文化艺术审美层面所具有的价值给予较高评价,而对婺源"三雕"的科学技术价值、保护利用现状持保留态度。

从职业视角来看,其他企事业单位被调查者对婺源"三雕"的总体性赋值最高,均值为8.72,学校及研究机构和离退休这两个群体赋值分别为7.60,8.61。从单项赋值均值来看,历史文化价值、精神文化价值、艺术审美价值三项赋值最高,分别为9.21,9.33,9.06,其中精神文化价值赋值最高,科学技术价值、经济开发价值、社会和谐价值赋值居中,分别为8.17,8.69,8.20,保护利用现状、保护利用前景赋值为7.75,8.65,其中保护利用现状赋值最低。

从不同职称结构来看,无技术职称被调查者对婺源"三雕"的整体价值认知最高,均值为8.94,中级、副高、正高三类被调查者赋值适中,初级职称被调查者赋值最低,为6.63。在单项赋值中,历史文化价值、艺术审美价值、精神文化价值赋值较高,分别为8.56,8.44,8.32,科学技术价值、保护利用现状赋值较低,分别为7.05,7.04。这与总体赋值趋势一致。

通过不同维度的认知数据分析,大致可以形成如下结论:

总体来说,婺源"三雕"的整体认知价值相对较高,说明公众对于婺源"三雕"的整体评价较高。

婺源"三雕"即婺源砖雕、木雕、石雕的统称,是江西省婺源县传统雕刻艺术。徽派建筑是徽文化的重要组成部分,而婺源"三雕"又是徽派建筑的主要内容,作为一种人文类非物质文化遗产,公众对于婺源"三雕"所具有的历史文化价值、精神文化价值、艺术审美价值具有较高认同感,因其自身所具有的人文艺术特征,婺源"三雕"对社会和谐也起到一定的促进作用。

作为人文类艺术形态,其自身具有的科学技术价值相对较少,因此公众对其科学技术价值赋值较低。然而,相较于其他人文类非物质文化遗产,公众对于婺源"三雕"的经济开发价值具有相对较高的期待;在保护利用现状方面,其赋值较低,说明公众对于婺源"三雕"的保护利用现状并不满意,鉴于婺源"三雕"自身的文化价值,公众对其保护利用前景给予较高评价。

十一、对婺源歙砚(婺源县)的认知数据分析

(一) 对婺源歙砚(婺源县)的价值认知情况赋值表

对婺源歙砚(婺源县)的价值认知情况赋值表如表6.11所示。

表6.11 对婺源歙砚(婺源县)的价值认知情况赋值表

	历史文化价值	精神文化价值	科学技术价值	艺术审美价值	经济开发价值	社会和谐价值	保护利用现状	保护利用前景
全体	9.10	8.97	7.93	8.76	8.55	7.93	7.83	8.76
男	9.13	9.04	7.86	8.92	8.54	7.83	8.21	8.75
女	9.00	8.60	8.20	8.00	8.60	8.40	6.00	8.80
<30岁	9.00	9.00	9.00	9.50	8.50	8.00	8.50	8.50
30~49岁	8.88	8.56	7.20	8.31	8.38	7.50	7.25	8.50
50~69岁	9.45	9.55	8.80	9.27	8.82	8.55	8.55	9.18
>69岁								
初中及以下								
高中、中职或中专	9.50	9.00	6.50	9.00	9.00	8.00	8.50	9.00
高职或大专	9.75	9.50	8.33	9.25	8.75	8.25	8.75	9.25
大学本科	9.22	9.56	8.33	9.22	8.67	8.11	8.56	8.67
硕士及以上	8.79	8.43	7.77	8.29	8.36	7.71	7.00	8.64
国家机关、党群组织	10.00	10.00	9.00	9.00	9.00	8.00	10.00	9.00
学校及研究机构	8.88	8.65	7.75	8.41	8.29	7.65	7.12	8.47
其他企事业单位	9.29	9.29	8.00	9.29	9.29	8.71	8.86	9.43
离退休	9.67	9.33	7.50	9.00	8.33	7.67	8.33	9.00
其他	9.00	10.00	10.00	10.00	8.00	8.00	9.00	8.00
无技术职称	9.33	9.33	8.50	9.33	8.83	8.00	8.67	9.17
初级	9.00	8.00	4.00	8.00	8.00	6.00	7.00	8.00
中级	8.89	8.56	7.67	8.11	8.22	7.67	6.44	8.22
副高	9.25	9.25	8.29	9.13	9.13	8.75	8.38	9.38
正高	9.00	9.25	8.00	8.75	8.00	7.25	8.50	8.50

(二) 对婺源歙砚(婺源县)的认知数据解读

调查结果显示,婺源歙砚在全体被调查者中的整体价值认知情况如下:其历史文化价值赋值最高，为9.10，精神文化价值为8.97，艺术审美价值为8.76，这三个维度排名前三，经济开发价值为8.55，高于均值8.48，科学技术价值和社会和谐价值均为7.93，保护利用现状和保护利用前景相差较大，分别为7.83、8.76。

从数据上分析，与其他人文技艺类"非遗"产品相似，婺源歙砚所具有的历史文化价值、精神文化价值、艺术审美价值较高；与其他产品存在差异的是，公众对婺源歙砚的经济开发价值给予高于均值的赋值，说明婺源歙砚的经济开发价值较高；作为一种人文艺术产品，婺源歙砚本身的科学技术价值较低，因此赋值相对较低。公众对婺源歙砚的保护利用现状和保护利用前景赋值有较大差异，分别为7.83、8.76，说明公众对婺源歙砚的保护利用现状不满，但同时又对其保护利用前景存在期待。

调研数据显示，从性别角度来看，女性对婺源歙砚的整体价值认知均值为8.20，男性为8.54，女性低于男性。对比两个群体的单项赋值可以看到，在科学技术价值、经济开发价值、社会和谐价值、保护利用前景方面，女性赋值高于男性，在历史文化价值、精神文化价值、艺术审美价值、保护利用现状方面，男性赋值高于女性。其中，两个群体关于保护利用现状方面的差异最大(8.21，6.00)，相差2.21，保护利用前景方面的差异最小(8.75，8.80)，相差0.05，说明两个群体被调查者对婺源歙砚的保护利用现状存在较大的意见分歧，而对婺源歙砚的保护利用前景则具有较为相似的意见。从单项赋值均值来看，历史文化价值、精神文化价值、保护利用前景赋值最高，经济开发价值赋值均值排名第四，保护利用现状赋值最低，这与总体趋势具有一定的差异。

从年龄结构角度来看，30岁以下、69岁以上这两个群体的整体认知价值的均值分别是8.75、0，但样本量分别是2、1，不具有有效的代表性。30~49岁、50~69岁这两个群体对婺源歙砚整体价值认知均值分别为8.07、9.02，差异较为明显,总体上50~69岁这个群体对婺源歙砚认知价值较高,说明年龄较长者对婺源歙砚的价值认知较高。由30~49岁、50~69这两个群体的单项赋值可知,50~69岁群体的单项赋值均高于30~49岁群体。其中两个群体关于科学技术价值的赋值差异最大(7.20,8.80),相差1.60,关于经济开发价值的赋值差异最小(8.38,8.82),相差0.44,这说明两个群体对婺源歙砚的科学技术价值具有较大的意见分歧,而对其经济开发价值则具有较为一致的意见。从单项赋值均值来看,历史文化价值、精神文化价值、艺术审美价值赋值最高,依次为9.11、9.04、9.03,社会和谐价值赋值最低,为8.02。这与总体赋值趋势较为一致。

从学历结构视角来看,大学本科、硕士及以上被调查者的总体赋值均值分别为8.79、8.12;高中、中职或中专和高职或大专这两个群体的总体赋值均值分别为8.56、8.98。从单项赋值均值来看,历史文化价值、精神文化价值、艺术审美价值赋值较高,依次为9.32、9.12、8.94,保护利用前景、经济开发价值次之,分别为8.89、8.70,社会和谐价值、保护利用现状赋值均值分别为8.02、8.20,科学技术价值赋值最低,仅为7.73,这与总体赋值趋势有一定差异。

从职业视角来看,国家机关、党群组织和其他这两个群体的样本量均为1,不具有有效代表性,故忽略不计。其他企事业单位被调查者赋值最高,为9.02,学校及研究机构、离退休这两个群体赋值分别为8.15、8.60,其中学校及研究机构赋值最低。从单项赋值均值来看,历史文化价值、精神文化价值、艺术审美价值赋值最高,分别为9.37、9.45、9.14,保护利用前景保护利用现状经济开发价值赋值分别为8.78、8.68、8.58,科学技术价值赋值为8.45,社会和谐价值赋值最低,为8.01。这与总体赋值趋势存在一定差异。

通过不同维度的认知数据分析,大致可以形成如下结论:

通过分析调查数据,婺源歙砚的整体价值认知度较高。婺源歙砚是中国四大名砚之一,其本身具有的历史文化价值、精神文化价值、艺术审美价值较高,公众对其历史文化、艺术审美层面的赋值最高。

作为一种人文艺术产品,婺源歙砚对社会和谐的作用较小,其本身所具有的科学技术价值也相对较低,因此这两项赋值不高。相较于其他人文艺术产品,公众对于它自身经济开发价值有较好的期待。

虽然歙砚是首批被列入国家非物质文化遗产保护名录的"非遗"产品,相关单位对其进行了多重保护,但是公众对其保护利用现状较为不满。不过,作为具有地方代表性的人文艺术产品,公众对于婺源歙砚利用前景的期待较高,这也是相关单位努力的方向。

十二、对徽菜(绩溪县、黄山市)的认知数据分析

(一) 对徽菜(绩溪县、黄山市)的价值认知情况赋值表

对徽菜(绩溪县、黄山市)的价值认知情况赋值表如表6.12所示。

表6.12 对徽菜(绩溪县、黄山市)的价值认知情况赋值表

	历史文化价值	精神文化价值	科学技术价值	艺术审美价值	经济开发价值	社会和谐价值	保护利用现状	保护利用前景
全体	9.04	9.07	7.92	8.00	8.74	8.33	7.81	9.04
男	9.09	9.09	7.81	8.00	8.64	8.27	8.05	9.00
女	8.80	9.00	8.40	8.00	9.20	8.60	6.80	9.20

续表

	历史文化价值	精神文化价值	科学技术价值	艺术审美价值	经济开发价值	社会和谐价值	保护利用现状	保护利用前景
<30岁	10.00	9.00	8.00	9.00	9.00	8.00	10.00	9.00
30~49岁	8.87	8.73	7.57	7.80	8.27	8.13	7.27	8.87
50~69岁	9.30	9.70	8.40	8.20	9.40	8.70	8.40	9.30
>69岁	8.00	8.00	8.00	8.00	9.00	8.00	8.00	9.00
初中及以下								
高中、中职或中专	8.00	8.50	8.00	7.50	8.00	7.50	8.00	8.50
高职或大专	9.25	9.50	7.00	7.75	9.25	8.50	8.50	9.75
大学本科	9.14	9.29	8.43	8.00	9.14	8.14	8.43	8.86
硕士及以上	9.07	8.93	7.92	8.14	8.50	8.50	7.29	9.00
国家机关、党群组织学校及研究机构	9.06	9.06	8.13	8.13	8.56	8.44	7.38	9.00
其他企事业单位	8.71	9.00	7.86	8.00	9.00	8.29	8.43	8.86
离退休	9.33	9.33	7.00	7.00	9.00	8.00	8.00	9.67
其他	10.00	9.00	9.00	9.00	9.00	8.00	10.00	9.00
无技术职称	9.00	8.75	7.50	7.75	8.00	7.50	8.25	9.00
初级	8.00	8.00	7.00	7.00	8.00	7.00	7.00	8.00
中级	8.78	8.89	7.33	7.67	8.33	8.33	6.89	8.89
副高	9.56	9.44	8.50	8.44	9.56	8.89	8.44	9.44
正高	8.75	9.25	8.75	8.25	8.75	8.25	8.25	8.75

(二) 对徽菜(绩溪县、黄山市)的认知数据解读

调查结果显示徽菜技艺在全体被调查者中的整体价值认知情况如下：其精神文化价值赋值最高，为9.07，历史文化价值和保护利用前景并列其次，为

9.04,经济开发价值和社会和谐价值分别为8.74,8.33,艺术审美价值为8.00,科学技术价值为7.92,保护利用现状为7.81,其中保护利用现状赋值最低,为7.81。

从数据上分析,徽菜技艺具有深厚的精神文化积淀,公众对其精神文化价值给予较高的评价;作为极富地方特色的传统菜系技艺,公众对于徽菜技艺具有的历史文化价值、保护利用前景均给予较高评价;作为国家级非物质文化遗产,徽菜技艺的经济开发价值也得到较高的赋值;徽菜技艺作为一种技艺,在社会和谐、艺术审美和科学技术价值方面,其影响较其他维度来说,相对较低;由于社会发展,现代菜系技艺的普及,徽菜技艺的保护利用现状不容乐观,公众对其赋值最低。

调查数据显示,从性别角度来看,男性和女性对徽菜技艺的价值认知差异不大,两类群体的赋值均值分别为8.49和8.50。从单项赋值比较来看,除历史文化价值、精神文化价值和保护利用现状三项外,女性被调查者在其他项均给出了比男性被调查者高的赋值,两者保护利用现状项差异最大,女性被调查者的赋值比男性被调查者的赋值低1.25,两者赋值相同的为艺术审美价值项。女性被调查者和男性被调查者对于徽菜技艺在保护利用前景方面的贡献给予较高的评价,具有同样的价值认同感,对于徽菜技艺的保护利用现状方面,女性被调查者相较于男性被调查者来说,持较消极的态度;从单项上来看,男性被调查者和女性被调查者在保护利用前景、历史文化价值、精神文化价值方面给予较高评价,说明不同性别被调查者对于徽菜技艺在保护利用前景、历史文化、精神文化传承方面具有较高的认同感;保护利用现状在八项维度的均值中赋值最低,为7.42,可以看出,不管是男性还是女性被调查者,对于目前徽菜技艺的保护利用现状并不满意。

从年龄结构角度来看,30岁以下、69岁以上这两个群体的整体认知价值均值分别为9.00,8.25,但两个群体的样本量分别是2,1,不具有有效代表性。30~49岁、50~69岁这两个群体对徽菜技艺价值认知均值分别为8.19,8.93,差异较明显。从整体来看,50~69岁群体对于徽菜技艺的价值认知最高。从单项赋分来看,50~69岁群体的八项维度赋值均高于30~49岁群体,其中两个年龄群体在保护利用现状的赋值中相差最大,为1.13,两个年龄群体在历史文化价值的赋值差异最小,为0.43,可以看出两个群体对于徽菜技艺具有的保护利用现状认知存在较大差异;从八个维度的单项赋值均值来看,四个年龄段被调查者对历史文化价值、保护利用前景的赋值最高,为9.04,对经济开发价值、精神文化价值、保护利用现状的赋值分别为8.92,8.86,8.42,对社会和谐价值、艺术审美价值的赋值分别为8.21,8.25,对科学技术价值的赋值最低,为7.99。

从学历结构视角来看,大学本科、硕士及以上这两个群体的价值认知均值分别为8.68,8.42,大学本科群体对徽菜技艺的价值认知最高;比较可知,大学本科群体在八个维度的赋值中除了艺术审美价值、社会和谐价值、保护利用前景三项外,其他均高于硕士及以上群体,其中在保护利用现状方面的分差最高,为1.14,历史文化价值项的赋值差异最小,可以看出两个群体对徽菜技艺的保护利用现状持较大差异,而在徽菜的历史文化价值方面意见较为一致。高中、中职或中专以及高职或大专这两个群体占总样本量的22.6%左右,对徽派技艺的价值认知均值分别为8.00,8.68。从八个维度的单项均值来看,四个学历群体对于徽菜技艺的精神文化价值赋值最高,达9.06,科学技术价值赋值最低,为7.84,可以看出四个学历群体对于徽菜技艺精神文化价值均有较高评价,而对其科学技术价值则持保留态度。从职业视角来看,国家机关、党群组织和其他这两个群体的样本量均为1,不具有有效代表性,故在此忽略不计。剩下的三个职业群体中,其他企事业单位对徽派传统民居营造技艺价值认知最高,均值为8.52;学校及研究机构和离退休这两个群体的价值认知均值分别为

8.47、8.42。对比赋值最高的其他企事业单位被调查者和赋值最低的离退休被调查者可发现，其他企事业单位被调查者对徽派传统民居营造技艺八个维度的赋值除了精神文化价值、保护利用前景两项外，均高于或等于离退休群体的赋值，说明其他企事业单位被调查者对徽菜技艺的整体价值认知高于学校及研究机构群体。两个群体赋值差异最大的为艺术审美价值，相差分值1.00，赋值差异最小的为经济开发价值，说明两个群体在徽菜技艺的艺术审美价值的意见上存在较大分歧，而对徽菜技艺的经济开发价值所持态度较为一致。从单项维度评价均值来看，不同职业被调查者对徽菜技艺的历史文化价值、保护利用前景持较高评价，分别为9.28、9.13，而对徽菜技艺的科学技术价值赋值最低，均值为7.75。

从不同职称结构来看，副高群体对徽菜技艺的整体价值认知最高，为9.03，正高、无技术职称、中级其次，分别为8.63、8.22、8.14，初级赋值最低，仅为7.50。比较赋值最高的副高和赋值最低的初级群体可知，两个群体对于徽菜技艺整体价值赋值均值相差较大，为1.53。两个群体单项赋值差异最大的为社会和谐价值，相差1.89，相差最小的为精神文化价值，说明两个群体对徽菜技艺的精神文化价值认同度较高，而对于徽菜技艺社会和谐价值方面存在较大的态度差异。从单项维度来看，不同职称群体对于徽菜技艺的精神文化价值赋值最高，为8.87，与总体赋值趋势一致，保护利用现状赋值最低，为7.77。

通过不同维度的认知数据分析，大致可以形成如下结论：

总体来说，徽菜技艺的整体认知水平较高。徽菜技艺是极富地方特色的菜系技艺，徽菜是古徽州的地方特色，其独特的地理人文环境赋予徽菜独有的味道。由于明清徽商的崛起，这种地方风味逐渐进入市肆，流传于苏、浙、赣、闽、沪、鄂以至长江中下游区域，具有广泛的影响，明清时期一度居于八大菜系之首。公众对其历史文化价值、精神文化价值赋予高度的评价；作为一门菜系技艺,徽菜渐渐分散至全国及国外,虽然暂未进行大规模的产业开发,但作为一种活态存在方式,具有一定的经济开发价值和保护利用前景。

十三、对徽州武术(黄山市)的认知数据分析

(一) 对徽州武术(黄山市)的价值认知情况赋值表

对徽州武术(黄山市)的价值认知情况赋值表如表6.13所示。

表6.13 对徽州武术(黄山市)的价值认知情况赋值表

	历史文化价值	精神文化价值	科学技术价值	艺术审美价值	经济开发价值	社会和谐价值	保护利用现状	保护利用前景
全体	7.95	7.89	6.74	7.26	6.16	6.95	5.89	6.78
男	8.00	8.00	6.71	7.29	6.29	7.18	6.06	6.94
女	7.50	7.00	7.00	7.00	5.00	5.00	4.50	5.50
<30岁	10.00	9.00	9.00	9.00	10.00	8.00	8.00	10.00
30~49岁	7.22	7.00	6.11	6.22	5.11	6.00	5.00	5.56
50~69岁	8.50	8.75	7.13	8.00	6.63	7.75	6.50	7.71
>69岁	8.00	8.00	7.00	9.00	8.00	8.00	7.00	8.00
初中及以下								
高中、中职或中专	7.00	7.00	5.00	6.00	3.00	7.00	3.00	3.00
高职或大专	7.67	8.33	5.67	7.67	6.33	7.67	5.67	7.33
大学本科	9.17	9.00	8.00	8.50	7.83	8.17	7.67	8.60
硕士及以上	7.33	7.11	6.44	6.44	5.33	5.89	5.11	6.00

续表

	历史文化价值	精神文化价值	科学技术价值	艺术审美价值	经济开发价值	社会和谐价值	保护利用现状	保护利用前景
国家机关、党群组织学校及研究机构	7.55	7.36	6.73	6.82	5.82	6.36	5.45	6.36
其他企事业单位	8.60	9.00	7.00	8.00	6.00	8.20	6.80	7.25
离退休	7.50	7.50	5.00	7.00	6.50	6.50	5.00	6.50
其他	10.00	9.00	9.00	9.00	10.00	8.00	8.00	10.00
无技术职称	10.00	9.00	9.00	9.00	10.00	8.00	8.00	10.00
初级	7.00	7.00	5.00	6.00	3.00	7.00	3.00	3.00
中级	7.17	7.33	6.33	6.50	5.17	6.33	4.50	5.67
副高	8.13	8.00	6.50	7.38	6.13	6.88	6.38	7.14
正高	8.67	8.67	8.00	8.33	8.00	8.00	7.67	8.33

(二) 对徽州武术(黄山市)的认知数据解读

调查结果显示,徽州武术在全体被调查者中的整体价值认知情况如下:其历史文化价值赋值最高,为7.95,精神文化价值其次,为7.89,艺术审美价值和社会和谐价值分别为7.26,6.95,科学技术价值为6.74,保护利用前景为6.78,经济开发价值为6.16,保护利用现状赋值最低,为5.89。

从数据上分析,徽州武术具有深厚的历史人文沉淀,公众对其历史文化价值给予较高的评价;作为极富地方特色的传统武术,公众对于徽州武术具有的精神文化价值、艺术审美价值均给予较高评价;作为国家级非物质文化遗产,徽州武术的社会和谐价值也得到较高的赋值;作为传统武术,其产业因素较弱,很难做到有效的经济开发;在科学技术价值方面,徽州武术作为一种武术形式,科学技术价值较其他维度来说,相对较低;由于社会发展,大众对于传统武术的遗忘,徽州武术的保护利用现状不容乐观,公众对其赋值最低。

调查数据显示,从性别角度来看,男性和女性对徽州武术的价值认知差异不大,两类群体的赋值均值分别为7.06和6.06。从单项赋值比较来看,除科学技术价值外,女性被调查者在其他项均给出了比男性被调查者低的赋值,尤其是社会和谐价值项差异最大,女性被调查者的赋值比男性被调查者的赋值低2.18,两者赋值相差最小的为科学技术价值项。由以上数据可以看出,女性和男性被调查者对于徽州武术在历史文化价值方面的贡献给予较高的评价,具有同样的价值认同感,对于徽州武术的社会和谐价值方面,女性被调查者相较于男性被调查者来说,持较悲观的态度;从单项来看,男性被调查者和女性被调查者在历史文化价值、科学技术价值、精神文化价值方面给予较高评价,说明不同性别被调查者对于徽州武术在历史文化、科学技术、精神文化传承方面具有较高的认同感;保护利用现状在八项维度均值中赋值最低,为5.28,可以看出,不管是男性还是女性被调查者,对于目前徽州武术的保护利用现状并不满意。

从年龄结构角度来看,30岁以下、69岁以上这两个群体的整体认知价值均值分别为9.13,7.88,但两个群体的样本量分别是2,1,不具有有效代表性。30~49岁、50~69岁这两个群体对徽州武术价值认知均值分别为6.03,7.62,差异较明显。从整体上看,50~69岁群体对于徽州武术的价值认知最高。从单项赋值来看,50~69岁群体的八项维度赋值均高于30~49岁群体,其中两个年龄群体在艺术审美价值、保护利用前景的赋值中相差最大,分别为1.78,2.15,两个年龄群体在科学技术价值的赋值差异最小,为1.02,可以看出两个群体对于徽州武术具有的保护利用前景及艺术审美价值认知存在较大差异;从八个维度的单项赋值均值来看,四个年龄段被调查者对历史文化价值、精神文化价值的赋值最高,分别为8.43,8.19,保护利用现状的赋值最低,为6.63。

从学历结构视角来看,大学本科、硕士及以上这两个群体的价值认知均值分别为8.37,6.21,大学本科群体对徽州武术的价值认知最高;另外,由这两个群体比较可知,大学本科群体在八个维度的赋值均高于硕士及以上群体,其中在保护利用前景方面的分差最高,为2.60,历史文化价值项的赋值差异最小,可以看出两个群体对徽州武术的保护利用前景持较大差异,而在徽州武术的历史文化价值方面意见较为一致。高中、中职或中专和高职或大专两个群体对徽州武术的价值认知均值分别为5.13,7.04。从八个维度的单项均值来看,四个学历群体对于徽州武术的精神文化价值赋值最高,达7.86,保护利用现状赋值最低,为5.36,可以看出四个学历层次群体对于徽州武术精神文化价值均有较高评价,而对其保护利用现状则持保留态度。

从单位视角来看,其他企事业单位被调查者对徽州武术价值认知最高,均值为7.61;学校及研究机构、离退休这两个群体的价值认知均值分别为6.56,6.44。对比赋值最高的其他企事业单位和赋值最低的离退休群体可发现,其他企事业单位对徽州武术八个维度的赋值除了经济开发价值外,均高于离退休的赋值,说明其他企事业单位对徽州武术的整体价值认知高于离退休群体。两个群体赋值差异最大的为科学技术价值,相差分值2.00,赋值差异最小的为经济开发价值,说明两个群体在徽州武术的科学技术价值的意见上存在较大分歧,而对徽州武术的经济开发价值所持态度较为一致。从单向维度评价均值来看,不同单位被调查者对徽州武术的历史文化价值、精神文化价值持较高评价,分别为8.41,8.22,而对徽州武术的保护利用现状赋值最低,均值为6.31。

从不同职称结构来看,无技术职称群体对徽州武术的整体价值认知最高,为9.13,正高、副高、中级被调查者其次,分别为8.21,7.07,6.13,初级赋值最低,仅为5.13。比较赋值最高的无技术职称群体和赋值最低的初级群体可知,两个群体对于徽州武术整体价值赋值均值相差较大,为4.00。两个群体单项赋值差异最大的为经济开发价值,相差7.00,相差最小的为社会和谐价值,说明两个群体对徽州武术的社会和谐价值认同度较高,而对于徽州武术的经济开发价值方面存在较大的态度差异。从单项维度来看,不同职称群体对于徽州武术的历史文化价值赋值最高,为8.19,与总体赋值趋势一致,保护利用现状赋值最低,为5.91。

通过不同维度的认知数据分析,大致可以形成如下结论:

徽州武术是极富地方特色的传统武术,受文化氛围、传统道德价值观念以及地理环境的影响,中华武术这一中华民族传统文化的瑰宝,与徽州这块神奇的土地一结合,便放出了耀眼而又独特的异彩。公众对其历史文化价值、精神文化价值赋予高度的评价。

作为一门传统武术,徽州武术渐渐分散至国内外,虽然暂未进行大规模的产业开发,但其作为一种活态存在方式,具有一定的经济开发价值和保护利用前景。不过,随着社会进步,审美方式及现代武术的发展,徽州武术保护利用现状面临一定问题,在此方面还需进一步努力。

十四、对婺源豆腐架(婺源县)的认知数据分析

(一) 对婺源豆腐架(婺源县)的价值认知情况赋值表

对婺源豆腐架(婺源县)的价值认知情况赋值表如表6.14所示。

表6.14　对婺源豆腐架（婺源县）的价值认知情况赋值表

	历史文化价值	精神文化价值	科学技术价值	艺术审美价值	经济开发价值	社会和谐价值	保护利用现状	保护利用前景
全体	7.54	7.58	6.52	7.08	6.38	6.96	6.63	6.88
男	7.55	7.55	6.42	7.10	6.30	7.00	6.80	6.85
女	7.50	7.75	7.00	7.00	6.75	6.75	5.75	7.00
<30岁	9.00	8.00	8.00	8.50	8.00	8.00	8.50	8.00
30~49岁	6.92	6.92	6.25	6.33	5.75	6.25	5.75	6.25
50~69岁	8.00	8.30	6.56	7.70	6.80	7.60	7.30	7.40
>69岁								
初中及以下								
高中、中职或中专	8.00	8.00	9.00	8.00	8.00	9.00	8.00	8.00
高职或大专	8.50	8.75	5.00	7.00	6.00	7.75	7.25	7.25
大学本科	8.38	8.25	7.50	8.25	7.25	7.75	7.63	7.50
硕士及以上	6.55	6.64	6.00	6.18	5.73	5.91	5.55	6.18
国家机关、党群组织	8.00	8.00	7.00	8.00	7.00	8.00	8.00	8.00
学校及研究机构	6.77	6.85	6.00	6.31	5.85	6.08	5.77	6.23
其他企事业单位	8.17	8.50	7.83	8.67	7.00	8.33	7.67	7.83
离退休	8.67	8.33	4.00	6.33	6.00	7.00	6.67	6.67
其他	10.00	9.00	10.00	9.00	10.00	9.00	10.00	9.00
无技术职称	8.50	8.17	7.50	8.00	7.33	7.83	7.67	7.50
初级								
中级	6.88	7.25	6.25	6.50	5.63	6.38	5.63	6.38
副高	7.86	7.71	6.43	7.00	6.14	6.71	6.71	7.14
正高	6.00	7.00	5.00	6.50	7.00	7.00	7.00	6.00

（二）对婺源豆腐架（婺源县）的认知数据解读

调查结果显示，婺源豆腐架在全体被调查者中的整体价值认知情况如下：

其精神文化价值赋值最高,为7.58,历史文化价值赋值次之,为7.54,艺术审美价值赋值为7.08,社会和谐价值为6.96,保护利用前景和保护利用现状赋值分别为6.88和6.63,科学技术价值为6.52,经济开发价值最低,为6.38。

从数据上分析,婺源豆腐架具有深厚的历史文化积淀,公众对其历史文化价值给予较高的评价;对于婺源豆腐架具有的精神文化价值、艺术审美价值均给予较高评价;婺源豆腐架的保护利用前景也得到较高的赋值;在社会和谐方面,婺源豆腐架作为一种传统食品加工工具,对社会和谐影响程度来说,相对较小;由于社会发展,现代食品制作方法的普及,婺源豆腐架的保护利用现状不容乐观,公众对其赋值较低;由于婺源豆腐架更多涉及传统食品范畴,其艺术与审美不是核心内容,公众对其赋值较低;作为汉族传统重要组成部分,婺源豆腐架自身具有的产业因素较弱,很难做到有效的经济开发,因而公众对其赋值最低。

调查数据显示,从性别角度来看,男性和女性对婺源豆腐架的价值认知差异不大,两类群体的赋值均值分别为6.95和6.94。男性与女性赋值差异最大的是保护利用现状项,女性被调查者的赋值比男性被调查者的赋值低1.05,两者赋值相差最小的为历史文化价值项。女性被调查者和男性被调查者对于婺源豆腐架在历史文化价值、精神文化价值方面的贡献给予较高的评价,具有较为相似的价值认同感。在对婺源豆腐架的保护利用现状方面,女性被调查者相较于男性被调查者来说,持较消极的态度;从单项来看,男性被调查者和女性被调查者在历史文化价值、精神文化价值、艺术审美价值方面给予较高评价,说明不同性别被调查者对于婺源豆腐架在历史文化、精神文化和艺术审美方面具有较高的认同感;保护利用现状在八项维度均值中赋值最低,为6.28,可以看出,不管是男性还是女性被调查者,对于目前婺源豆腐架的保护利用现状并不满意。

从年龄结构角度来看,30岁以下被调查者赋值均值为8.25,说明这一年龄段的群体对婺源豆腐架价值认知较高,而30~49岁、50~69岁这两个群体占总样本的比重最大,更具代表性,两个群体对婺源豆腐架价值认知均值分别为6.30,7.46,差异不是十分明显。从整体上看,50~69岁群体对于婺源豆腐架的价值认知较高。从单项赋值来看,50~69岁群体的八项维度赋值均高于30~49岁群体,其中两个年龄群体对历史文化价值、精神文化价值、保护利用现状的赋值中相差最大,分别为1.08,1.38,1.55,两个年龄群体在科学技术价值的赋值差异最小,为0.31,可以看出两个群体对于婺源豆腐架具有的科学技术价值认知存在较小差异;从八个维度的单项赋值均值来看,三个年龄段被调查者对历史文化价值、精神文化价值的赋值最高,分别为7.97,7.74,经济开发价值的赋值最低,为6.85。

从学历结构视角来看,大学本科、硕士及以上这两个群体的价值认知均值分别为7.81,6.09,大学本科群体对婺源豆腐架的价值认知最高。高职或大专群体对婺源豆腐架的价值认知均值为7.18。

从八个维度的单项均值来看,四个学历群体对于婺源豆腐架的精神文化价值赋值最高,达7.91,经济开发价值赋值最低,为6.75,可以看出四个学历群体对于婺源豆腐架历史文化价值和精神文化价值均有较高评价,而对其经济开发价值和科学技术价值则持保留态度。

从单位视角来看,国家机关、党群组织和其他这两个群体的样本量均为1,不具有有效代表性,故在此忽略不计。剩下的三个职业群体中,其他企事业单位群体对婺源豆腐架价值认知最高,均值为8.00。

从不同职称结构来看,无技术职称群体对婺源豆腐架的整体价值认知最高,为7.81,副高、正高、中级被调查者其次,分别为6.96,6.44,6.36。比较赋值最高的"无技术职称群体"和赋值最低的中级群体可知,这两个群体对于婺源豆腐架赋值均值相差较大,为1.45。两个群体单项赋值差异最大的为保护利用现状,相差2.04,相差最小的为精神文化价值。这说明两个群体对婺源豆腐架的保护利用现状存在较大的态度差异,而对于婺源豆腐架精神文化价值方面认同度较高。从单项维度来看,不同职称群体对于婺源豆腐架的精神文化价值赋值最高,为7.31,与总体赋值趋势一致,科学技术价值赋值最低,为6.30。

通过不同维度的认知数据分析,大致可以形成如下结论:

总体来说,婺源豆腐架的整体认知度较低。婺源豆腐架是中国传统食品重要组成部分。作为具有地方特色的传统美食,婺源豆腐架渐渐流传至全国及国外,虽然暂未进行大规模的产业开发,但作为一种活态存在方式,具有一定的经济开发价值和保护利用前景。同时值得注意的是,婺源豆腐架在进行商业化开发的同时,也要注重其文化内涵的原真性和整体性保护传承,合理平衡"经济效益"与"文化效益"。

十五、对"非遗"保护利用问题的认知数据分析

(一) 对"非遗"保护利用问题的认知频次表(南片区)

对"非遗"保护利用问题的认知频次表(南片区)如表6.15所示。表中数据为南片区被调查者对目前黄山市及所辖县(区)"非遗"保护利用存在的主要问题的选择率(限选三项)。表中横轴序号分别代表:问题1. 缺少"非遗"整体性

保护利用规划；问题2. 政府"非遗"保护利用投入太少或政策落实不到位；问题3. "非遗"保护、利用制度规范不健全；问题4. "非遗"有关原材料短缺；问题5. "非遗"生产性保护不力或产品市场前景不好；问题6. "非遗"过度开发或过度商业化；问题7. 公众保护意识不强或年轻人不愿意继承"非遗"工作；问题8. 其他。

表6.15 对"非遗"保护利用问题的认知频次表（南片区）

	1	2	3	4	5	6	7	8
全体	15	20	11	7	12	6	24	
男	11	18	10	6	8	5	21	
女	4	2	1	1	4	1	3	
<30岁	1	0	2	0	1	0	2	
30~49岁	7	10	5	4	7	3	14	
50~69岁	6	10	3	3	4	2	8	
>69岁	1	0	1	0	0	1	0	
初中及以下								
高中、中职或中专	0	1	0	1	1	0	2	
高职或大专	3	3	3	2	1	1	3	
大学本科	2	5	4	3	2	2	8	
硕士及以上	10	11	4	1	8	3	11	
国家机关、党群组织	0	0	1	1	0	0	1	
学校及研究机构	11	12	5	2	9	4	13	
其他企事业单位	1	6	2	3	1	1	6	
离退休	3	2	2	1	1	1	3	
其他	0	0	1	0	1	0	1	
无技术职称	1	0	4	3	2	0	6	
初级	0	1	0	0	1	0	1	
中级	6	4	3	3	4	4	6	
副高	5	13	1	1	3	1	7	
正高	2	2	2	0	2	1	3	

(二) 对"非遗"保护利用问题的认知数据解读

从南片区被调查者对"非遗"保护利用问题的认知情况的全体数据来看,被调查者的建议从高到低排列,各自所占的平均频次分别是:问题7(24次),问题2(20次),问题1(15次),问题5(12次),问题3(11次),问题4(7次)、问题6(6次)。

总的来看,被调查者在"非遗"保护利用问题方面认知情况如下:首要是对"非遗"保护意识不强或年轻人不愿意继承"非遗"工作问题的感知,其次是对相关管理部门缺少对"非遗"整体性保护利用规划以及政府"非遗"保护利用投入太少或政策落实不到位等问题的感知。综合看来,被调查者对相关政府管理部门管理和"非遗"自身的传播与传承有较高的关注度。

从性别角度来看,男性被调查者对"非遗"保护的建议从高到低排列,各所占的百分比分别是:问题7(26.58%),问题2(22.78%),问题1(13.92%),问题3(12.66%),问题5(10.13%),问题4(7.59%),问题6(6.33%);女性被调查者对"非遗"保护建议从高到低排列,各所占百分比分别是:问题1(25%),问题5(25%),问题7(18.75%),问题2(12.50%),问题3(6.25%),问题4(6.25%),问题6(6.25%)。由以上数据对比可见,男性在对"非遗"保护利用问题上的认知与整体认知基本一致,问题1、问题2、问题8被多次提出,即相关政府管理部门问题和"非遗"自身的传播与传承问题。值得注意的是,从女性角度来看,除了政府管理部门和"非遗"传播传承问题外,"非遗"市场化问题,即"非遗"生产性保护不力或产品市场前景不好问题被纳入最主要问题行列。

从年龄结构角度来看,30岁以下和69岁以上的这两个群体样本量分别为

2,1,不具有有效代表性。30～49岁的被调查者对"非遗"保护利用问题的认知频次从高到低排列,分别是:问题7(14次),问题2(10次),问题1(7次),问题5(7次),问题3(5次),问题4(4次),问题6(3次);50～69岁的被调查者的问题频次排列则是:问题2(10次),问题7(8次),问题1(6次),问题5(4次),问题3(3次),问题4(3次),问题6(2次)。由上述数据来看,两个年龄段在对"非遗"活态保护的问题认知上看法基本一致,然而二者在问题2和问题7的认知程度上存在偏差,30～49岁的被调查者认为问题7更为重要,而50～69岁的被调查者则认为问题2更加重要。

从学历结构角度来看,初中及以下这个群在样本量为0,因而不具有分析价值。现有学历结构的数据如下:高中、中职或中专学历群体对"非遗"保护利用问题的认知频率为:问题7频次最高,为2次,问题2、问题4和问题5均为1次;高职或大专学历群体对"非遗"保护利用问题的认知频次从高到低排列为:问题1、问题2、问题3和问题7均为3次,问题4为2次,问题5和问题6最低,均为1次。大学本科学历群体认为最大的问题是问题7,而硕士及以上学历群体则认为最大的问题是问题2和问题7两项。

从职业视角来看,国家机关、党群组织和其他这两个群体样本量均为1,不具有有效代表性,故在此忽略不计。与总体无异,在单项赋值上,问题1、问题2和问题7的选择频次仍较高,它们的平均频次分别为3,4,4.8。

其中,学校及研究机构、其他企事业单位和离退休这三个群体均认为问题7是"非遗"保护利用中的最大问题,但其他企事业单位群体认为问题2同样很重要,离退休群体则认为问题1并列为最大问题。

从不同职称结构来看,初级职称的被调查者样本量为1,不具有代表性。从整体而言,各职称的被调查者对"非遗"活态保护的问题认知与总体问题认知基本相同,问题1、问题2和问题7的选择频次靠前,均值分别为2.8次、4次和

4.6次。由此可反映出不同职称的被调查者也认为,"非遗"保护利用的首要问题是对"非遗"保护意识不强或年轻人不愿意继承"非遗"工作问题,其次则是相关管理部门缺少对"非遗"整体性保护利用规划以及政府"非遗"保护利用投入太少或政策落实不到位等问题。综合看来,不同职称的被调查者对相关政府管理部门管理和"非遗"自身的传播与传承均有较高的关注度。

十六、对"非遗"保护措施的建议

(一) 对"非遗"保护措施的建议情况频次表(南片区)

对"非遗"保护措施的建议情况频次表(南片区)如表6.16所示。表中数据为被调查者对政府应当出台哪些"非遗"保护措施的选择率(限选三项)。表中横轴序号分别代表:建议1.资助"非遗"传承人参加展会;建议2.鼓励"非遗"项目与现代技术融合发展;建议3.政府加大"非遗"保护传承的资金扶持力度;建议4.出资建立完善"非遗"传习所等机构;建议5.奖励艺术家拍摄"非遗"专题宣传片;建议6.支持和鼓励"非遗"生产性保护;建议7.其他。

表6.16 对"非遗"保护措施的建议情况频次表(南片区)

	1	2	3	4	5	6	7
全体	9	17	19	13	3	1	
男	7	14	16	11	3	1	
女	2	3	3	2	0	0	
<30岁	0	2	1	1	0	0	
30~49岁	5	10	10	7	1	1	
50~69岁	4	5	7	5	1	0	
>69岁	0	0	1	0	1	0	
初中及以下							
高中、中职或中专	2	0	1	1	0	0	
高职或大专	1	2	4	2	1	0	
大学本科	2	5	7	3	1	0	
硕士及以上	4	10	7	7	1	1	
国家机关、党群组织	0	1	1	0	0	0	
学校及研究机构	5	11	9	8	2	1	
其他企事业单位	3	2	5	4	0	0	
离退休	1	2	3	1	1	0	
其他	0	1	1	0	0	0	
无技术职称	1	5	3	3	0	0	
初级	1	0	1	0	0	0	
中级	2	5	7	4	2	0	
副高	4	3	5	5	0	1	
正高	1	3	2	1	1	0	

(二)对"非遗"保护措施的建议的认知数据解读

从南片区被调查者对"非遗"保护措施的建议的认知数据上来看,被调查者的建议从高到低排列,各所占的平均频次分别是:建议3(19次)、建议2(17次)、建议4(13次)、建议1(9次)、建议5(3次)、建议6(1次)、建议7(0次)。总的来看,被调查者对"非遗"保护措施的建议选择最多集中在建议3、建议2和建议4三个方面,而对建议5和建议6等建议则较少。

从性别角度来看,男性被调查者对"非遗"保护的建议从高到低排列,各所占百分比分别是:建议3(30.77%)、建议2(26.92%)、建议4(21.15%)、建议1(13.46%)、建议5(5.77%)、建议6(1.92%)。女性被调查者对"非遗"保护建议从高到低排列,各所占百分比分别是:建议3和建议2各占30%、建议4和建议1各占20%。不同性别的建议侧重与全体赋值分布基本一致,主要集中于前四项建议。

从年龄结构角度来看,30岁以下和69岁以上这两个群体样本量分别为2,1,不具有有效代表性。30~49岁群体对"非遗"保护措施的建议频次从高到低排列,分别是:建议3(10次)、建议2(10次)、建议4(7次)、建议1(5次)、建议5(1次)、建议6(1次)。50~69岁群体的建议频次排列则是:建议3(7次)、建议2(5次)、建议4(5次)、建议1(4次)、建议5(1次)。从两个年龄段各单项频次趋势看,30~49岁与50~69岁在单项建议上选择上趋于一致,即两类群体在建议2、建议3和建议4上均有所侧重,尤其是在建议2上,双方选择的频次均最高。

从学历结构角度来看,高中、中职或中专学历群体对"非遗"保护措施的建议频次从高到低排列,分别是:建议1(2次)、建议3(1次)、建议4(1次);高职或大专学历群体建议频次分别是:建议3(4次)、建议2(2次)、建议4(2次)、建议1(1次)、建议5(1次);大学本科学历群体则是:建议3(7次)、建议2(5次)、建议4(3次)、建议1(2次)、建议5(1次);而硕士及以上学历群体对"非遗"保护措施的建议从高到低排列则是:建议2(10次)、建议3(7次)、建议4(7次)、建议1(4次)、建议5(1次)、建议6(1次)。从各学历层次单项建议频次上看,高职或大专与大学本科学历群体在单项建议上选择上趋于一致,且与总体情况基本一致。而硕士及以上学历群体则较多选择了建议2,高中、中职或中专则较多建议1。

从职业视角来看,国家机关、党群组织和其他这两个群体样本量均为1,不具有有效代表性,故在此忽略不计。学校及研究机构的被调查者对"非遗"保护措施的建议频次从高到低排列,分别是:建议2(11次)、建议3(9次)、建议4(8次)、建议1(5次)、建议5(2次)、建议6(1次)。其他企事业单位的被调查者建议频次则分别为:建议3(5次)、建议4(4次)、建议1(3次)、建议2(2次)。离退休的被调查者对"非遗"保护措施的建议频次从高到低排列则是:建议3(3次)、建议2(2次)、建议1(1次)、建议4(2次)、建议5(1次)。由不同单位的被调查者对"非遗"保护措施的建议频次可以看出,学校及研究机构的被调查者建议选择上明显多于其他两类群体。值得注意的是,学校及研究机构的被调查者所选择的最高频次是建议2,并不为其他企事业单位的被调查者所认同,该项建议在其他企事业单位职业群体中选择频次最低。

从不同职称结构来看,初级职称的被调查者样本量为1,不具有代表性。从整体而言,各职称的被调查者的建议选择基本与总体建议选择分布相同,建议2、建议3和建议4选择频次靠前,均值分别为3.2次、3.6次和2.6次,反映出不同职称的被调查者对"非遗"保护措施的建议多集中在政府加大"非遗"保护传承的资金扶持力度、鼓励"非遗"项目与现代技术融合发展和出资建立完善"非遗"传习所等机构三个方面。

第七章
徽州文化生态保护实验区"非遗"活态保护的典型案例

一、屯溪老街的"非遗"保护利用情况

(一) 屯溪老街的"非遗"资源现状

屯溪老街位于安徽省黄山市屯溪区,是著名的历史文化街区,街区"非遗"资源十分丰富。屯溪老街的地理边界西起镇海桥,东至青春巷,全长1273米,包括1条直街、3条横街和18条小巷。作为一条历史商业街区,屯溪老街呈鱼骨状分布,西部狭窄细长,由西向东渐渐变宽,呈细喇叭状,至今保留着明清的建筑风貌。明清以来,屯溪老街的商业一直繁华,因上街起端位于横江、新安江和率水河三水交界处,也有"流动的清明上河图"之誉称(图7.1)。

屯溪老街历史悠久、文化底蕴深厚,聚集了大量活态化保护和生产性传承的非物质文化遗产。据2018年底的"非遗"保护名录资料统计,屯溪老街拥有国家级"非遗"9项、安徽省级"非遗"25项、黄山市级"非遗"13项,比较有代表性的"入街"项目包括歙砚制作技艺、徽笔制作技艺、徽州漆器制作技艺、徽州"三

雕"制作技艺、徽墨制作技艺、徽州顶市酥制作技艺、徽州竹编、绿茶制作技艺、徽州烧饼制作技艺、徽州楹联匾额、程大位珠算法、黎阳仗鼓、抬阁、徽菜、徽派传统民居营造技艺等。因其独特的历史地位与品牌、区域文化旅游中心区位置和高强度聚集的"非遗"资源,屯溪老街被黄山市政府列为整体性保护的"非遗"核心区,同时也是黄山市重要的"非遗"传习中心之一。在加强街区"非遗"传承保护工作的实施意见中,黄山市政府要求以活态保护为核心,保护"非遗"生存土壤和条件的完整性,营造"非遗"传承和发展的环境,保全和延续老街的地方特色、民俗风情和历史文脉。

图7.1　屯溪老街入口处的牌坊

(二) 屯溪老街"非遗"活态保护的特色路径选择

1. 文化与旅游深度融合的活态传承

活态传承是指在非物质文化遗产生成、发展的环境中进行的保护和传承,在人民群众生产、生活过程中进行的传承与发展的方式。屯溪老街"非遗"保护利用方式之一,就是借助街区居民和商户生活与旅游消费一体化的优势,对"非遗"进行原生态的特色性活化传承,对"非遗"传承的生活和生产环境进行整体性保护,使"非遗"的传承与发展融入民众的生活实践和生产消费中。漫步屯溪老街,穿梭在粉墙黛瓦、黑白相间、鳞次栉比的徽派建筑商铺和民宅之中,四处可见"非遗"手工艺者们忙碌的身影,既有传统技艺类"非遗"传承人的潜心造物,也有传统民俗类"非遗"的活灵活现。

屯溪老街"非遗"文化生态保存较为完好,为"非遗"传承提供了良好的展开环境。"非遗"项目的产生是历史、地理、经济和人文等综合环境造成的,屯溪老街位于徽州文化生态保护区重点区域之一的屯溪区,当地政府格外重视"非遗"文化生态环境的整体性保护,通过"整体保护""积极保护"等新规划理念,不仅让老街的建筑风貌和历史文脉保存延续至今,而且保持了较为完整的人文生态空间、经济生态空间和社会生态空间。

屯溪老街历史风貌和建筑肌理保存完好,文化生态的整体性保护得到广泛的社会认可。例如,1989年屯溪老街被评为"安徽省级历史文化保护区",1995年被国家建设部列为历史文化保护区规划和管理综合试点,2015年荣获"中国首批历史文化街区"。为方便"非遗"传统文化的集中展示,屯溪老街还建立了若干特色"非遗"博物馆、"非遗"传习所、"非遗"展示中心,如屯溪博物馆(图7.2)、万粹楼博物馆(由商户创办,图7.3)、徽州艺术珍宝博物馆等。这些展示与消费空间以及实物遗存,是徽州"三雕"、竹雕、歙砚、徽墨、漆艺等典型"非遗"技艺或文化元素的符号表征。除此之外,屯溪老街还是地方生活性"非遗"的展示和表达场所,形成了以传统手工技艺为主的"非遗"特色小吃及以民俗活动为主的生活消费空间,是"非遗"生活化融入最直接的活态表达。例如,承载"非遗"文化元素的徽菜、黄山毛峰与太平猴魁、绿茶、祁门红茶、五城米酒、五城茶干、徽州毛豆腐、黄山烧饼等,是老街日常消费类型的重要组成部分。

图7.2 位于老街正街的屯溪博物馆

图7.3 商户自办博物馆——万粹楼

2. 前店后坊式等延伸型生产性保护

生产性保护是维持"非遗"生命力和传承活力的有效路径,通过生产性保护不仅能使"非遗"项目以商品形式在市场中生存并获得谋生必需的经济回报，调动从业人员的积极性以吸引更多的人员参与到"非遗"项目的当代传承中，而且能让"非遗"走入民间、走向生活，实现"非遗"的创造性转化和创新性发展，进而为"非遗"的传承发展建立良性循环，成为具有造血功能的活态生长系统。

屯溪老街"非遗"延伸型的生产性保护体现在：

（1）屯溪老街维持了"前店后坊""前店后仓"的传统生产经营方式，以活态化的生产方式延续了"非遗"传统技艺。"前店后坊"是指根据生产经营需要将店铺功能一分为二，前面部分保持经营功能，后面部分保持生产功能。以家庭手工作坊为生产经营单位的"非遗"生产性保护在屯溪老街比较普遍，就徽墨、徽笔、歙砚、徽菜等传统技艺类"非遗"而言，屯溪老街依旧保留传统的经营生产方式，如杨文笔庄（图7.4）、诚石屋、徽州人家等，这种生产经营活动激发了"非遗"的传承活力。

图7.4 位于屯溪老街正街的杨文笔庄

（2）屯溪老街将"非遗"与现代人流行的生活和学习方式相融合，实现了

"非遗"的创造性转化和创新性发展。在"非遗"的活态保护上,屯溪老街注重将"非遗"与现代型的生活功能相结合,通过产品组合、产业延伸等方式拓展"非遗"的受众覆盖面。例如,屯溪老街依托当地徽墨、徽笔、歙砚及宣纸(书画纸)等"非遗"传承项目,推出文房四宝组合套件,同时积极响应教育部颁发的中小学"书法进课堂"的国家政策,推动"非遗"产品进校园。此外,老街的正街、横街和小巷陆续涌现出诸多民宿酒店,这些民宿酒店多由传统民居改造、修缮而成,通过徽州家具、古建砖瓦、传统民居和楹联匾额等地方"非遗"元素的充分展示,实现了当地"非遗"与旅游民宿的紧密结合。

3. "'非遗'+旅游"融合

屯溪老街"非遗"活态保护方式之三,在于推动"非遗"与地方主导产业——旅游业的融合发展,大力发展"非遗"旅游产业。屯溪老街聚集了大量活态化传承和生产性保护的"非遗",拥有多项国家级、省级和市级代表性"非遗"项目,涵盖舞蹈、曲艺、传统技艺、传统美术、医药、传统礼仪、民俗活动等多个类型。为满足游客深度文化旅游诉求,屯溪老街注重街区"非遗"文化资源的挖掘和开发,融合"非遗"、商业、娱乐、餐饮和创意等旅游休闲元素,积极打造融合技艺展演、民俗活动、节事活动和休闲活动为一体的"非遗"旅游景观。本研究通过调查屯溪老街街道办事处(图7.5)了解到,2014~2019年,屯溪老街的游客每年有700万人次左右,旅游收入近10亿元。

技艺展演包括街区民间艺术、传统"非遗"技艺展示和"非遗"体验,为游客近距离感受"非遗"技艺展演过程和感知其艺术魅力提供了舞台。例如,屯溪老街的歙砚制作技艺、徽墨制作技艺、徽笔制作技艺、屯溪绿茶制作技艺、徽州篆刻技艺、黄山玉雕制作技艺等传统文化技艺类"非遗",向游客展示了黄山地方"非遗"的独特魅力;五城茶干制作技艺、五城米酒制作技艺、徽州烧饼制作技艺、观音豆腐制作技艺、徽州寸金糖制作技艺、徽州臭鳜鱼制作技艺等特色餐饮类手工"非遗",为游客提供了琳琅满目的"非遗"手工艺特色美食。除了民间艺术和技艺展示外,屯溪老街还有可供游客体验的"非遗"体验景观,如就徽州毛笔制作技艺而言,国家级传承基地杨文笔庄推出了针对中小学生的"研学游"活动,每年寒暑假前来体验参观的学生络绎不绝,参观人员每年大约800人。"非遗"研学不仅向学生科普了徽笔知识、制作流程和文化故事,而且使学生在制笔体验中领略到传统"非遗"的魅力和文化价值。

图7.5 位于二马路入口处的屯溪老街街道办事处

民俗活动包括曲艺舞蹈、民间故事、民歌民谣、仪式展演等,为游客提供多样化、个性化的民俗风情体验。屯溪老街的曲艺舞蹈包括狮子舞、隆阜抬阁、旱船、蚌壳舞等,体现了独特的地方风情和文化魅力。徽州民间故事饱含各种名人轶事和文化传说,这些民间传说、逸闻趣事构成了意蕴深长、婉转悠扬的民间故事,而以徽州民谚、徽州民谣为代表的民歌、民谣构成了屯溪老街街区型的文化传递形式。

节事活动包括节庆活动、主题活动,是重要节日或重要时间节点举办的"非遗"旅游活动。屯溪老街的节庆活动包括节日庆典、祭祀节庆和纪念节庆活动,如"跑马祭汪公"。节庆活动以特殊的庆典和纪念形式,能够给游客营造一种激情、欢悦和仪式性的旅游氛围。屯溪老街定期举办各类文化主题活动,比如特色美食节、传统技艺比赛、民俗踩街活动等,吸引了大量游客参与。每年的农历新年正月时分,老街都会组织民俗踩街活动,多彩的舞曲、喧嚣的锣鼓、欢乐的氛围,带给游客难以割舍的节事感受。

休闲活动是指"非遗"旅游的配套活动,如餐饮休闲、购物休闲和文化娱乐等。餐饮休闲活动是老街主要的休闲活动之一。屯溪老街的传统特色餐饮类型丰富,既有极具地方特色的美食小吃(图7.6),如黄山烧饼、五城茶干、五城米酒等,也有皖南风味的特色菜肴,如臭鳜鱼、徽州馄饨(图7.7)等。老街的手工艺品、"三雕"产品、印章、毛笔、砚台、徽墨、宣纸等,是游客比较青睐的"非遗"传统产品。

图7.6　屯溪老街徽派风格的土特产店铺

图7.7 "汪一挑馄饨"店

二、屯溪老街"非遗"活态保护状况的认知态度评价

(一)屯溪老街"非遗"活态保护的评价方法及内容

1. 评价方法

为获取社会公众对屯溪老街"非遗"活态保护的评价现状,本研究采取结构化访谈和问卷调查方式,分别选取游客、本地居民、"非遗"传承人、"非遗"保

护/研究学者和地方政府部门人员等群体,做了屯溪老街"非遗"活态保护的评价调查。调查评估时间跨度为2017年12月至2019年3月。就评价方法而言,主要包括以下几个方面。

(1) 结构化访谈法

本研究采取结构化专家对象访谈法,针对"非遗"活态保护评估主题,主要对"非遗"传承人、"非遗"保护/研究学者和地方政府部门人员三类群体进行了深度的专家访谈,对游客和本地居民仅做了辅助性的访谈。本研究以深度访谈方式,访谈"非遗"传承人8人、文化学者3人、地方政府部门人员4人。与此同时,对游客和本地居民也做了若干访谈,其中游客5人、本地居民7人。

(2) 问卷调查法

针对游客和本地居民,本研究主要采用了问卷调查方法,通过随机抽样方式,回收老街游客有效问卷360份,老街本地居民有效问卷300份。通过数据整理和统计分析,获取了他们对于老街"非遗"活态保护的评价结果。

2. 评价内容

根据调查对象类型的不同,本研究分别设置了针对性强的评价内容。主要评估内容如表7.1所示。

表7.1 不同调查对象的评价内容

调查对象	调查方式	主要评估内容
本地居民	深度访谈、问卷调查	对老街保护规划效果的评价,对老街"非遗"传承与发展的看法,对老街建筑风貌与文化氛围的评价等
游客	深度访谈、问卷调查	对老街保护规划效果的评价,对老街"非遗"印象、功能定位、"非遗"传承与发展的看法,对老街建筑风貌与文化氛围的评价等

续表

调查对象	调查方式	主要评估内容
文化学者	深度访谈	对老街特色"非遗"传承活动、"非遗"旅游开发的原则、"非遗"传承发展情况、"现代化"与"地方性"的矛盾的看法,对"非遗"保护利用的建议等
"非遗"传承人	深度访谈	老街"非遗"项目介绍,对"非遗""活态"传承的看法,老街"非遗"产业化情况、老街"非遗"传承项目扶持政策,"非遗"传承保护规划情况,"非遗"传承方式,"非遗"体验项目,"非遗"传承发展的困境及建议等
地方政府部门人员	深度访谈	老街历史风貌及生活真实性情况,"非遗"项目及其传承情况,"非遗"传承人及项目的扶持政策,"非遗"旅游发展情况,"非遗"生产性保护和活态传承现状及问题等

(二) 多元受众对老街"非遗"活态保护的感知评价

1. 本地居民的感知评价

对本地居民的调查共计发放问卷330份,回收有效问卷300份,有效回收率为91%。在问卷调查的同时,对7名本地居民进行了深度访谈,得知了他们对于老街"非遗"活态保护的感知评价态度。

(1) 本地居民对老街保护规划的效果评价

如图7.8所示,42%的本地居民被调查者认为"一般",认为效果不错的比例为36.7%,这表明本地居民对老街的保护规划效果评价一般,老街并没有达到居民心中较好的预期效果。

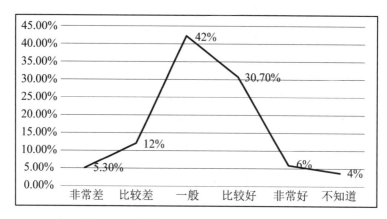

图7.8 本地居民对老街保护规划的效果评价

(2) 本地居民对老街"非遗"传承与发展的看法

由表7.2所示,针对老街传统建筑承载着大量的"非遗"文化元素、"前店后坊"式的"非遗"传承生产格局依然清晰可见的说法,本地居民选择比较同意的比例分别为39.3%和36.7%,均为该项最高值,表明本地居民比较认可这类说法。而对"非遗"产品类型非常丰富、"非遗"产品业态比较丰富、老街能买到物美价廉的"非遗"产品、老街的"非遗"传承氛围十分浓厚、老街可以体验到"非遗"生产技艺项目、"非遗"文化资源与旅游产业结合得十分成功、"非遗"旅游产品具有较高的文化附加值等"非遗"传承发展说法,本地居民选择"一般"的比例均为最高,表明在这些方面老街的"非遗"传承状况一般。从评价值看,前两项的赋值高于其他项。

表7.2 本地居民对老街"非遗"传承与发展的看法

"非遗"传承发展现状	非常同意(%)	比较同意(%)	一般(%)	不太同意(%)	很不同意(%)	评价值
老街传统建筑承载着大量的"非遗"文化元素	18.0	39.3	21.3	8.0	13.4	3.40
"前店后坊"式的"非遗"传承生产格局依然清晰可见	14.7	36.7	27.3	11.3	10.0	3.35

续表

"非遗"传承发展现状	非常同意(%)	比较同意(%)	一般(%)	不太同意(%)	很不同意(%)	评价值
"非遗"产品类型非常丰富	9.3	35.3	39.3	7.3	8.8	3.29
"非遗"产品业态比较丰富	7.3	37.3	37.3	9.3	8.8	3.25
"非遗"产品多为静态物品,缺乏技艺"活态"传承	11.3	36.0	32.0	11.3	9.4	3.29
老街能买到物美价廉的"非遗"产品	9.3	20.0	46.0	14.7	10.0	3.04
老街的"非遗"传承氛围十分浓厚	7.3	27.3	47.3	8.0	10.1	3.14
老街可以体验到"非遗"生产技艺项目	8.7	24.7	46.0	14.7	5.9	3.16
"非遗"文化资源与旅游产业结合得十分成功	9.3	26.0	39.3	16.7	8.7	3.11
"非遗"旅游产品具有较高的文化附加值	7.3	27.3	38.0	20.7	6.7	3.08

注:评价值计算方法为"非常同意"比例×5+"比较同意"比例×4+"一般"比例×3+"不太同意"比例×2+"很不同意"比例×1。

(3) 本地居民对老街建筑风貌和文化氛围的感知评价

由表7.3所示,本地居民认为老街很多房子是新建的仿古建筑、老街可以体验到原汁原味的休闲生活方式、老街具有浓厚的现代时尚文化氛围、老街文化空间是传统和现代的融合评价一般的比例分别为40.0%,49.3%,47.3%和41.3%,在各自选项上均占比最高;本地居民比较认同老街老房子保留下来并得到维护或修复、老街具有浓厚的传统历史文化氛围、老街没有了老屯溪真正的市井生活气息的比例分别为40.7%,42.0%和29.3%,在各自选项中也占比最高。结果表明,本地居民比较认可老街在传统建筑风貌保存和历史传统文化氛围保护方面取得的积极成就,但同时认为老街在原汁原味生活方式、现代时尚文化氛围、传统与现代融合方面表现一般。

表7.3 本地居民对老街建筑风貌和文化氛围的感知评价

建筑/氛围	非常同意（%）	比较同意（%）	一般（%）	不太同意（%）	很不同意（%）	评价值
老街老房子保留下来并得到维护或修复	12.0	40.7	28.7	11.3	7.3	3.39
老街很多房子是新建的仿古建筑	4.7	29.3	40.0	18.7	7.3	3.05
老街可以体验到原汁原味的休闲生活方式	3.3	26.0	49.3	16.0	5.4	3.06
老街具有浓厚的传统历史文化氛围	10.7	42.0	34.0	7.3	6.0	3.44
老街具有浓厚的现代时尚文化氛围	6.7	22.7	47.3	16.7	6.6	3.06
老街文化空间是传统和现代的融合	8.0	31.3	41.3	14.0	5.4	3.22
老街没有了老屯溪真正的市井生活气息	18.0	29.3	27.3	11.3	14.1	3.26

注：评价值计算方法为"非常同意"比例×5+"比较同意"比例×4+"一般"比例×3+"不太同意"比例×2+"很不同意"比例×1。

总而言之，本地居民认为老街较好地保留了传统建筑风貌和历史文化氛围，"非遗"元素的建筑表征和"前店后坊"的生产方式得以保存。与此同时，他们认为老街的规划保护效果一般，老街的"非遗"缺乏"活态"的传承，"非遗"传统技艺项目的体验互动不足，"非遗"传承氛围一般，原生态的传统生活样式缺失。

2. 游客的感知评价

（1）游客对老街保护规划的效果评价

屯溪老街游客问卷发放400份，回收有效问卷360份，有效回收率为90%。

如图7.9所示,游客认为老街保护规划效果比较好和非常好的比例之和达54.5%,表明多数游客都对老街的保护效果持积极肯定的态度,反映出游客人群认为老街的更新规划起到了比较好的效果。

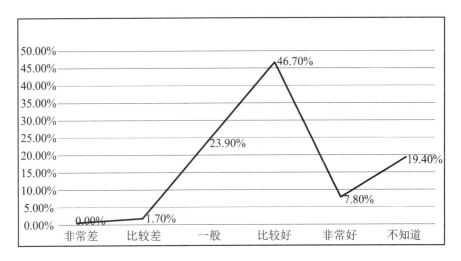

图7.9　游客对老街保护规划的效果评价

（2）游客对老街"非遗"的印象

如表7.4所示,游客对屯溪老街"非遗"印象最深的前三项分别为徽墨制作技艺(60.6%)、歙砚制作技艺(58.9%)和徽州"三雕"(41.1%),表明游客对具有地方文化特色的传统技艺类"非遗"的感知度最高。

表7.4　游客对老街"非遗"的印象

"非遗"印象	频数	百分比(%)
徽墨制作技艺	218	60.6
歙砚制作技艺	212	58.9
徽州漆器制作技艺	58	16.1
徽州"三雕"	148	41.1

续表

"非遗"印象	频数	百分比(%)
绿茶制作技艺	48	13.3
徽州楹联匾额	22	6.1
程大位珠算	12	3.3
黎阳仗鼓民俗	6	1.7
徽菜制作技艺	74	20.6
其他	8	2.2
合计	806	223.9

(3) 游客对屯溪老街功能定位判断

如表7.5所示,游客选择历史文化街区的比例最高,为71.7%;其次为文化旅游街区,比例为55.0%;选择"非遗"旅游街区和综合性街区的比例也较高(均超30%)。这说明游客认知中对屯溪老街的定位以历史文化街区为主,同时街区文化旅游和"非遗"旅游的功能也不容忽视。

表7.5 游客对老街功能定位判断

功能定位	频数	百分比(%)
历史文化街区	258	71.7
现代商业街区	32	8.9
文化旅游街区	198	55.0
生活居住街区	10	2.8
特色商品经营街	48	13.3
"非遗"旅游街区	122	33.9
综合性街区	125	34.7
其他功能	3	0.8
合计	796	221.1

(4) 游客对老街"非遗"传承与发展的看法

游客对老街"非遗"传承与发展的看法如表7.6所示。

表7.6 游客对老街"非遗"传承与发展的看法

传承与发展	非常同意(%)	比较同意(%)	一般(%)	不太同意(%)	很不同意(%)	评价值
老街的传统建筑承载大量的"非遗"文化元素	37.2	42.2	17.2	3.3	0	4.13
老街传统"前店后坊"式的"非遗"传承格局清晰可见	20.6	47.8	27.2	4.4	0	3.85
老街"非遗"产品类型非常丰富	22.8	44.4	28.9	3.9	0	3.86
老街的"非遗"产品业态比较丰富	20.0	43.3	33.9	2.8	0	3.81
老街"非遗"产品多为静态物品而缺乏技艺"活态"传承	20.6	50.0	23.9	5.6	0	3.86
在老街能够买到物美价廉的"非遗"产品	9.4	18.3	48.3	18.9	5.0	3.08
老街的"非遗"传承氛围十分浓厚	12.8	30.6	45.6	11.1	0	3.45
在老街游客可以体验到"非遗"生产技艺项目	13.9	28.9	43.3	12.8	1.1	3.42
老街"非遗"文化资源与旅游产业结合得十分成功	12.8	31.7	42.8	11.7	1.1	3.44
老街"非遗"旅游产品具有较高的文化附加值	18.3	37.8	37.2	6.7	0	3.68

注:评价值计算方法为"非常同意"比例×5+"比较同意"比例×4+"一般"比例×3+"不太同意"比例×2+"很不同意"比例×1。

调查表明,游客对老街的传统建筑承载着大量的"非遗"文化元素比较同意的比例为42.2%,对老街传统"前店后坊"式的"非遗"传承格局清晰可见比较同意的比例为47.8%,对老街"非遗"产品类型非常丰富比较同意的比例为

44.4%,对老街的"非遗"产品业态比较丰富"比较同意"的比例为43.3%,对老街"非遗"产品多为静态物品而缺乏技艺"活态"传承比较同意的比例为50.0%,对老街"非遗"旅游产品具有较高的文化附加值"比较同意"的比例为37.8%,均属比较认同的态度。而游客对在老街能够买到物美价廉的"非遗"产品评价一般的比例为48.3%,对老街的"非遗"传承氛围十分浓厚评价一般的比例为45.6%,对在老街游客可以体验到"非遗"生产技艺项目评价一般的比例为43.3%,对老街"非遗"文化资源与旅游产业结合得十分成功评价一般的比例为42.8%。老街的"非遗"传承与发展现状既有比较积极的一面,也有需要持续改进的地方。积极的一面体现在"非遗"的文化元素和经营模式比较鲜明,产品、业态比较丰富,文化附加值比较高,但在"活态"传承、"非遗"产品性价比、传承氛围、"非遗"生产技艺体验等方面表现仍不够。

(5) 游客对老街建筑风貌和文化氛围的感知评价

如表7.7所示,总体上游客对于屯溪老街建筑风貌的保存和文化氛围的现状比较满意,所有的评价值均在3.00以上。具体而言,游客比较认同老街老房子保留下来并得到维护或修复、老街没有了老屯溪真正的市井生活气息的说法,两者的评价值分别为3.85和3.84,说明老街的传统建筑保存得相对完好,但旅游业的发展也消解了老街的传统生活样式,原真性的市井生活气息难以体验到。此外,游客倾向于认为老街文化空间是传统与现代的融合,浓厚的传统历史文化氛围比较容易感受到,但很多房子是新建的仿古建筑。游客选择老街可以体验到原汁原味的休闲生活方式、老街具有浓厚的现代时尚文化氛围,评价一般的比例分别为47.2%和41.7%,说明老街的传统生活方式没有被认为得到很好保护,现代性的时尚文化氛围并不浓厚,倾向于是一种传统文化与现代时尚消费文化的"两不靠"。

因此,在建筑风貌上,游客认为老街传统建筑保存完好,仿古建筑的感知度也比较高;在文化氛围上,老街传统历史文化氛围比较浓厚,旅游业的发展引入了现代商业文化,是传统与现代的结合体,但"现代"不"时尚"、"传统"不"原真"的现象比较突出,原真性的生活氛围已经渐行渐远。

表7.7　游客对老街建筑风貌和文化氛围的感知评价

建筑/氛围	非常同意(%)	比较同意(%)	一般(%)	不太同意(%)	很不同意(%)	评价值
老街老房子保留下来并得到维护或修复	18.9	50.6	26.7	3.8	0	3.85
老街很多房子是新建的仿古建筑	10	47.8	32.2	8.9	1.1	3.57
老街可以体验到原汁原味的休闲生活方式	8.9	27.8	47.2	14.4	1.7	3.28
老街具有浓厚的传统历史文化氛围	12.8	48.3	30.6	6.7	1.6	3.64
老街具有浓厚的现代时尚文化氛围	10	31.7	41.7	14.4	2.2	3.33
老街文化空间是传统和现代的融合	11.1	48.9	35.6	2.8	1.6	3.65
老街没有了老屯溪真正的市井生活气息	21.1	48.3	25	4.4	1.2	3.84

注:评价值计算方法为"非常同意"比例×5+"比较同意"比例×4+"一般"比例×3+"不太同意"比例×2+"很不同意"比例×1。

总体而言,游客对屯溪老街具有地方文化品牌的传统技艺类"非遗"产品印象深刻,对徽州建筑典型元素和文化符号的印象感知最深等。与此同时,游客也认为屯溪老街存在"美中不足"之处,比较突出的问题有:街区"非遗"的"活态"传承相对不足,游客可以体验的"非遗"旅游项目也比较有限;多数"非遗"产品的性价比不高、"非遗"传承氛围不强;原真性的街区传统生活难以体验到,缺乏"非遗"传承氛围以及市井生活气息。

3. "非遗"保护/研究专家的认知评价

本研究对黄山市"非遗"保护与研究专家进行了深入的专家访谈,得知地方代表性专家对于屯溪老街"非遗"活态保护的看法,具体如下:

(1) 老街的"非遗"资源十分丰富,但缺乏系统性的旅游规划

在对徽州文化研究、"非遗"传承保护研究的地方文化学者进行访谈后,本研究发现他们反映比较突出的问题之一是老街的"非遗"资源没有得到很好的旅游规划设计,"非遗"资源的系统性和体系性欠佳。例如,一位文化学者反映,老街做砚台、卖砚台的有一些,但店面都比较分散,相互之间存在竞争,但行业整合不足,可以考虑成立一个商业联盟,进行行业政策、资源信息共享,大家齐头并进而不是各自为政。除了歙砚,老街还有很多其他"非遗",如何对它们进行系统化的旅游规划,按照"非遗"类别设计出不同的"非遗"旅游景观和旅游路线,提高"非遗"旅游的结构性和层次性,带给游客更丰富的"非遗"体验十分重要。

(2) "非遗""文化生态"保护理念有待增强,注重"原真性"而非"仪式化"

"非遗""文化生态"保护是国际比较公认的保护原则之一。注重"非遗""文化生态"保护,核心是要对"非遗"传承环境的整体性保护和"非遗"本体的原真性保护,使"非遗"及其赖以生存与发展的环境都能够保留下来。在"非遗"旅游经济利益驱使下,街区若干"非遗"的仪式化表演现象比较突出。这种"非遗"表演是为迎合游客消费偏好而采用的一种局部化、非整体性的展陈方式,带有较强娱乐化和演艺化倾向,不符合保护的"原真性"要求。例如,屯溪老街少数"非遗"项目变得过度旅游化,通过一种娱乐化、仪式化的表演形式来博取游客的当场喝彩,注重市场经济效益而忽略了"非遗"的内在传承逻辑。

4. "非遗"传承人的感知评价

"非遗"传承人作为街区"非遗"传承活动的主体,他们的"非遗"实践、生存状况和空间感知在很大程度上反映出老街"非遗"旅游的发展状况。屯溪老街作为典型的"非遗"旅游街区,"非遗"传承人对"非遗"保护利用效果的感知评价十分重要。本研究选取了8位屯溪老街的"非遗"传承人,并对他们开展了深入的访谈,得出以下结论:

(1) 老街"非遗""活态"传承相对不足,交互体验性不佳

歙砚制作技艺与徽笔制作技艺的"非遗"传承人表示,老街"活态"传承的"非遗"项目已经不多了,很多都是静态的产品展示、实物展示或博物馆展示,真正传统的"非遗"生产性展示和生产实践方式保留不多,缺乏能够让游客或大众互动、体验的"非遗"项目。

(2) 老街"非遗"手艺人的生存压力比较大,政策扶持力度有待增强

老街的旅游发展使得房屋租金呈"指数"增长,"非遗"手艺人因生产周期、制作成本、产品规模和市场效益等,往往难以支付高昂的租金,他们在老街面临较大的生存压力,希望能够得到一些比较实惠的扶持政策。例如,从访谈中了解到,从事徽州篆刻制作技艺的"非遗"传承人表示,屯溪老街租金在近20年内涨了几十倍,从每年1万多元涨到每年60多万元,因难以承受高昂的租金,其店铺后来被用于贩卖酱菜。

5. 地方政府部门人员的感知评价

本研究团队对屯溪老街街道办、管委会以及黄山市屯溪老街文化旅游发展有限公司等相关政府部门(运营商)进行了访谈,获知他们对于屯溪老街"非遗"活态保护的做法与看法。调查信息反映出这部分人群倾向于认为:屯溪老街较好地保留了街区的传统建筑和历史风貌,经过更新改造的历史街区景观和"非遗"旅游景观进步很大,整体上对老街的建筑风貌和文化氛围比较认同,反映出老街风貌真实性和历史真实性保护较好。

一方面,这与空间的更新规划保护措施密切相关。自1985年起,管理屯溪老街的地方政府融合规划师、设计师、建筑师和技术专家等力量,先后多次制定和实施街区保护整治规划,始终坚持"整体保护"和"积极保护"的原则,设立核心保护区、环境影响区、建设控制区和景观协调区等层级化保护区域,促进了街区历史文脉和传统风貌的延续。另一方面,这得益于地方政府采取的街区保护管理办法。老街设立了多个管理机构,建立了严格的管理制度和审批程序,其中包括对街区建筑保护和商业运营的管理条例,如《黄山市屯溪老街历史文化区保护管理暂行办法》《屯溪老街保护整治更新规划》等。这种强制性的行政约束力较好地预防了街区建筑风貌被破坏,对街区建筑风貌和历史风貌的延续起到了关键作用。

在屯溪老街"非遗"活态保护问题上,管理运营人群反映比较突出的问题是:"非遗"知识产权的版权运营不足,产业链有待延伸拓展。通过深入整理地方政府相关管理部门的调查访谈记录,本研究发现,"非遗"行业跨界延伸发展不足是他们最为重视的问题。老街丰富的"非遗"文化资源没有充分利用好,对"非遗"核心知识产权的版权运营严重不足,多停留在现有"非遗"项目的生产制作上,且通过产权授权、文化创意、时尚设计、跨界组合等方式推动"非遗"文化产业链的延伸拓展还很不足,"非遗"文化资源的保护做得很好,但传承利用效益却明显不高。

三、屯溪老街"非遗"活态保护的缺陷归纳

(一) 街区"去生活化"现象较为严重

基于"非遗"资源开发利用屯溪老街的文化空间,在打造"非遗"旅游景观和构建地方文化消费空间的同时,不可避免地会出现外来文化的冲击和外来人口的大量涌入,甚至是外来资本的城市化扩张,让"非遗"旅游街区面临文化变异的难题。屯溪老街较好地保留了传统建筑和历史风貌,保存了风貌完整性和历史真实性,各调查群体对经过更新改造的历史街区景观和"非遗"旅游景观比较满意。但经过居民重置和功能重置的老街,在生活真实性方面表现一般,表现出较强的"去生活化"的旅游消费景象。屯溪老街是物质环境和生活环境的有机结合,不仅要保持历史街区风貌完整性和历史真实性,还要保持"非遗"的活态性和原真性,居民的生产生活样式构成街区的日常生活图景,这一切都离不开"人"的因素。离开"人"这一因素,"非遗"将失去活力和完整性,而失去生活真实性的街区往往会导致"失魂"。

(二) 缺乏整体性的"非遗"业态规划

通过一手调查数据发现,屯溪老街"非遗"产品类型较为单一,业态不够

丰富,"非遗"产品的低端化、经营业态的同质化比较严重,存在打着"非遗"文化名片,实则谋取经济利益最大化的乱象,出现对"非遗"元素进行片面抽取和粗制滥造的简单包装。这种在商业利益诱导下,以文化效应获取经济收益的做法造成了传统"非遗"文化的"祛魅",传承的只是扭曲的文化碎片。屯溪老街"非遗"资源十分丰富,但没有很好地形成文化集聚和产业集群效应,缺乏系统性的"非遗"资源整合和业态规划,已经造成了"非遗"文化生态的若干传承断裂。

(三)同质化现象严重,亟待建立市场准入机制

旅游业的兴旺发展在刺激屯溪老街商业发展的同时,也吸引了大量的消费文化和流行文化。为迎合旅游者的消费需求,商业资本在追逐利益最大化原则下出现大众文化泛滥,导致商业经营业态的同质化和低端化倾向冲击街区地方传统文化的经营空间。屯溪老街的业态比较多元,既有地方特色产品,又有大众化的旅游纪念商品,但整体上以低端消费业态为主,且同质化十分严重。在老街实地调研中发现,正街贩卖的酱菜、烧饼、茶干、米酒等随处可见,低端化的产品比较普遍,土特产、旅游纪念品的同质化比较严重。商贩之间竞争激烈,同类业态的更新换代速度快。老街的经营业态陷入表面化的市场规律,在激烈的竞争和高昂的租金下,"游客需要什么就卖什么"的思想十分普遍,完全投"游客"所好。这种过度商业资本逐利行为导致街区业态结构失衡,冲击了优质传统文化的经营空间,这与市场准入机制建设的缺位有关,缺乏对业态的规范引导,于是自然易产生"劣币驱逐良币"的结果。

四、呈坎古村落的概况

呈坎村位于黄山市徽州区北部,是国家AAAAA级旅游景区、国家级历史文化名村和中国古建筑之乡。呈坎,别名龙溪、八卦村,唐末易为此名。呈坎按《易经》所说的"阳为呈、阴为坎,二气统一、天人合一"的八卦风水理论选址布局,依山傍水,形成三街九十九巷的总体面貌。

古村民居鳞次栉比,纵横相接,排列有序;粉墙黛瓦,高低错落,黑白相间;长街短巷,犬牙交错,扑朔迷离,宛如迷宫。呈坎地域有居民乡土宗族建制始于东汉末年,已有1800多年的历史,有150余处宋、元、明、清等朝的古建筑,其中49处为文物保护单位,朱熹曾誉道:"呈坎双贤里,江南第一村。"

呈坎村集自然景观、人文景观和生活场景于一体,村落建筑主体坐西朝东,保留"左祖右社、前朝右市"的格局,整体建筑布局科学合理(图7.10),徽州文化底蕴深厚,原生态的生产生活、民风民俗和田园风光清晰可见(图7.11)。2019年夏季调查时,呈坎村由黄山市徽州呈坎八卦村旅游有限公司(以下简称"呈坎八卦村旅游公司")负责运营管理,整个景区有700多幢民居,户籍居民约2800人。2018年,呈坎八卦村旅游公司被教育部办公厅列入"全国中小学生研学实践教育基地"名单。

图 7.10　呈坎村内建筑群落

图 7.11　呈坎村内景观

黄山市徽州区作为国家级徽州文化生态保护区的重点区域之一,呈坎村是其不可或缺的典型代表。在"非遗"资源上,呈坎村不仅荟萃了徽州区的民间口头文学、民间美术、传统技艺和民间信仰等列入国家级非物质文化遗产名录,也蕴含了丰富的原生态已融入民众生产、生活的非物质文化遗产,如古村落人居环境营造技艺、民风民俗、家风家训、仪式礼规等。官方的"非遗"名录和民间原生态"非遗"资产这两个类型让呈坎富含多元的"非遗"表现形态和文化业态。在"非遗"的活态保护与利用上,呈坎坚持贯彻"保护优先、合理利用"的方针,探索出"非遗"保护利用的"呈坎经验",实施了一系列卓有成效的"非遗"保护利用的先进做法,如整体保护、原生态保护和文旅融合的"非遗"研学旅游等。

依托得天独厚的自然环境、人文环境和文化资源,呈坎村"非遗"传承、保护和利用的"文化生态"保存较为完好,将非物质文化遗产与物质文化遗产(古村落建筑遗存)相结合,将非物质文化遗产与研学旅游相结合,将非物质文化遗产融入民众的日常生产生活之中:古村落的建筑风貌与肌理保存完整、优秀的徽州文化传承有序、传统的民风民俗鲜活延续、居民的生活样式和生活秩序活灵活现。在黄山市文旅局、徽州区文体局、当地政府和景区运营商的齐心协力下,呈坎村以皖南典型古村落的微观案例践行了国家级文化生态保护区保护优先、整体保护和见人、见物、见生活的理念,"非遗"传承实践富有活力、氛围浓厚,当地民众参与度高。

五、呈坎村独具地域特色的非物质文化遗产

从非物质文化遗产资源存量看,呈坎村的"非遗"资源丰富、地域特色鲜明、传承氛围浓厚。在对呈坎村实地考察和驻点田野调查时发现,呈坎的"非遗"业态丰富多元,"非遗"的地域性比较强,本土化的原生态"非遗"保存完好。

考虑到呈坎地域特色性、文化典型性和本土化"非遗"聚集度,本研究对传统意义上的"非遗"口径做了适度扩展,认为呈坎的"非遗"不仅包括列入国家各级"非遗"名录的"非遗",也包括具有民间的、本土化特色的原生态"非遗"。

(一)呈坎村被列入国家各级"非遗"名录的"非遗"

呈坎村被列入国家各级"非遗"名录的"非遗"大致包括徽州区级的"非遗"及黄山市域范围的"非遗"。徽州区级"非遗"包括民谚、徽州民间故事等民间口头文学;徽派"三雕"、徽州竹刻、徽州根雕、徽派建筑等民间美术;黄山毛峰制作技艺、徽州竹编技艺、灵山酒酿、徽州毛豆腐(图7.12)等民间手工技艺;草龙、徽州宗祠祭祀等民间信仰。

图7.12 呈坎罗氏毛豆腐展陈馆

依托呈坎村优越的文化环境和旅游平台,为了更好地传承"非遗"传统文化和延续文化基因,让更多的社会公众观赏和体验"非遗"的魅力,呈坎八卦村旅游公司积极引入黄山市域范围的"非遗"项目,通过邀请"非遗"大师授课、免费提供场所、建立"非遗"传习所等方式引入撕纸艺术、徽派竹雕、徽州木雕、徽州砖雕、宣纸、徽墨、砚台、徽笔、罗盘制作技艺等堪称"徽州九绝"的非物质文化遗产。据实地调查了解,入驻的"徽州九绝"置于呈坎景区入口处,游客可以观赏、参与和体验"徽州九绝""非遗"项目。

(二) 呈坎村原生态的"非遗"活态

呈坎原生态的"非遗"保存比较完好的一大特色是积极融入村落民众的生活和生产之中。这些民间的、自发性的和天女散花式的"非遗"向外界展示了浓厚的活态传承氛围,通过原生生活状态和生活秩序的活态化传承,这些原生态"非遗"获得源源不断的传承活力。就类型而言,原生态"非遗"大体包括以下几个方面。

一是古村落建筑环境营造技艺。这类"非遗"集中表现为呈坎古村落的建筑遗存、文物单位、村落朝向、水系设计、建筑肌理、古建消防等多个方面,依托有形的古村落建筑景观及其文化表现形态而呈现出非物质文化遗产的独特魅力。例如,就建筑选址而言,呈坎依山傍河而建,背靠大山,地势高爽,选址符合"枕山、环水、面屏"的古代风水理论。呈坎古村落建筑整体坐西朝东,这与呈坎独特的自然地理环境息息相关,因为呈坎西边背靠葛山,东边地势为开阔平台,一条"S"形众川河(图7.13)自北向南流经村落,形象地构成八卦两条"阴阳鱼"的天然分界线。这种建筑朝向体现了呈坎古村民的建筑营造智慧和灵动思想,并不是追求中轴线的坐北朝南、负阴抱阳,而是顺应呈坎的自然地理环境,通过调整建筑朝向达到人与自然的和谐统一,获得最佳的人居环境效果。这种蕴含在建筑遗存中的非物质文化遗产智慧值得肯定,可以说,古村落建筑环境营造技艺蕴含的"非遗"内容在呈坎村体现得淋漓尽致。

图7.13 众川河

二是传统民俗活动。借助村落中保存完好的祠堂、社屋的建筑格局,呈坎经常举办传统民俗活动,如春祈秋报、舞草龙、晒秋(图7.14、图7.15)等。呈坎至今保留着难能可贵的"左祖右社"的村落格局:罗东舒祠("贞靖罗东舒先生祠")(图7.16)为纪念呈坎罗姓十三世祖罗东舒而建,是罗氏家族举行祠祭的主要场所;始建于宋朝的长春社为呈坎及其附近村落百姓祭祀土地神、五谷神的公共场所,这些物理性的建筑遗存为举办传统民俗活动提供了文化空间。"春祈秋报"是呈坎自古流传的民俗,分为"春祈""秋报"两大祭祀活动,当地素有"十雨五风祈大有,四时八节庆丰收"的徽州社屋民俗,春季祈求神灵保佑村民,秋季感谢"土地神""五谷神"在一年里使呈坎风调雨顺,农民获得丰收,包括向神灵鞠躬、敬茶、敬酒、跪拜、敬香等活动。举行"春祈秋报"活动时,还伴有舞草龙、晒秋活动。舞草龙春秋各一次,草龙穿街走巷,家家户户要手持一炷香,祭拜三下插在草龙上,以敬畏之心祈求秋天有好的收成。秋收季节则在永兴湖畔大广场举行创意性的晒秋活动,房前屋后,勤劳的村民们利用竹编的晒匾,把秋收后的农作物晾晒在空地上。火红的辣椒、金黄的玉米、五谷杂粮等在阳光下绚丽多姿,十分壮观,使秋天的呈坎充满丰收的喜庆。

图7.14 呈坎晒秋(来源:"呈坎八卦村景区"公众号)

图7.15 晒秋的农民(来源:"呈坎八卦村景区"公众号)

图 7.16　罗东舒祠

三是生产性的民间手工技艺。生产性的民间手工技艺是民间自发性的传统手工技艺,如竹编、打竹篮、编制晒匾、编制木桶等,这些散落的民间手工技艺充分融入民众的日常生活生产中。

四是仪式类的体验活动。仪式类的体验活动是呈坎原生态"非遗"的又一重要体现。徽州家规家训、孝道文化、传统礼仪、祠祭大典、人丁饼、农事体验活动等非物质文化遗产在呈坎的研学实践教育中占据重要地位,通过研学教育实践让这些仪式类精髓的徽州文化得以传承和发扬光大。每次研学旅游时,呈坎八卦村旅游公司会组织中小学生学习和体验传统的孝道文化和家规家训,通过叩拜、习礼等环节,让中小学生树立孝道纲常伦理与传统家风礼俗,传承中华优秀传统文化。在农事体验活动中,让学生们参与农事活动实践,感受农民的辛苦与劳动的艰辛,树立"珍惜粮食、节约资源"的理念。

六、呈坎村"非遗"活态保护的典型做法与成功经验

(一) 呈坎村"非遗"活态保护的典型做法

1. "非遗文化空间"的整体保护

一般而言,文化空间指的是"非遗"的一种类型,是"定期举行传统文化活动或展示传统文化表现形式的场所,兼具空间性、时间性和文化性",是作为遗产的特定空间和文化氛围。从哲学范畴而言,文化空间是人化自然的结果,强调人、文化和环境的关系,反映"非遗"型传统文化赖以生存的活动场所和文化氛围,在空间形态上表现为物理空间、人文空间和社会空间的集合。因此,"非遗""文化空间"强调物质环境与人文环境的有机统一,重心在于"非遗"的活态传承、优秀文化的历史积淀、生活形态的延续和"非遗"生产实践的传承。呈坎村"非遗"保护利用的特色之一,在于"非遗文化空间"的整体保护,这体现在以下几个层面。

第一,以非物质文化遗产保护为核心,对孕育发展"非遗"的自然环境和人文环境进行整体保护。呈坎古村落历史文化积淀丰厚,拥有完整的古建筑集群和丰富的国家文物遗存,自然生态环境优美,人文景观荟萃,可谓人杰地灵、钟灵毓秀,至今保留了传统古村落的历史风貌、建筑肌理和人居环境。这种自然环境和人文环境的整体保护为"非遗"的传承和保护提供了很好的文化空间和表现形态,非物质文化遗产与物质文化遗产以及人文环境的有机结合,是增

强"非遗"区域性整体保护和维护原有文化生态的有效保障。例如,呈坎村的古建筑遗存及风貌格局几乎处处都体现了徽州"三雕"、徽派建筑营造技艺以及家风家规、传统礼仪等"非遗"的"在地化"。

第二,对"非遗"赖以生存和发展的社会空间进行整体保护,保留古村落原有的生活方式和生产秩序。呈坎古村落的村民至今保留日出而作、日落而息的生活方式,作为景区几乎必需的村落运营开发,并未破坏村落的传统生活和生产方式,这种社会空间的整体保护保留了"非遗"保护传承的原有生产和生活功能,集居民保有、生活保质和生产保护于一体。比较典型的例证是,诸如竹刻、根雕、竹编、酒酿、毛豆腐等"非遗"传统手工制作技艺已融入呈坎村落的居民生产生活以及日常消费中,在村民居住的街巷中能够看到大大小小的手工作坊或工艺品店铺(图7.17、图7.18)。

图7.17 民居内的歙砚、根雕手工作坊

图7.18　呈坎村民居内的竹木根雕艺术馆

2."非遗"的原生态保护

呈坎"非遗"保护利用的第二大特色在于"非遗"的原生态保护。第一,呈坎村的原生态村落历史风貌和建筑格局保存完好,体现村落历史风貌和人居环境的原真性保护。不论是呈坎村的风貌、肌理、格局、朝向,还是水系、消防、装饰,都维持了历史风貌和传统样式(图7.19)。呈坎依山傍水,融自然山水为一体,聚集着不同风格的亭、台、楼、阁、桥、祠、社,全村现有明清建筑100余处,工艺精美的石雕、砖雕、木雕和彩绘将徽州古建筑艺术的古朴和典雅体现得淋漓尽致。呈坎村原生态的建筑环境体现了先民们博大精深的徽派建筑文化和风水理念,优美的自然环境、宜居的人文环境和良好的村落布局,体现了与"非遗"密切相关的实物、场所保存利用良好。第二,践行"见人见物见生活"的思想,积极传承保护原生态的生产生活性的"非遗"。原生态的"非遗"保护不仅包括当地"非遗"的生活性融入和生产性消费,也包括那些仪式化、礼俗化的民间习俗和传统活动。徽州竹编、徽州祠祭、春祈秋报、舞草龙、晒秋、唱民歌、徽州民间故事、传统礼仪等原生态"非遗"在呈坎村鲜活传习,民众参与度非常高。例如,每年举办的春祈秋报社屋民俗活动,家家户户都会积聚到社屋进行各种祭拜祈福,放鞭炮、舞草龙、唱戏曲等,一时间全村热闹非凡、万人空巷,民众热情高涨,传承氛围非常浓厚。

图7.19　呈坎村钟英街

3. 文化旅游融合创新:独特的"非遗"研学旅游

文旅融合背景下实行"非遗"研学旅游,是呈坎"非遗"保护利用的又一亮点。呈坎的研学旅游有几大特点:一是开始时间早,二是独创"徽州九绝""非遗"研学项目,三是研学教育课程体系性强,四是配置专业团队力量。通过设置分模版、分对象和成体系的"非遗"研学课程,设计"非遗"研学评价体系,策划性地增强了学生的参与度和互动性。

据呈坎八卦村旅游公司研学板块负责人方裕凤介绍,呈坎村研学旅游做得比较早,早在2012年呈坎就提出体验式旅游的概念,并开始尝试开展研学旅游,而国家在2016年的时候才正式开展。敢于尝试和不断积累的研学旅游经历和经验为呈坎研学资源和品牌打下了良好的基础,呈坎八卦村旅游公司也因此于2018年被教育部基础教育司评为"全国中小学生研学实践教育基地"。每年的3~6月、9~11月是呈坎研学旅游旺季,7~8月以亲子游为主体,截至2019年6月,呈坎村"非遗"研学当年累计接待量达8万人次。

在研学旅游中,呈坎独创"徽州九绝"研学项目,别出心裁地引进砖雕、木雕、竹雕、撕纸、文房四宝等"非遗"项目及传承人入驻呈坎景区,通过村落旅游平台充分展示"非遗"文化的魅力,中小学生在研学教育中能够近距离感受、体验"非遗"创作及制作过程,在耳濡目染中汲取"非遗"知识、感受工匠精神和传递优秀文化。据呈坎八卦村旅游公司董事长方顺来介绍,"徽州九绝"是2011年开始在潜口民宅兴起的,当时是"徽州七绝",最近几年才迁至呈坎村并改为"徽州九绝"。呈坎村邀请徽州九绝的"非遗"大师免费入驻景区,通过提供场所、建立传习所(图7.20、图7.21)、研学授课等方式进行"非遗"创作和研学教育活动,既丰富了呈坎研学旅游内容、传承了"非遗"精髓文化,也提升了"非遗"项目的社会知晓度和美誉度。

图7.20 蒋劲华撕纸艺术"非遗"传习所

图 7.21　洪建华雕刻艺术"非遗"传习所

　　作为AAAAA级景区和国家级全国中小学生研学实践教育基地,呈坎注重研学旅游课程的体系化开发和设计,根据不同受众对象设计较强针对性的研学课程。据方裕凤介绍,呈坎的研学旅游课程不仅关注传统"非遗"板块,而且格外重视蕴含在呈坎古村落的徽州文化和人文思想等非物质文化遗产。就内容体系而言,特色做法是以课本化课程的形式开展引导型研学。呈坎"非遗"研学包括以下几大板块。

　　一是"非遗"板块,即"徽州九绝"体验项目,旨在传递"非遗"传统文化和弘扬工匠精神,实现游客从传统观光游、体验游再到研学游的"非遗"旅游的升级换代,实现"非遗"项目的深度参与式体验。例如,针对徽州竹雕制作技艺的研学课程,从原材料辨识、竹材雕刻、设计、绘画、打磨等多个方面进行设计,让学生能够全方位感受"非遗"的创作过程。

　　二是徽州古建筑板块。这一块的研学课程主要教授中小学生徽州的建筑文化,从村落的选址、水系走向、消防设计、祠堂摆设、整体布局等,以沙盘的形式让学生进行体验,建筑搭建课程涵盖榫卯结构和吉祥符号两大部分。呈坎村有49处文物保护单位,其中2处为国家级文物保护单位,研学团队根据1:40的比例将村中国家级文物保护单位建筑做成模型,打造"中国版的乐高",从榫卯结构、建筑搭建、选址、择日、择时、砌基、消防等多方面充分展示徽派建筑的建造过程和文化内涵,并邀请本地技术熟练的木匠进行现场演示和教学,学生则进行学习探讨和动手实操。在对象上,建筑课程分为初级班(初中及以下年级)和高级班(高中及以上年级)。根据学生的知识水平和接受水平的差异设置课程难度,初级班以搭建建筑模型为主,高级班则灌输"小景观大园林"的思想,不仅针对建筑本身的搭建营造,更注重建筑背后孕育的科学思想和人文精神。例如,在古建筑消防方面,主要讲解呈坎村防火分区(三街九十九巷)、更楼(钟英街的钟英楼、后街的上更楼、后街的下更楼)、"木结构不外露"的防火措施。以固若金汤的"燕翼堂"作为典型教学案例,它在"木结构不外露"上可谓做到了极致(如"人"字形山墙、门窗的水磨砖、屋面的望砖等),并在2004年获得全球消防体系二等奖。在徽派建筑的吉祥符号教学中,主要是对蕴含在建筑主体的装饰性的文化符号元素进行讲解,如雕刻、出门见喜、徽州楹联、徽州匾额等,让学生充分认识到吉祥符号的美好寓意。在授课结束时,研学老师会以盖章、签名、颁发证书等多种形式予以评估反馈,通过肯定学习成果以增强学生参与的积极性。

三是呈坎水系课程。水系研学课程充分展示呈坎的水系构成、朝向以及功能,重点在于发掘水系格局背后的水循环与水利工程思想。就水系而言,众川河从龙山河长春山之间自北向南流经村庄,呈坎村通过两条水圳引众川河水穿街走巷,现仍发挥着消防、排水、泄洪、灌溉等多种功能,通过水利枢纽工程的综合讲解让学生了解到其中的科学思想魅力,感受水系布局中人与自然的和谐共处。

四是孝道文化课程。利用呈坎村中的祠堂、社屋等建筑遗存,开展宗族文化、家规家训、程朱理学、传统礼仪等徽州孝道文化课程,通过亲子类的研学活动将这种优秀的传统文化传播出去(图7.22、图7.23)。

图7.22　宝纶阁

图7.23　宝纶阁的榫卯结构

在专业团队力量配置上,呈坎配备了专业的人员团队和研学教学队伍,为

"非遗"研学提供了坚实的保障。据方裕凤介绍,呈坎研学基地拥有体系化的团队,包括研学设计团队、营销落地执行团队、后勤保障团队、医疗团队。每个研学团队配备一名主教、一名助教和一名研学导师,所有的研学导师都经过黄山市研学协会培训和严格考核,由研学协会和教育部颁发研学导师资质证书后方可上岗。在保障中小学生安全方面,基地还配有超过140人的教官团队,教官团队中有40位主训,每位主训的控场能力达到300人以上。此外,景区还设有安全标识。

(二)呈坎村"非遗"活态保护的成功经验

整体而言,呈坎古村落的"非遗"活态保护效果较好。作为徽州文化生态保护实验区的重点区域之一,呈坎村实现了以保护"非遗"为核心,对历史文化积淀丰厚、存续状态良好、具有重要价值和鲜明特色的文化形态进行整体性的保护,探索出"非遗"保护利用的"呈坎经验"。概括而言,呈坎"非遗"活态保护的成功经验包括:发展理念先行,制定保护规划;实行"文化生态"保护模式;建立利益共享机制。

1. 发展理念先行,制定保护规划

呈坎"非遗"活态保护取得的良好效果与村落的运营发展理念和保护规划密切相关,如果没有科学合理的发展理念以及前瞻的保护规划,呈坎很难能够保持如此原生态的"非遗"生产和生活形态。本研究调查了解到,自2002年呈坎八卦村旅游公司成立以来,呈坎村景区运营至今已走过十余年,运营商十分重视古村落的原生态保护,实施了若干值得肯定的村落发展理念。据呈坎八

卦村旅游公司董事长方顺来介绍,景区在2005年左右就开始制定《呈坎古村落保护规划》,并邀请黄山市规划设计院对古村落建筑肌理、文物、环境、水系以及田园风光等多个层面进行细致的规划,重视村落建筑风貌和人文景观的原生态保护。与此同时,贯彻实行"守住静美、留住乡愁""文化业态动起来,商业业态藏起来"的景区运营发展理念。"守住静美、留住乡愁"是指保留呈坎村的原始生活状态和生活方式,不因现代文明的快速发展而冲击、消解"非遗"赖以生存的本体文化空间,保持乡土社会的田园风光和文化气息,塑造地方文化认同意识,树立一种共同的家乡情结(图7.24)。"文化业态动起来,商业业态藏起来"是指平衡呈坎村"非遗"保护和利用的尺度,鼓励和支持体现呈坎地域特色和历史文化价值的文化业态发展,严格限制与呈坎村落文化气质不符的商业业态进入景区,大力扶持诸如"徽州九绝"、"非遗"研学、传统民俗等文化业态发展。这种发展理念先行、制定保护规划先行的经验,为呈坎"非遗"活态保护与可持续发展奠定了坚实的基础。

图7.24　保存完好的隆兴桥

2. 实行"文化生态"保护模式

呈坎村在"非遗"的整体保护和原生态保护上亮点纷呈，这在很大程度上得益于其实施的"文化生态"保护模式。所谓"文化生态"，是指在一定历史和地域条件下形成的文化空间，以及人们在长期发展中逐步形成的生产生活方式、风俗习惯和艺术表现形式，对"非遗文化生态"的保护特别强调其源头性、原生性和整体性。简而言之，"文化生态"保护模式就是将"非遗"赖以生存的自然环境、人文环境和社会环境视为整体，形成系统性、整体性和原真性的文化生态。

呈坎的"文化生态"保护模式，不仅注重呈坎古村落的自然地理生态空间、人文生态空间保护，也注重经济生态空间和社会生态空间的保护，对孕育和发展"非遗"的"文化生态"进行整体性的保护，使"非遗"成为当地生产生活的重要组成部分，通过"非遗"研学旅游、生产性保护等合理的利用开发方式保持"非遗"传承活力和传承氛围。整体而言，在保护利用上，呈坎的"非遗"与"物遗"、人文与自然、环境与生态相得益彰，"非遗"资源丰富、历史底蕴悠久、地方特色鲜明、徽文化氛围浓厚，宛如一座鲜活的生态博物馆。

3. 建立利益共享机制

呈坎村"非遗"的有序传承和活态保护利用，从最本质的层面说，离不开其建立的利益共享机制。呈坎村"非遗"保护离不开景区运营商、当地政府、居民和"非遗"传承人等利益相关者，只有建立合理的利益相关者合作机制，构建协同高效的关系网络，才能推进"非遗"活态保护走得更远。第一，景区与呈坎村民建立了常态化的利益分配机制。本研究调查了解到，呈坎八卦村旅游公司与呈坎村委会建立了利益分红协议，每年拿出景区收益的固定比例给村委会，村委会再分发给每个村民。第二，景区与"非遗"传承人建立了良好的合作关系。景区为"非遗"传承人免费提供场地、建立"非遗"传习所、邀请"非遗"传承人进行研学授课，"非遗"传承人则利用呈坎的平台进行创作和展示，通过丰富多彩的"非遗"项目充实"非遗"研学的内容。

七、呈坎村非物质文化遗产活态保护的不足之处

（一）文化业态不够多元，游客的深度参与有待提升

本研究在对呈坎村进行实地驻村考察的同时，也对徽州区文体局相关负责人进行了调研，相关部门负责人反映呈坎村"非遗"活态保护的突出问题与本研究的调查发现是一致的，即呈坎的文化业态丰富度不够，游客的深度参与和互动性不够。根据已有的发展现状来看，呈坎村的"非遗"传承发展以"保护为主"，尽管有一些耳目一新和精彩纷呈的文化业态，但对整个村落的"非遗"文化业态开发和利用还不够，缺乏系统性的文化业态保护利用规划。文化业态的开发不足，导致游客的深度参与和体验不足。其中，较为突出的现象如：呈坎村的夜生活文化业态匮乏，游客的逗留、休憩时间短，一些散落的原生态"非遗"没有很好地利用起来，更多体现的还是"门票经济"，"非遗"旅游服务品质有待进一步提升。

（二）旅游市场秩序不够规范，有待进一步整顿规范

良好的旅游市场秩序是推动呈坎村"非遗"研学旅游健康发展的有效保障。本研究实地调查发现，呈坎村的旅游市场秩序不够规范。第一，景区内存在"黑导""黑车"等不良旅游接待现象，游客的旅游体验和安全得不到完全保障。所谓"黑导"和"黑车"，即是由本地村民在无任何培训和管理下自发组成的导游服务和接待服务。第二，研学旅游市场较混乱，存在低价竞争现象。调查中我们了解到，黄山地区的研学旅游市场五花八门，一些没有研学基地资质、课程体系不标准、安全措施没有保障的研学活动仍在纷纷开展，以低价竞争形式抢夺旅游市场，这对正规的研学基地造成明显冲击。

（三）存在"非遗"市场乱象，亟待建立"非遗"考核评估机制

据介绍，就"非遗"本身的传承和发展而言，呈坎村若干"非遗"传承人打着"非遗"名头从事不正当的市场谋利行为，"'非遗'搭台、经济唱戏"的市场现象也较为普遍。例如，一些"非遗"传承人为了生存发展，不惜采取机械化的生产、贴牌生产、重效益轻传承等方式从事市场谋利行为，这对"非遗"的原真性保护传承产生了较大的冲击。深究原因，在于缺乏"非遗"有效的考核评估机制，尚未建立"非遗"传承人的退出机制。评价考核机制的缺乏使得"非遗"市场乱象的"窗户纸"难被捅破，一些传统手工技艺类的"非遗"失真现象屡见不鲜。

（四）"非遗"的活态利用不够，文物的存量资源有待盘活

呈坎村"非遗"活态保护的另一不足之处，在于"非遗"的活态利用仍不够，尚未将"非遗"与村落丰富的物质文化遗产进行有效结合。不能盘活静态的文物资源，将其与"非遗"的活态传承保护利用有机结合，是制约呈坎"非遗"深层次传承发展的瓶颈。从调查现状看，呈坎村的物质文化遗产资源十分丰富，但均以静态的展示和参观体验为主，缺乏活力和人气的文物既不利于保护传承，也不利于发挥其文化增值效益，未来需考虑将其与"非遗"传承创新结合推进发育。

八、呈坎村非物质文化遗产保护利用的若干建议

（一）制定中长期"非遗"传承发展规划，打造丰富多元的文化业态

提升呈坎的"非遗"文化业态的多元性和丰富度，关键点之一在于制定中长期"非遗"传承发展规划。根据呈坎村现有"非遗"的类型、特点和性质，分对象、分体系地进行文化业态以及市场客户的细分，对于那些濒临灭绝、不适合市场化开发的"非遗"需当机立断转入以抢救性保护为主的状态；对于那些具有传承活力、适合文化业态开发的"非遗"要积极扶持鼓励，大力促进其产业

化发展,通过创意设计、生产制造和衍生品开发等形式推出地方特色的文创产品,实现既有产品组合(如文房四宝套件),积极推动"非遗"的生活性转化和创造性融入。丰富呈坎村的旅游产品和路线规划,改变"一片空白"的夜间休憩业态状态,推出若干操作性强的夜间旅游产品也是当前亟需改观的。同时,树立一种"大旅游"格局,将呈坎旅游路线与徽州区甚至黄山市的文化旅游路线进行有机衔接,通过建立跨主体的利益分享机制,实现旅游产业链的延伸拓展。

(二) 提升属地化政府的自觉意识,齐心协力规范旅游市场秩序

加强当地政府的重视程度,特别是属地化管理的力度,严格规范旅游市场秩序。针对呈坎景区的市场秩序不规范现象,当地政府部门、景区运营商、村民应当建立起畅通的沟通协调机制,各负其责、各司其职。具体而言,当地旅游部门、市场部门应该加强对景区周边的市场秩序的管理,坚决取缔不规范、不合法、危害游客人身安全的旅游经营行为;景区运营商应当与村民保持沟通,在取得良好经济效益时适当提高村民的分红比例,树立"取之于民,用之于民"的思想,满足村民合理的利益诉求;可以积极吸纳当地村民进入导游讲解团队,通过规范化培训上岗,带动村民就业;文旅部门、市场部门应当加强对研学旅游市场的监管力度,强化旅游研学基地的资质管理,建立研学旅游市场准入机制,打击低价竞争的恶意行为,逐渐规范市场秩序。

（三）加强对"非遗"市场乱象的监管，建立有监督力的奖惩机制

针对"非遗"市场的若干乱象，文旅部门应当高度重视，建立一套有监督力的奖惩机制，加强对"非遗"传承项目及其市场经营行为的监管力度。第一，建立有效的激励机制。除对"非遗"传承项目与传承人补助外，应加大扶持范围，增加对"非遗"传承人群的扶持力度。第二，亟待建立"非遗"传承人评审退出机制。增加对"非遗"传承项目与传承人的考评，制定阶段性的"非遗"传承项目考核目标，对那些扰乱市场秩序、不专心钻研"非遗"传承技艺、弄虚作假的"非遗"传承人予以除名，建立强有力的"非遗"传承评审退出机制。第三，建立合理的"非遗"传承项目评价机制。针对一些存在争议的"非遗"项目，应当建立客观、公正的评价标准和实施依据，强化对"非遗"职称、荣誉、奖章等规范化管理。

（四）创新思想理念指引，实施"非遗+"工程

转变传统思想观念，创新思想引领，建立积极、灵活的"非遗"传承发展体制机制，大力实施"非遗＋"工程。第一，盘活呈坎文物资源，通过机制创新将"非遗"与"物遗"进行更好结合。"利用是最好的保护"，呈坎可以将丰富的文物遗产资源与"非遗"进行嫁接，在保护建筑风貌基本不变的情况下，通过以修缮费用免租金、"非遗"大师免费入驻、利益分红等灵活方式举行日常性的"非遗"传承创作和经营活动，通过"非遗"传承带动文物的保护修缮。第二，突破传统的"门票经济"思想，充分利用呈坎"非遗"资源优势，以"非遗＋"工程助力"非

遗"文化增值。例如,依托呈坎当地丰富的竹木资源,做大做强竹雕、木雕、根雕等"非遗"文化产业,实施"非遗+家居"工程,将徽州"三雕"技艺与传统家居市场相融合;充分挖掘呈坎当地的"非遗"知识产权资源,依托"非遗"传承技艺的能工巧匠,通过搭建设计团队和市场团队,加强"非遗"衍生产品的创意开发,实施"非遗+文创"工程等。

第八章
徽州文化生态保护实验区"非遗"活态保护的问题、挑战和对策

一、实验区非物质文化遗产活态保护中存在的问题

实验区经过十余年的建设积累和发展探索,已推动保护区内各区县"非遗"保护工作进入了"后申遗时代"。一方面,大批经典"非遗"资源已经入选各级"非遗"保护名录,能够具备条件继续申报的项目已所剩无几;另一方面,大批已进入保护名录中的"非遗"项目带来了复杂性、丰富性、多样性的保护要求,保护形势日趋严峻,任务更加艰巨。

通过交流、调研与总结,本研究认为保护区建设工作面临的新形势与新策略如下:根据不同的建设阶段目标,积极调整工作思路与理念,探索新阶段工作的新机制、新方法、新团队,已经成为保护区"非遗"保护呈现的新挑战。总体来说,各保护地"非遗"保护工作的主体还停留在传统的为了保护而保护的阶段,按照资源强度与发展强度匹配的更高要求,面向新生活、新业态的内涵建设明显有些滞后,主要表现为以下几个方面。

（一）机制创新不足，人才缺位明显

黄山市虽有专门的保护机构——黄山市非物质文化遗产保护中心，但各区、县的专门保护机构不完备、欠独立（均挂靠在区、县文化馆），人员队伍因此不稳定，专业人才队伍的培养难以形成可持续发展机制，与徽州"非遗"资源高度丰富精彩的实际工作需求相距甚远。另一方面，专业管理机构、专门人才团队的缺位和缺失现象，也在相当程度上导致了新形势下"非遗"保护工作的思考不够、突破性设计和制度创新建设弱。

例如，浙江省作为全国"非遗"保护工作的先行者典型，先行先试创造了"非遗"普查"浙江模式"，"非遗"申报"浙江现象"，"非遗"保护"浙江经验"，2016年上半年，率先出台了《2015全省非物质文化遗产保护发展指数指标数据（试行）》。从"非遗"名录管理、传承人管理、"非遗"基地、抢救性保护、制度建设、队伍建设、"非遗"馆建设、经费投入、活动宣传、信息化建设和创新工作等十一个方面，对"非遗"工作保护发展进行了绩效评估。这不仅是"非遗"保护工作转型升级的一次有效探索，是"非遗"事业保护发展的又一次创新，也为徽州实验区"非遗"保护人才队伍建设开拓先行者提供了极具参考对标意义的新思路、新路径。

（二）资金渠道单一，资源流失加快

近年来，中央对"非遗"保护财政投入传习活动的补助资金持续增加，但是安徽省级政府的配套传习活动补助资金却很少，黄山市则一直都没有用于"非遗"的传习活动补助资金。十余年来的投入与黄山市丰富的"非遗"资源以及活态保护要求不对称,在一定程度上使"非遗"保护工作的深度和广度拓展受到影响。

黄山市"非遗"项目众多、涉及面广,需要国家政府层面的普适性投入。基层政府资金支持的乏力与缺位,影响了大批非国家级和省级"非遗"项目传、帮、带的积极性,造成了相关项目出现"师傅愿教,无人愿学"的现象,尤其是民俗类非生产性项目普遍出现后续资源利用能力的快速下降。

从目前的状态来看,保护区亟需借鉴其他省市出台的多层级的基层资金激励性发放制度,出台适合黄山市(包括区划管辖分割的绩溪与婺源两县)的"非遗"传习奖励政策,如:山东省文化和旅游厅规定每名代表性传承人至少带徒3名,并对收徒传艺成效显著的代表性传承人给予额外的表彰和奖励;浙江省海宁市鼓励市级以上的代表性传承人和民间艺术家带徒授艺,培养继承人,实施学徒学艺补助机制,给予每人每年6000元的补助。

(三) 项目利用制约较多,产业发展壮大受限

实验区内传统技艺类"非遗"项目在尝试产业化利用的过程中,遇到若干难以克服的旧有行业属性或机制惯性的阻碍,影响了往产业化方向的当代发展目标落地,具体表现为以下几个方面。

1. 增值税17%的征收问题

"非遗"类传统工艺美术的生产以手工为主,而目前对传统工艺美术行业仍按照传统轻工企业的组织运行来管理,即按照成品增值税17%的税率课征

税收,增加了传统工艺美术行业企业的负担。

2. 原料无增值税发票的抵扣问题

小规模"非遗"生产性项目所需的原料,很多是以现金的方式从农民手中直接收购的,无增值税发票抵扣,少数即使有,抵扣率也很低,大大增加了制作成本。

3. 知识产权保护机制的缺位问题

由于面临原材料供应紧张、知识产权保护体系欠缺等问题,低水平的竞争与"山寨"模仿盛行致使徽州"四雕"等传统优势资源的泛化利用,产业发展的有序度与品牌传播显著受限。

4. "非遗"走进当代生活的意识欠缺问题

传统技艺是徽州及黄山市的优势资源,但特别优势的传统也有意无意地形成了强惯性约束,传承人创新意识普遍薄弱,在继承传统技艺之上的当代发展路径探索、优秀审美范式学习上普遍不足,对当代生活需求与传统技艺的融合思考及实践偏少,对传统工艺融入现代设计的理解不到位,在一定程度上影响了徽州传统工艺的当代振兴。

(四) 校企合作尚需深入,就业机制亟待建立

实验区建设展开以来,"非遗"进校园活动一直是黄山市"非遗"保护工作的亮点和特色。十余年来,黄山市在合作方式上进行了多方探索,取得了一定

的成效,但仍有诸多地方需要改进和完善。例如,黄山市部分中小学校与传统戏剧类、传统美术类"非遗"项目代表性传承人的合作已形成定式,但在黄山市范围内还未形成长效机制,尤其是职业学校与传统技艺类传承人的合作及双方受益面还需找到机制节点,并进一步抓细、抓实。反映出的问题点主要体现在以下两个方面。

1. 传承人的惯性传承认知局限

多数传承人深受传统师徒制的传承观念影响,缺乏企业管理、人力资源管理等现代人性化的管理理念,往往对当代社会的师生关系与传承关系特征产生诸多不适应,带徒过程中出现的新问题也缺乏解决之道,难以与时俱进。

2. 学校与企业的合作需要进一步见实效

学校如何为传统工艺、文化创意和文化演艺等企业培养专业技术人才,这些"非遗"生产性企业或"非遗"经营单位如何反哺学校等方面,都还有较大的探索空间。

(五)"非遗"保护传承过程中,急功近利的思想与做法仍较突出

1. 重申报轻保护倾向强烈

2006年国家级"非遗"申报制度建立以来,国人对非物质文化遗产保护传承的认识不断提高,各地申报"非遗"代表作名录的热情空前高涨,经过持续努力,实验区已有一批非物质文化遗产,列入了联合国、国家以及省、市级的代表

作名录。这对人类非物质文化遗产的保护和发展,起到了积极的推动作用。

但是,在实验区内,对非物质文化遗产却程度不同地存在着重申报、轻保护的问题。申报时往往争先恐后,干劲十足,机构完善,资金丰厚,人员充足,千方百计地争取让申报的项目列入一定层级的非物质文化遗产代表作名录。然而,申报一旦获得成功,热情随之锐减,并迅即鸣金收兵,申报时的轰轰烈烈与申报后的冷冷清清,申报时的大张旗鼓与批复后的偃旗息鼓,形成了鲜明的对比。

本研究通过分析认为,原因之一在于部分地方政府和部门的领导,认为"非物质文化遗产代表作名录"是一块金字招牌,可以提高一个地方的知名度和美誉度,有可能带动一个地方的旅游休闲经济,申报成功是有关地方的一种荣耀。原因之二是将申报与保护的概念等同起来,认为申报成功就是保护,保护就是申报,申报工作做好了,保护工作也就做好了,申报成功了,遗产也就自然而然地得到上级政府保护了。

2. 重生产轻记忆倾向突出

如果将非物质文化遗产进行简单划分,即生产性"非遗"和记忆性"非遗"两类。从实验区的情况看,生产性的"非遗"无论是传承项目,还是传承人,不论是从政府层面,还是在个人层面上,在申报上都比较积极,因为这种"非遗"申报成功后带来的经济效益明显,体现的价值也很直接。例如:歙砚雕刻技艺不同级别传承人的头衔,价值溢出明显不同,级别越高价格也呈几何形增高。在茶叶、徽墨、制笔、"四雕"等技艺中也是如此。

至于记忆性的传承项目和传承人就不一样了,申报积极性明显不高,尤其是以口传心授方式存活的传统音乐、传统戏曲、民间习俗等"非遗"项目,由于现代生活方式和经济导向的冲击,地方政府和民众过度追求经济指标的价值取向,导致对经济效益低的记忆类"非遗"关注度低,及时有效地传承和保护因而困难重重。较多项目传承人的生存状况不理想,特别是一些身怀绝技的老艺人因年逾古稀、生活缺乏保障,年轻人群体因价值观的扭曲和实际生活的压力,缺乏传承的经济动力,使得不少独门绝技在近十年时间里,随着老辈艺人的离去而迅速失传。例如,徽州民歌在传承发展过程中,面临年轻群体传承动力不足、参与积极性弱的尴尬局面,它的传承主体基本全是年长者,属于"抢救性保护"的"非遗"类别,随着年长者的逝世徽州民歌也将面临失传的风险,其传承后继乏力。

3. 重个体轻群体倾向涌现

2006年以来,国家在保护"非遗"工作过程中,除了加强对"非遗"项目保护资金投入以外,对传承人保护资金也是逐步增加的,这对"非遗"的保护起到了非常大的引导作用,保障了一大批传承人的基础传承经费。

问题之一在于:不少传承人认为,这种直接拨发到传承人名头上的传承经费是个人的补助费、生活费,是否要拿出一部分或大部分来进行"非遗"的传承工作完全由个人自主决定。

问题之二在于:有若干"非遗"项目是整体传承项目,特别是演艺类项目,每一个演员的角色不同,分工不同,有不少角色在整个项目中地位都重要,缺一不可。而评选传承人时的名额有限,这样就造成了评选过程中无法均衡,往往申报了一个传承人而得罪了一批"传承人"。因为一个传承人拿了国家经费补贴,被认为是"个别人拿钱,大家在演戏",造成了其他人罢演罢工的局面,出现孤立、排斥传承人的现象,甚至不让传承人参加演艺活动。

出现这样的对抗,不应一味地指责传承人群体,而是需要建议国家对群体性强、协作性强的"非遗"项目,除了项目保护以外,应该对"非遗"传承人的班社、班组实行整体保护,努力使每一个角色都能够得到传承与发展的福利。

4. 重展演轻管理倾向产生

随着"非遗"保护和利用热度的迅速上升,地方把"非遗"项目作为一个地方文化炫耀资本的现象也日益突出,重大活动、重要接待、重要会议都要安排"非遗"传承人到场进行表演展示,甚至有些地方逢会必请,逢节必到;全国的、外省的展销会、交流会、培训会等也常常要求传承人必须参加,让传承人疲于奔命,一年有三分之一以上的时间在应付展演、会议与展览,从艺与生产时间和环境被迫大幅压缩。由于属于国际级的旅游区,且黄山市以及绩溪县、婺源县的"非遗"文化的代表性又十分突出,因此上述现象在代表性传承人群体中也有典型体现。

"非遗"人才队伍建设是一项涉及时间长、涵盖面广的工作,政府在做好申报、评选等日常管理工作的同时,重点应在体制机制、平台载体、保护实效、发展水平评估拉动等方面取得突破,建立非物质文化遗产保护长效机制,努力形成非物质文化遗产保护"见人见物见生活"的良性发展局面。

5. 重传统轻创新分歧明显

对非物质文化遗产保护工作一直以来有着两种不同的主流观念,即"坚守好传统"和"关键要创新"。

第一种立场:在实验区的黄山市模块,由于徽州"非遗"的经典和徽学研究传统的延续,很多人认为徽州"非遗"产品是老祖宗留给我们的珍贵财富,特别是那些留存至今的器物、技艺,必须要按照最纯粹、最传统的工艺与产品方式去严格保护,严格按照传统的工艺进行手工生产,以保证其产品的原真性,不能改变工艺与样式去追求创新。

第二种立场:古徽州一大批高端"非遗"精品,实际上是伴随徽商和徽州官绅集群消费意趣而出现的,严格意义上来说应该属于奢侈品的范畴,其价格也是出奇的高,普通的老百姓只能望洋兴叹。因此调研中也有若干专家和从业者认为,完全可以采用"两条腿走路"的方式,一方面严格规规矩矩做传统,另一方面可以通过设计、材料、制作工艺、工具设备的创新,开发更多面向当代消费大众的优质低价的"非遗"衍生品,比如食物、器物等,让那些与生活紧密相连的"非遗"项目,继续发挥自己的价值。这样才能让徽州的"非遗"产品真正成为皖南国际旅游区地方特色的旅游消费品,让人"买得起、带得走、留得住"。

二、徽州文化生态保护区"非遗"保护方式创新的几点思考

(一)把"中国(黄山)非遗节"打造成国际知名的品牌

至今,"中国(黄山)非遗节"("非遗"技艺大展)已经举办了四届。2012年11月举办的第一届"中国(黄山)非遗节"是我国首次在国家级文化生态保护实验区内举办的大型活动,共邀请到31个省区市的237个"非遗"项目、241名代表性传承人参展。2015年11月,第二届"中国(黄山)非遗节"在黄山市举办,采取专题展的方式,分类展示"非遗"之美,其中一大主题为"笔墨纸砚之精神",邀请省内外具有较高历史文化价值的文房用品"非遗"项目100多项进行全方位展示。通过整体展陈设计,复制该项目的文化生态环境,着重展示该项目的

历史渊源、工艺流程、现存流派及核心技艺特点,彰显传统文化的古朴意趣,表现地域文化的丰富多彩,展现传承大师的精妙绝技,呈现传统文化的一脉相承与推陈出新。2017年9月,第三届中国"非遗"传统技艺大展在安徽省黄山市举办,来自全国各地的100多个国家级传统技艺、传统美术类项目参展。2019年11月,第四届中国非物质文化遗产传统技艺大展在黄山高新区徽字号博物馆举办。本次大展主题为"为民族传承 为生活创新"由安徽省人民政府主办省文化和旅游厅、黄山市人民政府承办作为"非遗"大展的重头戏之一非物质文化遗产传统技艺展览展销由"衣之韵、食之美、住之适、用之雅、养之健"5个系列构成综合展区来自故宫及辽宁、山东、福建、安徽等五家博物院(馆)的优秀文创产品构成1个专题展区,共有全国30个省市自治区200余个传统"非遗"项目参展。

"非遗节"已经成为全国范围内"非遗"文化的代表性活动之一,也是国家文化和旅游部保留的节庆活动之一。因此,黄山市要以此为契机不断把"中国(黄山)非遗节"办成全国以及国际知名的"非遗"文化活动,打造成一个享有盛名的"非遗"品牌。

(二)借北京故宫博物院徽派传统工艺工作站平台,努力提升徽州"非遗"引领度

故宫博物院黄山徽派传统工艺工作站于2017年1月在黄山成立,黄山市与故宫博物院共建故宫博物院驻黄山徽派传统工艺工作站,是强强联手之举,对进一步发现和认识故宫文化、徽州传统文化的精髓和价值,恢复、弘扬消失和退化的优秀工艺和元素,搭建起传统工艺与艺术、学术、现代科技、现代设计及当代教育的桥梁,促进传统工艺走进现代生活,现代设计走进传统工艺,为

振兴传统工艺、倡导可持续发展的"非遗"理念,积累宝贵经验、提供示范案例。徽派传统工艺工作站的设立是一个标志性的新空间,以故宫工作站为研发平台,遴选优秀设计团队,聚合优秀手工艺人,将故宫文化与徽州代表性传统技艺结合,激发黄山市传统工艺项目创作、丰富品种体裁、解决工艺难题、拓展应用空间、培育知名品牌,从而促进徽州传统工艺的当代振兴,已经具备了良好的跨界起步与难得的资源聚合平台。

工作站目前的定位刻画为:一方面深入研究故宫传统工艺文化和徽州传统工艺文化,研究当代生活需求,找到传统与现代的结合点,在文创领域推陈出新;另一方面通过办展、办赛、开展研习、组织培训,鼓励传承人踊跃参加传统工艺的研究与再创造。故宫博物院将为黄山市传统手工艺者提供观摩、学习、研究故宫馆藏文物的便利条件,在故宫博物院开设徽州传统工艺体验馆;故宫徽州传统工艺工作站的运行,将为振兴传统工艺、倡导可持续发展的"非遗"理念,积累宝贵经验、提供示范案例,这对实验区转入正式保护区的第二阶段建设是非常有意义的创新举措。

黄山市通过故宫博物院这样一个国家代表性文化资源形象窗口组织推介地域或实验区"非遗"品牌和产品,开展传统技艺的学术交流,协调引进现代性强的企业和设计团队,鼓励更多的社会组织、企业参与徽派传统工艺的振兴,这对引领实验区黄山传统工艺模块的外向型发育价值显著。

(三) 传播"非遗"历史,新建非物质文化遗产博物馆

保护区内迄今保留着大批底蕴深厚、品种丰富、特色鲜明的"非遗"资源,是古徽州文化遗存的"活化石",也是黄山市最具展示力的文化载体、最具吸引

力的城市名片、最具感召力的人文情结、最具生产力的文产资源。但从2011年实验区建设至今来看,保护区尚没有一家专业性、综合性的政府主办的"非遗"展示馆,支撑向公众展示"非遗"、宣传"非遗",带动民众广泛、深入参与"非遗"保护工作这一根本目标的力度较弱。

根据《安徽省非物质文化遗产条例》第二十三条,县级以上人民政府设立非物质文化遗产展示场所,向公众展示代表性项目。按照《徽州文化生态保护实验区总体规划》中期规划(2016~2020年)"新建徽州民俗展示馆"的要求,黄山市新建非物质文化遗产展示体验馆迫在眉睫。

(四)健全创新体系,完善传承人培养和奖励机制

以制度创新、机制创新为先导,进一步丰富和提升保护区"非遗"人才队伍建设经验,健全各级代表性传承人传习活动资助制度,推行学艺助学制度,以更丰富的资源配置创新鼓励带徒传艺、拜师学艺,促进活态传承,这是目前保护区"非遗"保护中的当务之急和制度建设短板。

1. 传承人走向现代社会的能力培育

按照"强基础、增学养、拓眼界"的培训思路,依托高校定期举办"非遗"传承人群普及培训为辅,帮助其补文化修养之缺、美术基础之缺、设计意识之缺、市场意识之缺,增强一个匠人积极面对当代社会挑战责任与能力。

2. 化解代际传承危机

老少结合抓传承。以"强化对传承人,尤其是老龄化、濒危项目、难以产业化发展项目传承人的物质帮扶和精神尊重,强化传承人年轻群体的辐射作用,

缓解传承人老龄化及断代困境"为突破口,推动保护区"非遗"传承人队伍建设解决代际传承危机。

3. 优化"非遗"进校园的实践路径

完善"非遗"进校园的实践,实现由知识普及到技能培训再到知识与品牌传播等更立体的氛围营造。切实有效地推进学校与"非遗"代表性传承人或其所办企业的合作更深入、更有效,实现互利双赢,建立"非遗"事业良性循环、协同发展的模式。

三、徽州生态保护区非物质文化遗产活态保护的对策

通过对徽州文化生态保护区"非遗"活态保护现状进行深入的分析,本研究认为徽州生态保护区"非遗"保护利用的对策包括以下几个方面。

(一)建立健全协调沟通机制,完善生态保护区"非遗"管理办法

首先,要花大力气解决保护区行政区域管理割裂的问题,目前这个机制无协调机构和机制,这是保护区"非遗"管理的一大缺陷。需要加强文化生态保护区文化保护利用的协作,突破行政区域局限,从整体上提高保护成效和保护效率。对此,可以建立健全完善跨行政区域及上下级协调沟通机制,定期召开联席会议解决一些"非遗"传播利用过程中的具体实际问题。其次,建立统一

的宏观调控平台,加强对"非遗"项目申报和数据建档的规范化管理。省内没有一个统一的宏观调控平台,可能会造成重复上报与不必要的浪费。婺源县的"非遗",省文化与省质检主管部门同样没有协调平台,又造成一些数据的缺失。此外,强化对"非遗"活态保护的文化传承环境和文化生态建设,注重"非遗"的文化效益。"非遗"的保护不仅在传承人,更重要的是解决文化传承环境建设和动力问题。"非遗"的审美与文化价值是最高价值,但许多人仅仅注重功利性和商业性,存在"重经济轻文化""重开发轻保护"的市场乱象,对"非遗"传承是一种损害,因此需要注重"非遗"的文化属性管理,建立非遗"保护"与"利用"的合理平衡关系。例如,对徽州生态保护区的砚、墨等大量生产性"非遗"进行培训和引导,强调"非遗"保护利用中的传统美学和审美能力的传承,避免把"非遗"保护利用单纯地变成各种各样商业游戏所谓的"体验"。

(二) 加强对传承人的扶持力度,建立富有活力的"非遗"传承机制

本研究调研发现,多数记忆类的"非遗"面临传承后继乏力、传承动力匮乏的窘境,在加强对这些"非遗"的抢救性保护的同时,要重视传承人的支持、鼓励和资助,重视"非遗"传习所建设和发展。加大激励措施,政府给予资金支持,给正在进行"非遗"技艺学习的人员发放一定的生活补助,解决后顾之忧,避免出现保护项目后继无人的现象。例如,在徽剧传承方面,建立徽剧专业剧团传承其"非遗"文化艺术,政府应该确立抢救的方案,出台省、市、县的徽剧项目保护传承和利用规划,对徽剧方面的传承人给予政策扶持,切实推进徽剧的保护传承。

对于那些口述性和未来市场化发展能力较强的"非遗"技艺要有系统的积

累和整理,有计划地培养专门的传承人。同时改变传统"重个人轻群体"的保护办法,加强对整体性"非遗"项目的传承人团队的扶持力度,营造利益平衡、传承有序的"非遗"传承局面。"非遗"保护重视建立传承人的代际传承与传习机制,有些技艺可以在青少年中倡导,如在中小学生中开设"课余技艺班",请传承人传授基本的技艺。对实际传授传统技艺的老一辈的传承人,要适当提高津贴,对中年传承人要更加注意发展性的支持措施。此外,在"非遗"的活态保护中,政府有关部门应当多搭建一些"非遗"生产性保护、利用、推广的平台,深入调查了解"非遗"传承的实际困难,解决一些发展过程中的关键问题;出台针对性和抢救性的保护政策措施,如录像、录音、出书、开展传习活动,并将其纳入中小学生乡土教材等。

(三) 积极举办"非遗"文化活动,加强对社会公众的"非遗"普及宣传

提高"非遗"保护、传承、利用成效的关键问题是,让更多的人了解、参与和关心"非遗"。目前,公众参与"非遗"的保护利用意识不强,不少公众对"非遗"的保护利用现状和前景不太看好,缺乏"非遗"传承的文化自信。对此,需要积极举办丰富多彩的"非遗"文化活动,推动"非遗"进校园、进社区、进景区等,加深社会各界对"非遗"的了解,让社会公众感受到"非遗"的鲜活生命力和文化魅力。坚持以人为本,培育"非遗"宣传、解读、推广队伍,加快保护区建设的决策更加深入民心,获得民众的广泛支持。"非遗"保护机构及其专业队伍要提高"非遗"文化传播、组织和社会动员能力,建议政府组织和资助一批有特色的"非遗"项目传承人,在统一、固定的场所开展"非遗"技艺传承保护利用的演示,起到宣传、普及、保护和利用"非遗"的作用。利用传统和新兴媒体扩大对

"非遗"保护利用的宣传和推广,同时建立并完善"非遗"传习所等机构,关键是让年轻人自觉自愿地把"非遗"传承下去。

(四)提升"非遗"现代化生活融合水平,推动其创造性转化和创新性发展

转变传统思想观念,创新发展方式,积极提高"非遗"与现代生活的融入水平,促进"非遗"与现代生活、文创产业以及现代技术的融合,推动"非遗"的创造性转化和创新性发展。加快"非遗"与文创结合的研究、政策扶持和资金支持,让"非遗"贴近百姓生活,获得持续发展土壤。重视演艺等满足民众物质精神文化需要的"非遗"项目与现代生活、现代技术的结合,让"非遗"更多地起到助推经济、政治、社会、文化和生态建设发展的作用。加大"非遗"项目之间及各"非遗"类别之间的融合研发,开拓新思想、新市场。政府要通过多培训、研修、考察、会展、交流、合作等活动,组织民间"非遗"保护、传承和利用力量,学会利用社会智力、专业机构和市场机制提高"非遗"的开发利用,实现持续发展。

(五)树立文化生态保护区科学保护理念,推动整体性保护走向深入

加强科学保护理念的传播和落实,促进文化生态保护区的保护传承质量和效能。注重文化生态保护区的整体性保护,徽州文化生态保护区建设要突破单项保护的传统做法,整合"非遗"保护项目,对整合后的"非遗"项目实施分类管理;逐一制定保护规划,推进综合保护和协同保护,提升"非遗"传习所(基地)的要求,鼓励"非遗"项目与现代技术融合,配套财政支持的保障。注重"非遗"与"物遗"的结合,对孕育"非遗"的自然环境、人文环境和社会环境进行整体保护。需要加强对承载"非遗"文化内涵的徽州古建筑的保护,杜绝对各级文物保护实体的损害;依托黄山市"百村千幢"古民居保护利用工程,通过休闲旅游发挥传统文化保护利用的经济社会生态价值,带动当地经济发展和农民致富。

附录一
徽州文化生态保护实验区非物质文化遗产评估专家调查表(东片区)

尊敬的专家:

2008年编制《徽州文化生态保护实验区规划》时,我们曾在有关专家的支持下进行了"非遗"评估的调查研究。8年后,为了解徽州文化生态保护实验区建设成效及"非遗"保护与合理利用的状况,我们组织了本次调查。恳请您给予支持,谨致以诚挚的感谢!

中国科学技术大学人文与社会科学学院　2016年3月

一、请根据您对"非遗"在徽州文化生态保护中重要性的理解,给出下列各种价值指标重要性的判断(附表1.1)。请在每个指标后选择一个数字画圈(如您认为某价值极其重要可以画⑨,若认为其不太重要可以画②或③等)。

附表1.1

	极不重要	← 重要性 →	极其重要
1. 历史文化价值		0-1-2-3-4-5-6-7-8-9	
2. 精神文化价值		0-1-2-3-4-5-6-7-8-9	
3. 科学技术价值		0-1-2-3-4-5-6-7-8-9	
4. 艺术审美价值		0-1-2-3-4-5-6-7-8-9	
5. 经济开发价值		0-1-2-3-4-5-6-7-8-9	
6. 社会和谐价值		0-1-2-3-4-5-6-7-8-9	

历史文化价值是指"非遗"对于承载保护区社会历史发展信息，反映文化生态变迁过程等历史认知方面的作用；精神文化价值是指"非遗"在反映保护区人民长期生产、生活实践中积淀和世代传承的文化基因、精神特质、文化理念，以及丰富区域价值体系和优化区域人格等意识建构方面的作用；科学技术价值是指"非遗"在反映保护区人民探索自然界的发展规律过程，体现科学技术和社会生产力水平，繁荣传统技艺，启迪民众技术创新能力，以及提供自然和社会科学研究信息资料等科技研发方面的作用；艺术审美价值是指"非遗"在反映保护区民间传统的文学、音乐、舞蹈、戏曲、曲艺、体育、游艺、杂技、美术、技艺特点，激发文艺创作热情与生活表达激情，以及创造审美体验等文艺发展方面的作用；经济开发价值是指"非遗"在开发文化旅游项目，发展文化产业，建设区域、企业和产品品牌形象等经济利用方面的作用；社会和谐价值是指"非遗"在提升生活品质，增进幸福感，促进社会稳定和睦，推进新农村建设，扩大对外交往与合作等社会发展方面的作用。

二、请根据您的理解，给出徽州文化生态保护实验区范围内部分国家和省级"非遗"的价值评价（附表1.2）（按10分制分别对每项非物质文化遗产的历史文化价值、精神文化价值、科学技术价值、艺术审美价值、经济开发价值、社会和谐价值、保护利用现状、保护利用前景等八项价值认知进行评估，分值越高说明该指标反映的价值越高，或者现状与前景越好）。

附表1.2

编号	项目（申报地区）	历史文化价值	精神文化价值	科学技术价值	艺术审美价值	经济开发价值	社会和谐价值	保护利用现状	保护利用前景
1	G徽剧（黄山市）								
2	G徽州"三雕"（黄山市）								
3	G徽州民歌（黄山市）								

续表

编号	项目(申报地区)	历史文化价值	精神文化价值	科学技术价值	艺术审美价值	经济开发价值	社会和谐价值	保护利用现状	保护利用前景
4	G徽派传统民居营造技艺(黄山市)								
5	S1徽州民谣(黄山市)								
6	S1徽州楹联匾额(黄山市)								
7	S1新安医学(黄山市)								
8	S1徽菜(绩溪县、黄山市)								
9	S2徽州根雕(黄山市)								
10	S2徽州建筑技艺(黄山市)								
11	S3徽州武术(黄山市)								
12	S3野鸡坞外科(黄山市)								
13	G徽墨制作技艺(绩溪县、歙县、屯溪区)								
14	G歙砚制作技艺(歙县)								
15	G徽派盆景技艺(歙县)								
16	G中医诊法(张一帖内科疗法,歙县)								
17	G中医诊疗法(西园喉科医术,歙县)								
18	S1徽派版画(歙县)								
19	S1徽州篆刻(歙县)								
20	S2叶村叠罗汉(歙县)								
21	S2顶谷大方制作技艺(歙县)								
22	S2观音豆腐制作技艺(歙县)								
23	S2三阳打秋千(歙县)								
24	S2歙县彩绘壁画(歙县)								
25	S3黄山(徽州区)贡菊制作技艺(歙县)								

续表

编号	项目(申报地区)	历史文化价值	精神文化价值	科学技术价值	艺术审美价值	经济开发价值	社会和谐价值	保护利用现状	保护利用前景
26	G绿茶制作技艺(徽州区、黄山区)								
27	G竹刻(徽州竹雕,徽州区)								
28	S2徽州板凳龙(休宁县、徽州区)								
29	S2上九庙会(徽州区)								
30	S2跳钟馗(徽州区)								
31	S3徽州家具制作技艺(徽州区)								
32	S1轩辕车会(黄山区)								
33	S2皖南火腿腌制技艺(休宁县、黄山区)								
34	S2婆溪河灯(黄山区)								
35	S2五福神会(黄山区)								
36	S2竹编(徽州竹编,黄山区)								
37	S3太平曹氏纸制作技艺(黄山区)								
38	S3黄山玉雕刻技艺(黄山区)								
39	S3郭村周王会(黄山区)								
40	G龙舞(手龙舞,绩溪县)								
41	S1绩溪民歌民谣(绩溪县)								
42	S1徽剧(徽戏童子班,绩溪县)								
43	S1抬阁(绩溪县、屯溪区)								
44	S2安苗节(绩溪县)								
45	S2赛琼碗(绩溪县)								
46	S2花车转阁(绩溪县)								

续表

编号	项目(申报地区)	历史文化价值	精神文化价值	科学技术价值	艺术审美价值	经济开发价值	社会和谐价值	保护利用现状	保护利用前景
47	S2火狮舞(绩溪县)								
48	S2火马舞(绩溪县)								
49	S2游龙舟、抬五帝、跳旗(绩溪县)								
50	S2祭社(绩溪县)								
51	S3徽州"三雕"(绩溪县)								
52	S3髹漆技艺(绩溪县)								

注:表中的G、S分别代表国家级和省级"非遗"。

三、请回答下列问题(附表1.3)(把能代表选项的数字填在题后的答案区域内)。

附表1.3

编号	题目	答案
1	您认为目前黄山市及所辖县(区)"非遗"保护利用的主要问题是(限选三项): (1)缺少"非遗"整体性保护利用规划;(2)政府"非遗"保护利用投入太少或政策落实不到位;(3)"非遗"保护、利用制度规范不健全;(4)"非遗"有关原材料短缺;(5)"非遗"生产性保护不力或产品市场前景不好;(6)"非遗"过度开发或过度商业化;(7)公众保护意识不强或年轻人不愿意继承"非遗"工作;(8)其他(请注明)_____。	
2	您觉得政府应当出台哪些"非遗"保护措施(限选三项): (1)资助"非遗"传承人参加展会;(2)鼓励"非遗"项目与现代技术融合发展;(3)政府加大"非遗"保护传承的资金扶持力度;(4)出资建立完善的"非遗"传习所等机构;(5)奖励艺术家拍摄"非遗"专题宣传片;(6)支持和鼓励"非遗"生产性保护;(7)其他(请注明)_____。	

四、个人基本资料,请在相应的位置打钩(附表1.4)。

附表1.4

1	您的性别：□男　　□女
2	您的年龄： □30岁以下　　□30～49岁　　□50～69岁　　□69岁以上
3	您的文化程度： □初中及以下　　□高中、中职或中专　　□高职或大专　　□大学本科 □硕士及以上
4	您现在的工作单位(请根据您的主要职业选择一项)： □国家机关、党群组织　　□学校及研究机构　　□其他企事业单位 □离退休　　□其他(请注明)＿＿＿＿＿
5	您的职称：□无技术职称　　□初级　　□中级　　□副高　　□正高

五、您对徽州文化生态保护区建设中非物质文化遗产价值和现状评价,以及保护利用策略有何意见和建议?(可另附页,如有相关文字资料敬请赐教,不胜感激。)

附录二
徽州文化生态保护实验区非物质文化遗产评估专家调查表(西片区)

尊敬的专家:

2008年编制《徽州文化生态保护实验区规划》时,我们曾在有关专家的支持下进行了"非遗"评估的调查研究。8年后,为了解徽州文化生态保护实验区建设成效及"非遗"保护与合理利用的状况,我们组织了本次调查。恳请您给予支持,谨致以诚挚的感谢!

中国科学技术大学人文与社会科学学院　2016年3月

一、请根据您对"非遗"在徽州文化生态保护中重要性的理解,给出下列各种价值指标重要性的判断(附表2.1)。请在每个指标后选择一个数字画圈(如您认为某价值极其重要可以画⑨,若认为其不太重要可以画②或③等)。

附表2.1

	极不重要	← 　重要性　 →	极其重要
1. 历史文化价值		0-1-2-3-4-5-6-7-8-9	
2. 精神文化价值		0-1-2-3-4-5-6-7-8-9	
3. 科学技术价值		0-1-2-3-4-5-6-7-8-9	
4. 艺术审美价值		0-1-2-3-4-5-6-7-8-9	
5. 经济开发价值		0-1-2-3-4-5-6-7-8-9	
6. 社会和谐价值		0-1-2-3-4-5-6-7-8-9	

历史文化价值是指"非遗"对于承载保护区社会历史发展信息,反映文化生态变迁过程等历史认知方面的作用;精神文化价值是指"非遗"在反映保护区人民长期生产、生活实践中积淀和世代传承的文化基因、精神特质、文化理念,以及丰富区域价值体系和优化区域人格等意识建构方面的作用;科学技术价值是指"非遗"在反映保护区人民探索自然界的发展规律过程,体现科学技术和社会生产力水平,繁荣传统技艺,启迪民众技术创新能力,以及提供自然和社会科学研究信息资料等科技研发方面的作用;艺术审美价值是指"非遗"在反映保护区民间传统的文学、音乐、舞蹈、戏曲、曲艺、体育、游艺、杂技、美术、技艺特点,激发文艺创作热情与生活表达激情,以及创造审美体验等文艺发展方面的作用;经济开发价值是指"非遗"在开发文化旅游项目,发展文化产业,建设区域、企业和产品品牌形象等经济利用方面的作用;社会和谐价值是指"非遗"在提升生活品质,增进幸福感,促进社会稳定和睦,推进新农村建设,扩大对外交往与合作等社会发展方面的作用。

二、请根据您的理解,给出徽州文化生态保护实验区范围内部分国家和省级"非遗"的价值评价(附表2.2)(按10分制分别对每项非物质文化遗产的历史文化价值、精神文化价值、科学技术价值、艺术审美价值、经济开发价值、社会和谐价值、保护利用现状、保护利用前景等八项价值认知进行评估,分值越高说明该指标反映的价值越高,或者现状与前景越好)。

附表2.2

编号	项目(申报地区)	历史文化价值	精神文化价值	科学技术价值	艺术审美价值	经济开发价值	社会和谐价值	保护利用现状	保护利用前景
1	G徽剧(黄山市)								
2	G徽州"三雕"(黄山市)								
3	G徽州民歌(黄山市)								

续表

编号	项目(申报地区)	历史文化价值	精神文化价值	科学技术价值	艺术审美价值	经济开发价值	社会和谐价值	保护利用现状	保护利用前景
4	G徽派传统民居营造技艺(黄山市)								
5	S1徽州民谣(黄山市)								
6	S1徽州楹联匾额(黄山市)								
7	S1新安医学(黄山市)								
8	S1徽菜(绩溪县、黄山市)								
9	S2徽州根雕(黄山市)								
10	S2徽州建筑技艺(黄山市)								
11	S3徽州武术(黄山市)								
12	S3野鸡坞外科(黄山市)								
13	G万安罗盘制作技艺(休宁县)								
14	G齐云山道教音乐(休宁县)								
15	S2五城米酒酿制技艺(休宁县)								
16	S2五城豆腐干制作技艺(休宁县)								
17	S2皖南火腿腌制技艺(休宁县、黄山区)								
18	S3吴鲁衡日晷制作技艺(休宁县)								
19	S绿茶制作技艺(松萝茶,休宁县)								
20	G徽州目连戏(祁门县)								
21	G祁门傩舞(祁门县)								
22	G祁门红茶制作技艺(祁门县)								
23	G徽州祠祭(祁门县)								
24	S2采茶扑蝶舞(祁门县)								

续表

编号	项目（申报地区）	历史文化价值	精神文化价值	科学技术价值	艺术审美价值	经济开发价值	社会和谐价值	保护利用现状	保护利用前景
25	S3徽州手工瓷制作技艺（祁门县）								
26	S3安茶制作技艺（祁门县）								
27	S3祁门胡氏骨伤科（祁门县）								
28	S1徽州祠祭（黟县）								
29	S2利源手工制麻技艺（黟县）								
30	S2余香石笛制作技艺（黟县）								
31	S3美溪唢呐（黟县）								
32	S3徽州楹联匾额传统制作技艺（黟县）								
33	G徽墨制作技艺（绩溪县、歙县、屯溪区）								
34	G徽州漆器制作技艺（屯溪区）								
35	G程大位珠算法（屯溪区）								
36	G毛笔制作技艺（徽笔制作技艺，屯溪区）								
37	S1黎阳仗鼓（屯溪区）								
38	S1竹编（徽州竹编，屯溪区）								
39	S1抬阁（绩溪县、屯溪区）								
40	S3徽州顶市酥制作技艺（屯溪区）								
41	S3徽州烧饼制作技艺（屯溪区）								
42	S2徽州板凳龙（休宁县、徽州区）								

注：表中的G、S分别代表国家级和省级"非遗"。

三、请回答下列问题(附表2.3)(把能代表选项的数字填在题后的答案区域内)。

附表2.3

编号	题目	答案
1	您认为目前黄山市及所辖县(区)"非遗"保护利用的主要问题是(限选三项)：(1)缺少"非遗"整体性保护利用规划；(2)政府"非遗"保护利用投入太少或政策落实不到位；(3)"非遗"保护、利用制度规范不健全；(4)"非遗"有关原材料短缺；(5)"非遗"生产性保护不力或产品市场前景不好；(6)"非遗"过度开发或过度商业化；(7)公众保护意识不强或年轻人不愿意继承"非遗"工作；(8)其他(请注明)＿＿＿＿。	
2	您觉得政府应当出台哪些"非遗"保护措施(限选三项)：(1)资助"非遗"传承人参加展会；(2)鼓励"非遗"项目与现代技术融合发展；(3)政府加大"非遗"保护传承的资金扶持力度；(4)出资建立完善"非遗"传习所等机构；(5)奖励艺术家拍摄"非遗"专题宣传片；(6)支持和鼓励"非遗"生产性保护；(7)其他(请注明)＿＿＿＿。	

四、个人基本资料，请在相应的位置打钩(附表2.4)。

附表2.4

1	您的性别：□男　　□女
2	您的年龄： □30岁以下　　□30～49岁　　□50～69岁　　□69岁以上
3	您的文化程度： □初中及以下　　□高中、中职或中专　　□高职或大专　　□大学本科 □硕士及以上
4	您现在的工作单位(请根据您的主要职业选择一项)： □国家机关、党群组织　　□学校及研究机构　　□其他企事业单位 □离退休　　□其他(请注明)＿＿＿＿
5	您的职称：□无技术职称　　□初级　　□中级　　□副高　　□正高

五、您对徽州文化生态保护区建设中非物质文化遗产价值和现状评价，以及保护利用策略有何意见和建议？(可另附页，如有相关文字资料敬请赐教，不胜感激。)

附录三
徽州文化生态保护实验区非物质文化遗产评估专家调查表(南片区)

尊敬的专家:

2008年编制《徽州文化生态保护实验区规划》时,我们曾在有关专家的支持下进行了"非遗"评估的调查研究。8年后,为了解徽州文化生态保护实验区建设成效及"非遗"保护与合理利用的状况,我们组织了本次调查。恳请您给予支持,谨致以诚挚的感谢!

中国科学技术大学人文与社会科学学院　2016年6月

一、请根据您对"非遗"在徽州文化生态保护中重要性的理解,给出下列各种价值指标重要性的判断(附表3.1)。请在每个指标后选择一个数字画圈(如您认为某价值极其重要可以画⑨,若认为其不太重要可以画②或③等)。

附表3.1

	极不重要	← 重要性 →	极其重要
1. 历史文化价值		0-1-2-3-4-5-6-7-8-9	
2. 精神文化价值		0-1-2-3-4-5-6-7-8-9	
3. 科学技术价值		0-1-2-3-4-5-6-7-8-9	
4. 艺术审美价值		0-1-2-3-4-5-6-7-8-9	
5. 经济开发价值		0-1-2-3-4-5-6-7-8-9	
6. 社会和谐价值		0-1-2-3-4-5-6-7-8-9	

历史文化价值是指"非遗"对于承载保护区社会历史发展信息,反映文化生态变迁过程等历史认知方面的作用;精神文化价值是指"非遗"在反映保护区人民长期生产、生活实践中积淀和世代传承的文化基因、精神特质、文化理念,以及丰富区域价值体系和优化区域人格等意识建构方面的作用;科学技术价值是指"非遗"在反映保护区人民探索自然界的发展规律过程,体现科学技术和社会生产力水平,繁荣传统技艺,启迪民众技术创新能力,以及提供自然和社会科学研究信息资料等科技研发方面的作用;艺术审美价值是指"非遗"在反映保护区民间传统的文学、音乐、舞蹈、戏曲、曲艺、体育、游艺、杂技、美术、技艺特点,激发文艺创作热情与生活表达激情,以及创造审美体验等文艺发展方面的作用;经济开发价值是指"非遗"在开发文化旅游项目,发展文化产业,建设区域、企业和产品品牌形象等经济利用方面的作用;社会和谐价值是指"非遗"在提升生活品质,增进幸福感,促进社会稳定和睦,推进新农村建设,扩大对外交往与合作等社会发展方面的作用。

二、请根据您的理解,给出徽州文化生态保护实验区范围内部分国家和省级"非遗"的价值评价(附表3.2)(按10分制分别对每项非物质文化遗产的历史文化价值、精神文化价值、科学技术价值、艺术审美价值、经济开发价值、社会和谐价值、保护利用现状、保护利用前景等八项价值认知进行评估,分值越高说明该指标反映的价值越高,或者现状与前景越好)。

附表3.2

编号	项目(申报地区)	历史文化价值	精神文化价值	科学技术价值	艺术审美价值	经济开发价值	社会和谐价值	保护利用现状	保护利用前景
1	G徽剧(黄山市)								
2	G徽州"三雕"(黄山市)								

续表

编号	项目(申报地区)	历史文化价值	精神文化价值	科学技术价值	艺术审美价值	经济开发价值	社会和谐价值	保护利用现状	保护利用前景
3	G徽州民歌(黄山市)								
4	G徽派传统民居营造技艺(黄山市)								
5	S1徽州民谣(黄山市)								
6	S1徽州楹联匾额(黄山市)								
7	S1新安医学(黄山市)								
8	S1徽菜(绩溪、黄山市)								
9	S2徽州根雕(黄山市)								
10	S2徽州建筑技艺(黄山市)								
11	S3徽州武术(黄山市)								
12	S3野鸡坞外科(黄山市)								
13	G婺源傩舞(婺源县)								
14	G婺源徽剧(婺源县)								
15	G婺源歙砚(婺源县)								
16	G婺源三雕(婺源县)								
17	G婺源绿茶制作技艺(婺源县)								
18	S婺源乡村文化(婺源县)								
19	S婺源豆腐架(婺源县)								
20	S婺源抬阁(婺源县)								
21	S婺源板龙灯(婺源县)								
22	S婺源纸伞(婺源县)								

注：表中的G、S分别代表国家级和省级"非遗"。

三、请回答下列问题(附表3.3)(把能代表选项的数字填在题后的答案区域内)。

附表3.3

编号	题目	答案
1	您认为目前黄山市及所辖县(区)"非遗"保护利用的主要问题是(限选三项):(1)缺少"非遗"整体性保护利用规划;(2)政府"非遗"保护利用投入太少或政策落实不到位;(3)"非遗"保护、利用制度规范不健全;(4)"非遗"有关原材料短缺;(5)"非遗"生产性保护不力或产品市场前景不好;(6)"非遗"过度开发或过度商业化;(7)公众保护意识不强或年轻人不愿意继承"非遗"工作;(8)其他(请注明)_____。	
2	您觉得政府应当出台哪些"非遗"保护措施(限选三项):(1)资助"非遗"传承人参加展会;(2)鼓励"非遗"项目与现代技术融合发展;(3)政府加大"非遗"保护传承的资金扶持力度;(4)出资建立完善"非遗"传习所等机构;(5)奖励艺术家拍摄"非遗"专题宣传片;(6)支持和鼓励"非遗"生产性保护;(7)其他(请注明)_____。	

四、个人基本资料,请在相应的位置打钩(附表3.4)。

附表3.4

1	您的性别:□男　　□女
2	您的年龄: □30岁以下　　□30~49岁　　□50~69岁　　□69岁以上
3	您的文化程度: □初中及以下　　□高中、中职或中专　　□高职或大专　　□大学本科 □硕士及以上
4	您现在的工作单位(请根据您的主要职业选择一项): □国家机关、党群组织　　□学校及研究机构　　□其他企事业单位 □离退休　　□其他(请注明)_____
5	您的职称:□无技术职称　　□初级　　□中级　　□副高　　□正高

五、您对徽州文化生态保护区建设中非物质文化遗产价值和现状评价,以及保护利用策略有何意见和建议?(可另附页,如有相关文字资料敬请赐教,不胜感激。)

附录四
屯溪老街非物质文化遗产保护利用现状评估的调查问卷

安徽屯溪老街调查问卷(本地居民)

尊敬的先生/女士:

您好!我们正在进行一项关于屯溪老街"非遗"旅游开发状况的课题研究。为了倾听您的宝贵意见,我们设计了此份问卷,需要耽误您几分钟的时间填写。本问卷所有内容仅用于课题研究,不会泄露您任何的隐私信息。感谢您的支持和帮助!

填写说明:请在合适的选项上打"√"或在"_____"上填写答案。

中国科学技术大学研究组 2018年8月

一、旅游感知篇

问题1 在屯溪老街相关规划制定过程中,有关部门征求过您的意见吗?
　　□征求过 □未征求过

问题2 您觉得屯溪老街的保护规划的效果如何?
　　□非常好 □比较好 □一般 □比较差 □非常差 □不知道

问题3 对老街"非遗"传承与发展的评价:

1. 老街的传统建筑承载着大量的"非遗"文化元素。
　　□非常同意 □比较同意 □一般 □不太同意 □很不同意

2. 老街传统"前店后坊"式的"非遗"传承生产格局依然清晰可见。

□非常同意 □比较同意 □一般 □不太同意 □很不同意

3. 老街"非遗"产品类型非常丰富。

□非常同意 □比较同意 □一般 □不太同意 □很不同意

4. 老街"非遗"产品业态比较丰富。

□非常同意 □比较同意 □一般 □不太同意 □很不同意

5. 老街"非遗"产品多为静态物品,缺乏技艺的"活态传承"[①]。

□非常同意 □比较同意 □一般 □不太同意 □很不同意

6. 在老街能够购买到物美价廉的"非遗"产品。

□非常同意 □比较同意 □一般 □不太同意 □很不同意

7. 老街的"非遗"传承氛围十分浓厚。

□非常同意 □比较同意 □一般 □不太同意 □很不同意

8. 在老街游客可以体验到"非遗"生产技艺项目。

□非常同意 □比较同意 □一般 □不太同意 □很不同意

9. "非遗"文化资源与旅游产业的结合十分成功。

□非常同意 □比较同意 □一般 □不太同意 □很不同意

10. 老街"非遗"旅游产品具有较高的文化附加值。

□非常同意 □比较同意 □一般 □不太同意 □很不同意

问题4 对老街建筑风貌与文化氛围的评价:

1. 老街的老房子大多数都保留下来了,并得到维护或修复。

□非常同意 □比较同意 □一般 □不太同意 □很不同意

---

① "活态传承",是指在非物质文化遗产生成发展的环境当中进行保护和传承,在人民群众生产生活过程当中进行传承与发展的传承方式。

2. 老街很多房子大多都是新建的仿古建筑。

　　□非常同意　□比较同意　□一般　□不太同意　□很不同意

3. 在老街可以体验到原汁原味的休闲生活方式。

　　□非常同意　□比较同意　□一般　□不太同意　□很不同意

4. 老街具体浓厚的传统历史文化氛围。

　　□非常同意　□比较同意　□一般　□不太同意　□很不同意

5. 老街具有浓厚的现代时尚文化氛围。

　　□非常同意　□比较同意　□一般　□不太同意　□很不同意

6. 老街的文化空间是传统和现代的融合。

　　□非常同意　□比较同意　□一般　□不太同意　□很不同意

7. 老街都是游客,没有了老屯溪真正的市井生活气息。

　　□非常同意　□比较同意　□一般　□不太同意　□很不同意

问题5　老街旅游开发给您生活带来哪些影响(正面和负面)?

_____

_____

二、基本信息篇

问题6　您的性别:□男　　　　□女

问题7　您的年龄:

　　□19岁及以下　　□20~29岁　　□30~39岁

　　□40~49岁　　　□50~59岁　　□60岁及以上

问题8　您的学历:

　　□初中及以下　　□高中(含中专、中职)　　□大专

　　□大学本科　　　□硕士　　　　　　　　　□博士

安徽屯溪老街调查问卷(游客)

尊敬的先生/女士：

您好！我们正在进行一项关于屯溪老街"非遗"旅游开发状况的课题研究。为了倾听您的宝贵意见，我们设计了此份问卷，需要耽误您几分钟的时间填写。本问卷所有内容仅用于课题研究，不会泄露您任何的隐私信息。感谢您的支持和帮助！

填写说明：请在合适的选项上打"√"或在"＿＿＿＿"上填写答案。

中国科学技术大学研究组　2018年8月

一、旅游感知篇

问题1　您觉得屯溪老街的保护规划的效果如何？

□非常好　□比较好　□一般　□比较差　□非常差　□不知道

问题2　提起屯溪老街的"非遗"，您会想到哪些？(限选三项)

□徽墨制作技艺　　　□歙砚制作技艺　　　□徽州漆器制作技艺

□徽州"三雕"　　　　□绿茶制作技艺　　　□徽州楹联匾额

□程大为珠算法　　　□黎阳仗鼓　　　　　□徽菜制作技艺

□其他(可填写)＿＿＿＿＿＿＿＿＿＿＿＿＿＿＿＿＿＿

问题3　对屯溪老街"非遗"传承与发展的评价：

1. 老街的传统建筑承载着大量的"非遗"文化元素。

□非常同意　□比较同意　□一般　□不太同意　□很不同意

2. 老街传统"前店后坊"式的"非遗"传承生产格局依然清晰可见。

□非常同意　□比较同意　□一般　□不太同意　□很不同意

3. 老街"非遗"产品类型非常丰富。

□非常同意 □比较同意 □一般 □不太同意 □很不同意

4. 老街的"非遗"产品业态比较丰富。

□非常同意 □比较同意 □一般 □不太同意 □很不同意

5. 老街的"非遗"产品多为静态物品,缺乏技艺的"活态传承"[①]。

□非常同意 □比较同意 □一般 □不太同意 □很不同意

6. 在老街能够购买到物美价廉的"非遗"产品。

□非常同意 □比较同意 □一般 □不太同意 □很不同意

7. 老街的"非遗"传承氛围十分浓厚。

□非常同意 □比较同意 □一般 □不太同意 □很不同意

8. 在老街游客可以体验到"非遗"生产技艺项目。

□非常同意 □比较同意 □一般 □不太同意 □很不同意

9. "非遗"文化资源与旅游产业的结合十分成功。

□非常同意 □比较同意 □一般 □不太同意 □很不同意

10. 老街"非遗"旅游产品具有较高的文化附加值。

□非常同意 □比较同意 □一般 □不太同意 □很不同意

问题4 您对屯溪老街地方感的评价:

1. 老街上的旅游、娱乐活动能够让我沉浸其中。

□非常同意 □比较同意 □一般 □不太同意 □很不同意

2. 老街让我有一种怀旧、时光倒流的感觉。

□非常同意 □比较同意 □一般 □不太同意 □很不同意

3. 在旅游中,我感觉自己与老街融为一体。

---

① "活态传承",是指在非物质文化遗产生成发展的环境当中进行保护和传承,在人民群众生产生活过程当中进行传承与发展的传承方式。

□非常同意　□比较同意　□一般　□不太同意　□很不同意

4. 在离开老街时,我会感到恋恋不舍。

　　□非常同意　□比较同意　□一般　□不太同意　□很不同意

5. 如果可以,我愿意花更多时间在老街游览。

　　□非常同意　□比较同意　□一般　□不太同意　□很不同意

6. 老街的购物设施能够满足我的需求。

　　□非常同意　□比较同意　□一般　□不太同意　□很不同意

7. 我可以在老街买到满意的旅游产品。

　　□非常同意　□比较同意　□一般　□不太同意　□很不同意

8. 老街可以买到物美价廉的旅游产品。

　　□非常同意　□比较同意　□一般　□不太同意　□很不同意

9. 老街比其他任何地方有更好的服务。

　　□非常同意　□比较同意　□一般　□不太同意　□很不同意

10. 老街的特色无法被其他旅游地所取代。

　　□非常同意　□比较同意　□一般　□不太同意　□很不同意

问题5　对老街建筑风貌和文化氛围的评价:

1. 老街的老房子大多数都保留下来了,并得到维护或修复。

　　□非常同意　□比较同意　□一般　□不太同意　□很不同意

2. 老街很多房子大多都是新建的仿古建筑。

　　□非常同意　□比较同意　□一般　□不太同意　□很不同意

3. 在老街可以体验到原汁原味的休闲生活方式。

　　□非常同意　□比较同意　□一般　□不太同意　□很不同意

4. 老街具体浓厚的传统历史文化氛围。

　　□非常同意　□比较同意　□一般　□不太同意　□很不同意

5. 老街具有浓厚的现代时尚文化氛围。

　　□非常同意　□比较同意　□一般　□不太同意　□很不同意

6. 老街的文化空间是传统和现代的融合。

　　□非常同意　□比较同意　□一般　□不太同意　□很不同意

7. 老街都是游客,没有了老屯溪真正的市井生活气息。

　　□非常同意　□比较同意　□一般　□不太同意　□很不同意

问题6　对老街满意度与忠诚度的看法:

1. 总体而言,我对老街旅游服务质量很满意。

　　□非常同意　□比较同意　□一般　□不太同意　□很不同意

2. 老街的旅游服务质量能够满足我的需求。

　　□非常同意　□比较同意　□一般　□不太同意　□很不同意

3. 老街的旅游服务质量符合我的理想预期。

　　□非常同意　□比较同意　□一般　□不太同意　□很不同意

4. 如果有机会,我还会来屯溪老街。

　　□非常同意　□比较同意　□一般　□不太同意　□很不同意

5. 我会推荐身边的亲朋好友到屯溪老街旅游。

　　□非常同意　□比较同意　□一般　□不太同意　□很不同意

问题7　您对老街旅游开发有什么看法或建议?

_____

_____

_____

二、基本信息篇

问题8　您的性别:□男　　　□女

问题9　您的年龄:

☐19岁及以下 ☐20~29岁 ☐30~39岁
☐40~49岁 ☐50~59岁 ☐60岁及以上

问题8 您的学历：
☐初中及以下 ☐高中(含中专、中职) ☐大专
☐大学本科 ☐硕士 ☐博士

附录五
呈坎村非物质文化遗产保护利用现状研究的访谈提纲

文旅部门访谈提纲

1. "国家历史文化名村"(呈坎)概况。

2. 徽州区呈坎"非遗"资源状况(如"非遗"传承项目、传承人、传习所/基地)。

附表5.1 徽州区呈坎"非遗"项目统计简表

类型	民间文学	传统音乐	传统舞蹈	传统戏剧	曲艺	传统体育、游艺与杂技	传统美术	传统技艺	传统医药	民俗
国家级（数量）										
省级（数量）										
市级（数量）										
县(区)级(数量)										

备注：如有，请提供详细名录。

3. 呈坎"非遗"保护现状(如活态传承、生产性保护、整体保护等)。

4. 呈坎"非遗"利用现状(产业化、文旅融合等)。

5. 全国中小学研学基地(呈坎景区)、市研学旅游示范点(呈坎)建设或发展情况。

6. 呈坎"非遗"旅游经济发展状况(最好有相关统计数据)。

7. "非遗"研学旅游中存在什么样的问题？是否存在"过度旅游"现象？

8. 呈坎"非遗"保护利用的相关配套或支持政策。

9. 呈坎"非遗"活态保护的典型案例推荐(如研学旅游、"非遗"产业化)。

10. 呈坎"非遗"活态保护中的问题、不足及改进建议等。

景区运营商访谈提纲

1. 请介绍贵公司在景区的运营情况。

2. 呈坎景区介绍。

3. 景区内引进的"非遗"项目及其传承发展情况。

4. 景区与"非遗"项目建立了什么样的合作机制。

5. "传统技艺创造创新的国际化孵化基地"建设情况。

6. 徽文化研学旅游内容及特色。

7. "非遗"研学旅游成功经验与模式介绍。

"非遗"传承人/单位访谈提纲

1. "非遗"项目介绍(含传承人)。

2. "非遗"传承方式。

3. "非遗"传承基地/中心建设。

4. 支持"非遗"传承保护利用的政策。

5. "非遗"当代利用及经济效益情况。

6. "非遗"保护利用中存在哪些突出问题？有什么样的解决诉求？

"非遗"/徽文化研究学者

1. 呈坎"非遗"活态保护的现状评价。

2. 呈坎"非遗"活态保护的成功经验、做法及成就。

3. 呈坎"非遗"的"文化生态"保护评价。

4. 呈坎"非遗"旅游融合发展状况及典型特色。

5. 呈坎"非遗"保护利用的突出问题及障碍。

6. 促进呈坎"非遗"保护利用可持续发展的建议对策。

7. 呈坎在徽州文化生态保护区中发挥着什么样的功能与作用？

参考文献

REFERENCE

卞利,2010.文化生态保护区建设中存在的问题及其解决对策:以徽州文化生态保护实验区为例[J].文化遗产(4):24-30,66,158.

陈来生,2006.世界遗产在中国[M].长春:长春出版社:2-6.

黄永林,2013."文化生态"视野下的非物质文化遗产保护[J].文化遗产(5):1-12,157.

季晓雪,2015."主客"视角下非物质文化遗产旅游感知比较研究[D].合肥:安徽大学.

赖昊,2014.基于原住民对旅游影响感知的婺源徽文化生态保护研究[D].南昌:江西师范大学.

李修松,2008.依托古村镇建立徽文化生态保护区[J].安徽师范大学学报(人文社会科学版),36(6):679-681.

刘魁立,2004.非物质文化遗产及其保护的整体性原则[J].广西师范学院学报,(4):1-8,19.

刘魁立,2007.文化生态保护区问题刍议[J].浙江师范大学学报(社会科学版)(3):9-12.

苗伟,2010.文化时间与文化空间:文化环境的本体论维度[J].思想战线,36(1):

101-106.

欧阳正宇,2012.非物质文化遗产旅游开发研究:以莲花山"花儿"为例[D].兰州:兰州大学.

盛学峰,2009.关于文化生态保护区建设的思考:以徽州文化生态保护实验区建设为例[J].生态经济(7):146-149.

宋俊华,李惠,2017.中国非物质文化遗产保护发展报告(2017)[M].北京:社会科学文献出版社:261.

宋俊华,王开桃,2013.非物质文化遗产保护研究[M].中山:中山大学出版社:155.

孙兆刚,2003.论文化生态系统[J].系统辩证学学报(3):100-103.

唐纳德·哈迪斯蒂,2002.生态人类学[M].郭凡,邹和,译.北京:文物出版社:8.

汪欣,2011.非物质文化遗产保护的文化生态论[J].民间文化论坛(1):51-58.

汪欣,2015.文化生态保护区建设的理论与实践:以徽州文化生态保护实验区为例[J].河南教育学院学报(哲学社会科学版),34(5):34-40.

王健,安玉欣,2013.基于生态内涵的文化生态保护方式探析:以"婺源·徽州文化生态保护区"为例[J].江西师范大学学报(哲学社会科学版),46(3):113-117.

伍乐平,张晓萍,2016.国内外"文化空间"研究的多维视角[J].西南民族大学学报(人文社科版)(3):7-12.

向云驹,2009.再论"文化空间":关于非物质文化遗产若干哲学问题之二[J].民间文化论坛(5):5-12.

许承尧,2001.歙事闲谭[M].合肥:黄山书社.

许敏娟,2016.非物质文化遗产保护现状及对策研究:以徽州文化生态保护区为例[J].安徽行政学院学报,7(2):88-95.

杨雪吟,2007.生态人类学与文化空间保护:以云南民族传统文化保护区为例[J].广西民族大学学报(哲学社会科学版)(3):42-46.

余压芳,刘建浩,2006.生态博物馆研究进展及其对文化遗产保护理念的影响[J].建筑学报(8):79-81.

张晓萍,李鑫,2010.基于文化空间理论的非物质文化遗产保护与旅游化生存实践[J].学术探索(6):105-109.

赵艳喜,2009.论文化生态保护区中物质文化遗产与非物质文化遗产的关系[J].青海民族研究,20(2):20-23.

赵艳喜,2012.整体性保护、区域性整体保护与文化生态保护区的建设[J].河南教育学院学报(哲学社会科学版),31(4):20-23,27.

郑璐琳,2017.文化生态保护区价值评估与保护格局研究[D].南京:东南大学.

周建明,刘畅,2016.文化生态保护区理论与实践[M].北京:中国建筑工业出版社.

周建明,所萌,岳凤珍,2014.文化生态保护区的理论基础与规划特征[J].城市规划,38(S2):49-54.

后 记

EPILOGUE

2014年,中国科学技术大学人文与社会科学学院汤书昆教授研究团队承担了教育部国家人文社会科学重点研究基地——徽学研究中心的重大招标项目"徽州文化生态保护区与徽州非物质文化遗产的保护与利用研究"(项目批准号:14JD850003)。2015~2017年,项目团队在徽州文化生态保护区地域内,有幸得到了一批徽州文化代表性研究和实践专家的无保留支持,他们在研究方案制定、调查工具与对象选择、问卷调查实施、案例调查协调、文献资料提供方面倾心尽力、建言献策,为2017年夏天项目研究报告的成形奠定了坚实的基础。2019年秋,在此书稿撰写完成之际,除对参与问卷调查和座谈的所有人士表示感谢外,对以下较深入参与和指导项目研究的专家特别列名致谢:

黄山市地方志办公室原副主任　陈政

黄山市徽州文化博物馆原馆长　陈琪

黄山市城乡建设环境保护委员会原办公室主任　陈安生

安徽省工艺美术大师、歙砚制作技艺安徽省代表性传承人　朱岱

黄山学院徽州文化研究所研究员　方利山

安徽省文化厅市场发展处副处长　左金刚

黄山市文化和旅游局非遗科科长　方劲松

黄山市消防支队原政委　李俊

屯溪老街街道办原党委书记　姚三宝

黄山市徽州呈坎八卦村旅游有限公司董事长　方顺来

安徽省裕良文化发展有限公司法人　方裕凤

书稿撰写参考了原项目调查研究报告的相关内容,形成目前若干章节的基础,为尊重原研究报告主要撰写者的研究成果,特对书稿相关著作权人的工作进行记录与说明:

前言撰写:汤书昆;

第一章执笔:郑久良(第一节、第二节、第四节)、汤书昆(第三节);

第二章执笔:汤书昆(第一节)、郑久良(第二节);

第三章执笔:李宪奇、汤书昆(第一节、第二节),李宪奇、陈政、陈琪(第三节);

第四章执笔:陈敬宇、陈政、汤书昆;

第五章执笔:郑久良、陈琪、汤书昆;

第六章执笔:秦枫、陈琪、汤书昆;

第七章执笔:郑久良;

第八章执笔:汤书昆(第一节)、郑久良(第二节、第三节);

附录撰写:李宪奇、汤书昆(附录一),李宪奇、汤书昆、陈政(附录二、附录三),郑久良(附录四、附录五);

后记撰写:汤书昆;

书稿结构设计、内容修订与统稿:汤书昆、郑久良。

在2017年"徽州文化生态保护实验区'非遗'保护与利用现状研究分析报告"项目中期成果成稿的过程中,除本书稿已经标示的撰写者外,来自中国科学技术大学人文与社会科学学院的祝秀丽、朱赟、孙燕、郭延龙、程曦、潘巧、孔利君、叶珍珍、廖莹文、王圣融、王怡青、石永宁、陈欣冉、陈夔等分别参与了东片区、西片区、南片区部分数据分析及提炼表述工作,特此一并说明并感谢!

汤书昆

2020年9月2日于中国科学技术大学